강사편람

머리말

기업의 성장은 인재를 통하여 이루어집니다.
특히 불확실성이 높은 최근 기업 환경에서는 인재의 중요성이 더욱 강조되고 있습니다.

한국인사관리협회(KPI) 강사편람은 기업 및 기관 · 단체의 인재육성에 유용한 정보자료이자 교육담당자의 필수 실무지침서로서 널리 활용되고 있습니다. 1977년 초판발행 이후 매년 개정판(47판)을 통하여 새로운 HRD 동향과 다양하고 전문적인 강사정보를 제공해오고 있습니다.

2026년도 KPI 강사편람은 기업체, 언론계, 문화예술계, 사회일반 등 각계각층의 다양하고 전문성 있는 400명의 인사를 발굴, 조사, 선별하여 15개 분야별로 구분 · 수록하였습니다.
실제 인재육성 현장에서 요구되는 직무 · 직능 · 교양 · 시사와 관련된 이론과 지식, 현장 경험, 그리고 전문성이 검증된 강사만을 선별하여 수록한 본 편람이 기업교육(HRD)담당자에게 매우 유용하게 활용될 것으로 믿습니다. 덧붙여 기업 연수원과 교육시설 300개소에 대한 현황도 기업교육의 성과를 더욱 강화시켜주는 중요한 정보가 될 것입니다.

2026년도 KPI 강사편람이 귀사의 효과적인 교육훈련은 물론 내실 있는 인재육성 실무 자료로 유용하게 활용되기를 바랍니다.

2026년 1월

한국인사관리협회
부회장 심상운

인명별 차례

전문분야별 차례

경영전략(24명)

HRM(인사 · 조직)(45명)

HRD(교육 · 인력개발) (34명)

노무 · 노사관계(30명)

AI · IT(18명)

경제(미시/거시) · 금융(외환) (21명)

생산 · 품질(엔지니어링) (17명)

마케팅 · 홍보(24명)

리더십 · 코칭(40명)

소통 · 커뮤니케이션(38명)

CS · 비즈니스 매너(14명)

인문학 · 예술 · 종교(34명)

웰니스 · 힐링(17명)

자기계발 · 생애설계(30명)

기타(14명)

강사편람의 등재 및 강사 추천을 원하시는 분은 한국인사관리협회 담당자 (손다빈 대리, dbson@insabank.com) 에게 메일을 통해 연락주시기 바랍니다.

경영전략

김 교 명 (金敎明)

CMC경영컨설팅 대표
크로스벤처스(주) CSO

Mobile	010-8786-6950
E-Mail	kkm6178@daum.net
Homepage	facebook.com/gyomyung.kim

학 력

수원대학교 법정대학 행정학과 졸업('84)
호서대학교 글로벌창업대학원 창업컨설팅 전공 졸업('15)
한경대학교 미래융합기술대학원 경영정보 전공 졸업('19)

전문 분야

경영: 경영전략&관리, 인사노무, 재무개선, 마케팅전략, R&D
산업: 마케팅역량 향상, 노동윤리, 갈등, 의사소통
창업: 아이템 발굴, 사업계획, 홍보마케팅, 자금조달, 사업회의

경 력 / 자 격

소상공인시장진흥공단 창업/상인/협업 아카데미 전문강사
인천신용보증재단 디딤돌창업아카데미 창업 전문강사
국립 한경대학교 경영학부 외래교수('17~'18)
한국열린사이버대학교 창업경영컨설팅학 겸임교수('18~'21)
한국열린사이버대학교 디지털비즈니스학 특임교수('22~'25)
경영지도사(재등록)(인적자원관리,'23)

강의 내역

경영: 경영전략(ESG/CSR/SVI), 트렌드경영, 기업가정신
리더십, 갈등소통, 직업윤리, 워크숍(비전전략 등)
창업: 사업계획, 비즈니스모델, 시장트렌드와 아이템발굴
조직리빌딩과 비즈니스확장, 시장차별화와 마케팅전략
상인: 상인정신, 지속가능경영, 상인조직 활성화, 시장마케팅
유통환경변화와 트렌드, 강소 점포의 성공요인

주요 출강처

한국경영기술지도사회, 행정자치부, 한국능률협회, 기술신용보증기금
소상공인시장진흥공단, 강원도경제진흥원, 화성상공회의소, 삼성카드
수원상공회의소, 서울신용보증재단, 인천신용보증재단
한국농수산식품유통교육, 인천재능재학교, 명지대학교, 충남대학교
세명대학교, 한국열린사이버대학교, 삼천당제약, 케이티롤 등

저 서

창업기업 창업멘토링 사업계획서(석사학위)(호서대,'15)
창업기업 실무전략(한국과학기술정보원,'16)
예비창업가특성과 창업교육의 학습전이가 창업의도에 미치는 영향(박사학위)(한경대,'19)

01-경영전략

김 교 연 (金姣延)

(주)웨슬리퀘스트 상무

Mobile	010-3729-2867
E-Mail	kmvision@naver.com
Homepage	

학 력

이화여자대학교 사범대학 졸업('89)
서강대학교 경영대학원 경영학 석사('02)

전문 분야

BSC(BSC 구축 및 운영, 조직학습 프로세스 구축)
지식경영(학습조직, KMS, KM프로세스 구축, 지식자산 측정 학습조직)

경 력 / 자 격

이랜드 입사('88), 구매부서장('91), 상품기획실장('92)
이랜드그룹 기획조정실 경영혁신 및 지식경영부장('95~'05)
동화홀딩스 경영기획실 상무('07~'08)
한국관리회계학회(BSC 연구회) 멤버

강의 내역

BSC를 활용한 전략적 조직학습, 올바른 BSC 재구축 방안
BSC 모니터링 및 OSM, 사례중심 KPI 업그레이드 방안
피드백 학습방법 Workshop

주요 출강처

동부그룹 및 계열사, KT, SK텔레콤, 대우조선해양, CSK
한국자산관리공사, 효성중공업, 삼성인재개발원, 채선당

저 서

지식경영 도구 BSC(공저)(한국지식경영학회,`01)
한국형 BSC 성공사례 11(공저)(삼성경제연구소,`06)

김 동 영

DY컨설팅 대표
숭실대학교 글로벌통상학과 비전임교수

Mobile	010-4216-4360
E-Mail	ddesigner77@gmail.com
Homepage	

학 력

서강대학교 경영학과 졸업('97)
성균관대학교 경영대학원(MBA) 석사('15)
숭실대학교 일반대학원 국제통상학 박사('21)

전문 분야

국제계약, 비즈니스협상, 무역실무, 구매실무, 인도전문가
해외주재원, 변화혁신, 소통

경 력 / 자 격

삼성물산 유통부문 광고, 판촉담당('97)
삼성물산 해외수출입, 인도주재원 및 인도지역 전문가('99~'13)
삼성물산 건설부문 인사 교육(HRD)담당('13~'17)
한국무역학회 이사, 한국무역상무학회 이사
한국무역협회 외래교수, 한국생산성본부 지도위원
한국표준협회 경영전문위원(現)

강의 내역

국제계약, 비즈니스협상, 무역실무, 해외영업
구매계약 및 협상, 구매실무, 글로벌소싱전략, 공급선 관리
글로벌비즈니스 리스크관리, 해외주재원, 인도전문가과정
목표달성스킬, 변화와 성장을 위한 자기경영, 소통 등

주요 출강처

삼성전자, 현대자동차, SK하이닉스, LG전자, 삼성디스플레이
삼성바이오로직스, 삼성SDI, 삼성전기, 삼성SDS, CJ그룹, 롯데
에쓰오일, 만도, 한국타이어, LH공사, 현대중공업, 현대마린솔루션
현대코퍼레이션 현대엔지니어링, 현대오토에버, 현대글로비스
유한양행, 인천국제공사 KOTRA, 무역협회, 무역보험공사 등

저 서

행복한 직장생활을 위한 인생 특강, "꿈꾸는 직장"(성안당,'17)
CSG상 매수인의 이행정지권 행사를 위한 매도인의 계약위반
심각성 요건에 관한 연구(통상정보연구,'22)
PICC상 이행기 도래 계약위반에 대한 매수인의 이행정지권 요건에
관한 연구(무역상무연구, 제94권,'22)

김 들 풀

아스팩미래기술경영연구소 대표
IT뉴스 대표/편집장

Mobile	010-3049-3522
E-Mail	itnews@itnews.or.kr
Homepage	itnews.or.kr

학 력

전남대학교 컴퓨터공학과
독일 TU MBA(미래전략)

전문 분야

주역경영, 공간컴퓨팅의 미래, 미래기술 전망
자율주행차 특허분석, IT 트렌드, 창업, 디지털 마케팅

경 력 / 자 격

UPI뉴스 IT과학 에디터, KIST융합대학원,
한양대학 과학기술정책대학원 외래교수, 전북대학교 외래교수
EBS 장학퀴즈 출제위원, 국제미래학회 IT과학 분석 위원장
한글학회 정회원 · 한국어인공지능학회 부회장
산업진흥원 · 중소기업청 · 창업진흥원 심사위원
MBC(손에 잡히는 경제), YTN(기업분석과 미래기술) 등 출연

강의 내역

인사이트 아스팩(미래기술 인사이트 도출)
TOSS 혁신 프로그램(비즈니스 모델 도출)
T&T(Think & Talk)(창의적 문제해결)
글로벌 IT기업의 플랫폼 전략, 디지털 마케팅의 실제
IT 트렌드 요소기술과 융합기술, 미래 유망기술 도출
융복합 시대의 호모 컨버전스

주요 출강처

현대로템, 카카오, 질병관리본부, 보건복지부, 고려대학교
KIST, 삼성전자, 현대자동차, 신한은행, 롯데정보통신
LG CNS, 현대글로비스, 대한주택공사, 녹십자, 포스코
대우정보시스템, 이화여대, 한화갤러리아, 서울대학교병원
대우조선해양, 아시아나항공, 전국공무원연수원 등

저 서

메타버스 비즈니스 2050(공저)(진한엠앤비,`22)
지혜로운 삶을 위한 실용 주역(상)(공저)(호이테북스,`23)
세상을 3D로 스캔하라(호이테북스,`23)
2030 핵심 미래기술 50(호이테북스,`24)
주역경영(호이테북스,`24)

김 영 철 (金永喆)

(주)이비가푸드 대표이사

Mobile	010-7769-5501
E-Mail	
Homepage	mcdkim@hanmail.net

학 력

육군사관학교 졸업
숭실대학교 경영대학원 석사
한성대학교 경영대학원 박사과정 수료

전문 분야

프렌차이즈, 브랜드, 창업

경 력 / 자 격

이비가푸드 대표이사, 놀부 대표이사, 피자마루 부사장
CJ 대한통운 상무이사
원할머니 보쌈/미스터피자/도미노피자 영업본부장(상무이사)
맥도날드 영업본부장(이사)

강의 내역

프랜차이즈 브랜드 제대로 선택하여 창업하기
프랜차이즈 본부 사업 제대로 하기
직장생활의 자세와 리더십
직장생활과 손자병법

주요 출강처

동아대학교, 동양미래대학교, 산업안전보건공단, 관악구청
프랜차이즈 산업연구원, 공유프랜차이즈 포럼, 조선이공대

저 서

프랜차이즈 미래전략(월간식당,`18)
명강사 25시(공저)(계림북스,`18)

김 형 섭 (金亨燮)

티엔에프컨설팅(주) 대표이사

Mobile	010-2401-8007
E-Mail	ceo@tnfleaders.com
Homepage	www.tnfleaders.com

학 력

아이오주립대학교 경영학과 졸업
고려대학교 경영학 석사 졸업
건국대학교 경영학 박사과정 수료

전문 분야

경영관리, 리더십, 혁신, 워크스마트, 마케팅, 세일즈

경 력 / 자 격

보스턴컨설팅그룹 시카고오피스 컨설턴트('06~'07)
SAS코리아 마케팅 담당('05~'06)
디지틀조선일보 창업 칼럼니스트('09)

강의 내역

경영관리_팀장에게 필요한 인사관리
리더십_조직관리에 필요한 키 리더십 스킬
혁신_BCG처럼 일하라, 비즈니스 혁신
워크스마트_일하는 방식의 고도화 9 to 6 워크스마트
마케팅_글로벌 컨설팅사의 마케팅 전략 시뮬레이션
세일즈 변호사처럼 영업하라, 전략적인 영업스킬

주요 출강처

LS미래원, LG인화원, 롯데인재개발원, 한솔그룹, OCI
미래애셋그룹, 한화인재경영원, KT인재원, 금호석유화학그룹
포스코인터내셔널, 폴리미래, 현대LNG해운, AXA다이렉트
비씨카드, KDB산업은행, 환인제약, 국도화학, 한솔인티큐브
대한항공, LG생활건강, 샘표식품 등

저 서

취업전략의 핵심가이드(성진미디어,'13)
HR의 비밀(생각비행,'20)

노 가 영 (魯佳英)

프리랜서

Mobile	010-2668-0410
E-Mail	ngy0317@naver.com
Homepage	instagram.com/ngy0317

학 력

성균관대학교 경영학부 산업심리학과 졸업('01)

전문 분야

트렌드 강의, 미디어콘텐츠산업, 경영전략, 마케팅전략
미디어콘텐츠산업, 글로벌미디어시장, 유튜브 기업마케팅
여성리더십, 인디팬던트 워커, 알파세대, K콘텐츠, 글로벌 OTT

경 력 / 자 격

CJ CGV 마케팅실('03~'04)
CJ엔터테인먼트 영화사업본부(現, CJ E&M)('04~'06)
KT 사업구조기획실/미디어전략실/전략투자실('06~'15)
SK텔레콤 미디어전략실('15~'18)
SK브로드밴드 미디어전략본부('19~'21)

강의 내역

AI와 공존하며 살아갈 알파세대, 콘텐츠 마케팅, 기업마케팅
미디어 트렌드, OTT 전략, TV, 디지털콘텐츠, 극장영화
유튜브, K드라마, 방송, 팟캐스트, SNS, 넷플릭스, 커뮤니티
커뮤니티 리더, 슈퍼개인, 인디펜던트 워커, 프리랜서 라이프
디즈니플러스, OTT시대의 마케팅, 블록체인 기술과 미디어
Post OTT, 콘텐츠가 전부다, 콘텐츠 컨버전스의 시대

주요 출강처

삼성전자, 삼성생명, 신한금융그룹, 외교부, NC소프트
신세계백화점, 현대백화점, EBS, MBC, KBS, SK텔레콤
CJ E&M, 채널A, 연세대, 성균관대, 숙명여대, 경희대
동아대, 문화체육관광부, 한국콘텐츠진흥원, 한국생산성본부
한국능률협회, NSI, MBN Y포럼, 한국경제 등

저 서

콘텐츠가 전부다 2(미래의창,'21)
2022 콘텐츠가 전부다(미래의창,'21)
2023 콘텐츠가 전부다(미래의 창,'22)
새로운인류 알파세대(매일경제,'23)
2024 콘텐츠가 전부다(미래의창,'23)

노 길 광 (魯吉光)

(주)미래경영컨설팅 연구위원

Mobile	010-5236-0098
E-Mail	roh2020@daum.net
Homepage	

학 력

성균관대학교 대학원 산업심리학 석사('86)
아주대학교 대학원 경영학 석사('94)
광운대학교 대학원 산업(소비자)심리학 박사 수료('09)

전문 분야

경영, 마케팅, 고객관리, 조직개발, 사내강사, 기획력

경 력 / 자 격

경영시냅스 대표, 지속사회경영원 컨설팅센터 부원장
대전대학교 경영대학 전담교수
(고객만족론, HRD, 리더십, 의사결정론, 교직)
한국경영기술지도사회 이사, 한국산업인력공단 전문위원
지역테크노파크 전문위원, 소상공인시장진흥공단 전문위원

강의 내역

마케팅, 창업, 영업, 고객관리, 브랜드관리
사내강의 스킬 향상과정, 사업활성화
조직 커뮤니케이션 스킬 향상과정
프레젠테이션 및 기획력 향상과정
사회경제적 기업 비즈니스 활성화 과정(협동조합, 사회적기업)

주요 출강처

삼성그룹, LG그룹, 금호그룹, 포스코, SK그룹, 두산그룹
고용노동부, 소상공인시장진흥공단, 산업인력공단 등

저 서

강의스킬의 핵심원칙(학지사,'04)

박 동 준 (朴東濬)

소프트전략경영연구원 원장

Mobile	010-9770-1369
E-Mail	nswot@naver.com
Homepage	www.ansoffkorea.com

학 력

숭실대학교 철학과 졸업('81)
연세대학교 경영대학원 경제학 석사('85)
국민대학교 대학원 경영정보학 박사('09)

전문 분야

전략경영, 기업변혁, 엔터프라이즈 아키텍처, 전략 거버넌스
전략 이니셔티브 설계와 시휘-추진

경 력 / 자 격

한국생산성본부 교육기획실장
서강대학교 경영회계연수원 책임연구원
미국 Ansoff Associate Board of Director
신용보증기금 컨설팅 그룹 위원

강의 내역

기업전략수립 워크샵, 전략경영 확립 및 전략 혁신 워크숍
SWOT 전략 수립 및 실천행동 계획 재창조 워크숍
엔터프라이즈 전략 재창조, 기업회생전략
전략 이니셔티브 추진

주요 출강처

삼성SDI, SK그룹, LG그룹, 현대자동차그룹, 포스코
한국은행, 농림수산식품부, 한국가스공사, 국민대학교
한국능률협회

저 서

전략적 위기경영(소프트전략경영연구원,`08)
경영관리자의 성공전략(소프트전략경영연구원,`08)
전략 아키텍처로 대응하라(소프트전략경영연구원,`11)
전략 설계(공저)(Designing Strategy,`22)

박 재 림 (朴在林)

(주)한국HR진단평가센터 대표

Mobile	010-2569-3392
E-Mail	onewave@hanmail.net
Homepage	www.profilekorea.com

학 력

서울대학교 외교학과 졸업('92)
서강대학교 국제지역연구(비교문화 전공) 석사('99)
일본 교토대학 동남아연구센터 박사과정 수료

전문 분야

커리어컨설팅, 경력개발, 조직문화 진단, 변화관리, 역량평가

경 력 / 자 격

한국경제신문사 기자
커리어케어 인재평가센터장
이데일리 취업 커리어 칼럼 연재

강의 내역

경력관리 4.0, 일하기 좋은 기업 GWP
한국기업 조직문화의 특성
역량면접의 세계 역량진단
조직문화 진단, 스트레스 진단

주요 출강처

저 서

일하기 좋은 기업(거름출판사,'03)
신뢰받는 기업의 조건(좋은책만들기,'08)
신입사원이 복사기 옆에 앉았을때 생길 수 있는 문제들 (21세기북스,'10)

박 지 예 (朴智藝)

PwC컨설팅 Director

Mobile	010-3794-1783
E-Mail	jiyea.park@pwc.com
Homepage	

학 력

이화여자대학교 경영학과 졸업('00)
이화여자대학교 일반대학원 경영학과 졸업('03)

전문 분야

인사제도(평가, 보상, 직급, 경력개발 등)
직무분석, 조직설계 및 인력산정
조직문화 및 변화관리, 조직 성과관리 등

경 력 / 자 격

한국능률협회컨설팅 컨설턴트('06~'08)
딜로이트 컨설팅 Manager('08~'14)
더키투웨이 컨설팅 Manager('14~'15)
PwC컨설팅 Director('16~現)

강의 내역

HR제도/시스템 구축 및 운영방안
직무분석과 조직구조 설계
일하는 방식 및 조직문화 개선과 변화관리
성과관리(평가, 보상 등)

주요 출강처

저 서

서 민 수 (徐旻秀)

미국 Wolframconsulting 대표

Mobile	010-6392-4542
E-Mail	suhminsoo@gmail.com
Homepage	wolframconsultingco.com

학 력

한국외국어대학교 경제학과 졸업('94)
고려대학교 일반대학원 디지털경영학과 석사('02)
미국 Thunderbird MBA(Global Finance, 경영학) 석사('04)

전문 분야

비즈니스 통찰력, 경영시뮬레이션, 재무회계, 원가회계
전략경영 MBA, 재무적 의사결정

경 력 / 자 격

USCPA(미국 공인회계사, 캘리포니아주) 취득
하나은행 Loan Center, 여의도 지점 근무('94~'00)
AMA(American Management Association) Facilitator 이수
BTS 경영시뮬레이션 Facilitator 과정 이수
Celemi 보드 경영시뮬레이션 Facilitator 과정 이수
한국저작권위원회 S/W 등록 출원

강의 내역

전략 경영 시뮬레이션, 비즈니스 시뮬레이션, 재무회계
원가회계, 관리회계, 재무적 의사결정
신입사원을 위한 비즈니스 게임

주요 출강처

삼성전자, 효성, SK머티리얼즈, LS미래원, 롯데손해보험
한화큐셀, 도레이코리아, 뷰웍스, 동우화인켐, 에코넷
신용보증중앙회 등

저 서

손 동 진 (孫東振)

미래경영컨설팅 대표컨설턴트

Mobile	010-3748-8336
E-Mail	miraecon@netsgo.com
Homepage	www.miraecon.net

학 력

영남대학교 법학과 졸업('76)
아주대학교 경영대학원 경영학 석사('95)
숭실대학교 사회복지대학원 사회적 기업가과정 수료

전문 분야

프랜차이즈, 사회적기업, MBO, CoP, OJT

경 력 / 자 격

삼성생명 교육과장, 지국장
삼성연수원 연수팀장
신한생명 교육부장, 영업국장, 감사실장
아주대학교 겸임교수
한국표준협회, 한국능률협회, 경영기술컨설턴트협회 교수

강의 내역

프랜차이즈시스템 본부개발, 창업역량 관리
창업아이템 발굴, 지식경영시스템 구축
사회적 기업 프로세스 혁신
MBO 시스템 구축, 성과제고를 위한 목표관리
멘토링 및 OJT 시스템 설계, 조직활성화 스킬
조직진단과 프로세스 혁신, 학습조직 구축 컨설팅

주요 출강처

서울시, 신용보증기금, 숙명여대, 아주대, 전북대, 삼성생명
롯데카드, 광동제약, 소상공인진흥원, 경기광역자활지원센터

저 서

양 성 식 (梁盛植)

씽크퓨처스 대표

Mobile	010-2055-2275
E-Mail	futureagent@thinkfutures.kr
Homepage	www.thinkfutures.kr

학 력

부산대학교 무역학과 졸업('06)
호서대학교 글로벌창업 경영대학원 경영학 석사 졸업('13)

전문 분야

미래전략, 트렌드, 창업, 창직

경 력 / 자 격

한국콘텐츠진흥원 창의융합아카데미 멘토('15)
한국사회적기업진흥원 마케팅 카운슬러('15~'17)
한국지역정보개발원 IT전문교수('16)
동양미래대학교 중장년창업교실('18~'19)
CJ인재원 핵심인재 트렌드인사이트과정 교수('20~'22)
경북도민행복대학 챗GPT와 생성형AI, 미래학 강의('21~'25)

강의 내역

챗GPT와 생성형 AI, AI 리터러시, AX(AI전환)트렌드
미래역량과정, 미래전략적사고의기술, 통찰의 기술
시스템사고를 활용한 문제해결, 미래비전수립 워크숍

주요 출강처

삼성화재, 우리은행, 부산은행, 신한생명, 이수그룹, 하나투어
노벨리스코리아, CJ그룹, 교원그룹, 삼성전자, SK텔레콤
현대백화점그룹, 신세계백화점, 농협교육원, 국토부, 법무부
기획재정부, 환경부, 지방자치인재개발원, 국가인재개발원

저 서

트렌드지수, TQ를 높여라(북씨,'11)
하드워커에서 스마트워커로(북씨,'12)
앨빈토플러처럼 생각하는 법(라이온북스,'12)
미래를 읽고 싶은 사람들을 위한 안내서(책비,'19)
미래생존, 리터러시가 답이다(시대인기획,'23)

윤 동 열 (尹徠烈)

건국대학교 경영학과 교수
한국생산성학회 회장

Mobile	010-2298-5287
E-Mail	ericyoon01@gmail.com
Homepage	

학 력

성균관대학교 문학사('98)
미국 오하이오주립대학교 인적자원개발학 석 · 박사('11)
성균관대학교 경영학 박사('12), 헬싱키경제대 경영학 석사('14)

전문 분야

고용노동, 일자리, 리더십, 전략적 인적자원관리, 조직설계
평가/보상 등

경 력 / 자 격

현대자동차 기획실/인사실/인재개발원('00~'08)
인사혁신처 정책자문위원('14~'19)
기획재정부 재정사업평가위원회 분과위원회 위원('21~現)
고용노동부 고용정책심의회 위원('22~現)
제35대 대한경영학회 회장('23)
고용노동부 규제심의위원회 위원장('25~現)

강의 내역

리더십(포용적 리더십, 변혁적 리더십, 진성 리더십 등)
전략적 인적자원관리, 글로벌 인적자원관리, 해외주재원
조직문화, 조직설계, 채용, 평가 · 보상, 직무분석
KBS, SBS Biz, 매일경제TV 등 다수 출연

주요 출강처

삼성그룹, 현대차그룹, 현대중공업그룹, LG전자, 포스코그룹
GS그룹, 두산그룹, 한화그룹, 현대그룹, SPC그룹, ABL
기획재정부, 행정안전부, 고용노동부, 인사혁신처, 교육부
과학기술정보통신부, 산업통상자원부 등

저 서

백지에 그리는 일자리(초아출판사,'21)
지역산업 고용노동 리뷰(초아출판사,'21)
대전환 시대 국가인재경영(초아출판사,'21)
인적자원관리(시대가치,'24), 한국의 지역고용전략(노동연,'24)
선착의 효(쌤앤파커스,'24), 워크노믹스(초아출판사,'25)

이 가 형 (李佳衡)

(주)한국러닝센터 대표이사

Mobile	010-2480-0004
E-Mail	newfinding@naver.com
Homepage	hanlearning.co.kr

학 력

부산대학교 기계설계학과 졸업('84)
핀란드 Helsinki School of Economics MBA('07)
서울종합과학대학원 경영학 박사과정 수료('09)

전문 분야

협업, 경영전략, 전략기획, 의사결정, 리더십, 기획력

경 력 / 자 격

LS전선 기계CU 전략기획팀장 · 경영혁신팀장('95~'00)
글로윈 CFO · 패션사업본부장('01~'02)
통일부 혁신자문위원('05~'07)
행정안전부 혁신컨설팅위원('07)
한국경영컨설팅 대표이사

강의 내역

Logical Thinking & Writing Skill
창의력 개발과 창조경영 과정, 리더의 의사결정 과정
경쟁 프레젠테이션 문서 작성, 비전 수립 과정
신뢰의 조직 만들기 과정

주요 출강처

현대자동차, LG디스플레이, LS미래원, SK하이닉스
서울아산병원, 대한산업안전협회, 보건복지인력개발원 등

저 서

이 승 미 (李承美)

이화여자대학교 경영학과 겸임교수

Mobile	010-7544-1431
E-Mail	sml1226@daum.net
Homepage	

학 력

이화여자대학교 비서학과 졸업('91)
이화여자대학교대학원 경영학과 석사('04)
이화여자대학교대학원 경영학(인사 · 조직) 박사('04)

전문 분야

경영학원론, 윤리경영, 조직행위론, 인간관계론, 비서학

경 력 / 자 격

한국인사관리학회, 한국인사조직학회
한국산업 및 조직심리학회, 비서학회 회원
한국회계학원 부원장

강의 내역

경영학, 가치창조, 비즈니스 패러다임
조직행위론, 인간관계론, 비서영어, 비서실무, 비서학

주요 출강처

동양그룹, 동부그룹, 거평그룹, 한국투자신탁, Henkel Korea
이화여자대학교, 한국농어촌공사, 서울디지털대학 등

저 서

Business English(한올출판사,'96)

이 승 훈 (李昇勳)

네모파트너즈 어드바이저리 대표

Mobile	010-5442-0333
E-Mail	iloveroch@gmail.com
Homepage	

학 력

서울대학교 국제경제학과 졸업('85)
미국 UC 버클리 MBA 졸업('97)

전문 분야

비즈니스 모델 설계, 플랫폼 비즈니스 모델

경 력 / 자 격

CJ그룹 경영연구소장
인터파크 총괄 사장
SK텔레콤 인터넷전략 · 포탈 · 미디어 본부장
SK커뮤니케이션즈, 싸이월드 본부장, 네이트닷컴 본부장

강의 내역

비즈니스 모델 설계 방법론
플랫폼 이론, 플랫폼 경쟁전략, 구독전략, 구독경제

주요 출강처

삼성그룹, LG그룹, SK그룹, 포스코그룹, 현대자동차그룹
현대그룹, KT그룹, 롯데그룹, CJ그룹, 한솔그룹, KB금융지주
신한금융지주, 현대백화점그룹, 코오롱그룹, 나이키, 아모레퍼시픽
SSG, 동아일보, 서울산업진흥원, 지방자치인재개발원 등

저 서

중국플랫폼의 행동방식(와이즈베리,'20)
구독전쟁(한스미디어,'21)
플랫폼의 생각법, 새로운 시선(한스미디어,'22)
시작은 옷가게, 목표는 플랫폼입니다(한스미디어,'22)
성공하는 비즈니스모델은 어떻게 설계하는가(한스미디어,'24)

임 성 준 (林性俊)

중앙대학교 경영경제대학 경영학부 교수

Mobile	010-8004-6548
E-Mail	slimb@cau.ac.kr
Homepage	www.cau.ac.kr

학 력

연세대학교 경영학과 졸업('84)
미국 University of Texas at Austin MBA('86)
미국 University of Texas at Austin 경영학 박사('94)

전문 분야

전략경영, 엔터테인먼트 경영

경 력 / 자 격

미국 University of Texas at Austin 연구원 및 강사('86~'92)
중앙대학교 경영연구소장('06~'08)
중앙대학교 경영경제대학장 겸 경영학부장('13~'14)
한국전략경영학회 회장, 한국인사조직학회 부회장
티제이미디어 사외이사, 한국문화산업포럼 감사
기업호민관실 문화전문호민관

강의 내역

창조적 전략경영, 전략적 사고와 전략경영
초경쟁 환경하의 경영전략

주요 출강처

LG인화원, 삼성생명, 삼성전자, 금호아시아나그룹, GS홈쇼핑
호텔신라 등

저 서

한국기업의 이해와 과제(공저)(삼성경제연구소,'98)
엔터테인먼트 경영론(중앙대학교 공연영상사업단,'06)
K-매니지먼트 : 기로에 선 한국형 기업경영(공저)
(클라우드나인,'15)

임 용 일 (林鏞一)

한국BoB경영연구소 대표

Mobile	010-2438-6060
E-Mail	yilim2002@naver.com
Homepage	

학 력

광운대학교 전기공학과 졸업('83)
광운대학교 스마트융합대학원 수료('88)

전문 분야

경영전략, 사업전략, 사업성분석, 비즈니스모델, 창업전략
프로젝트관리, 생산관리, 현장관리, 문제해결, 원가관리

경 력 / 자 격

삼성전자 시스템사업부, 과정('82~'90)
경진시스템 창업, 대표이사('90~'02)
세아정보통신 외 기업체 사업본부장('03~'05)
가천대학교(구 경원문대학) 겸임교수('03~'13)

강의 내역

기업가정신, 영업마케팅, 산업기술, 공정거래
문제해결, 목표성과, 프로젝트관리, 기술경영
생산(현장)관리, 공장자동화(FA), 스마트공장
경영분석, 경영전략, KPI수립, 구매원가관리
사업성분석, 사업계획(전략), 창업/재창업
산업(재산권)보안, BPR, HRD, CDP, 교육기획

주요 출강처

중소벤처기업진흥공단, 창업진흥원, 창업지원센터 등

저 서

사업계획서 작성(코페하우스,'08)
딸에게 주는 결혼선물(좋은땅,'18)

전 용 욱 (全龍昱)

숙명여자대학교 글로벌사회교육원장
한국경영연구원(KMDI) 이사장

Mobile	010-5274-0761
E-Mail	junywk@gmail.com
Homepage	

학 력

서울대학교 경영학과 졸업('75)
미국 Northwestern Kellogg 경영대학원 경영학 석사('80)
미국 MIT Sloan School of Management 경영학 박사('85)

전문 분야

국제경영, 경영전략

경 력 / 자 격

세종대학교 대외부총장 · 경영대학장 · 경영전문대학원장
우송대 솔브릿지 경영대학원 부총장, 중앙대 경영대학 학장
삼성전자, SK그룹, 현대자동차, Monitor Consulting 고문
쌍용, Hynix, 대교, 동부C&I, 신용보증기금, 신성E&G
현대 스위스은행 사외이사, 외교통상부 통상교섭 전문위원
한국국제경영학회장, 한국경영학회 회장

강의 내역

CSV 전략, 창조경영, 기업의 생존과 신경영 패러다임
저성장 시대의 경영전략

주요 출강처

삼성전자, 현대자동차, 포스코, GS그룹, SK하이닉스
두산중공업

저 서

사례국제경영(공저)(문영사,'00)
고성장의 미련을 버려라(공저)(매경,'02)
국제경영(공저)(문영사,'03), 경영학 산책(공저)(북넷,'09)
글로벌경영(공저)(문영사,'12)

정 종 섭 (鄭鍾燮)

(주)웨슬리퀘스트 대표이사

Mobile	010-6207-0241
E-Mail	jungjs@wesleyquest.com
Homepage	www.wesleyquest.com

학 력

연세대학교 경영학과 졸업
연세대학교대학원 경영학 석사('00)

전문 분야

디지털 전환 사업전략, 빅데이터 분석 및 활용, 전략실행
성과관리, 성과평가, 사회적 가치, 수익성 분석, 스타트업
성과주의 예산

경 력 / 자 격

한국공인회계사, 데이터 거래사
갈렙ABC 상무, 갈렙앤컴퍼니 이사, 안진회계법인 회계사
아더앤더슨코리아 시니어 컨설턴트
국민체육진흥공단 혁신추진위원회 위원
서민금융진흥원, 캠코 성과관리위원회 위원
서울대학교 CFO과정 강사, KAIST AIC 과정 강사

강의 내역

디지털 전환(DX) 사업전략 수립, 전략적 성과관리
기재부 경영평가 컨설팅 및 자문, 빅데이터 플랫폼 성과관리
중소기업 빅데이터 분석 및 활용사례
수익성 및 원가 정보 활용한 가치 향상
스타트업 기업의 성공을 위한 24가지 단계
예산의 성과계획서 작성 방안

주요 출강처

서울과학종합대학원, KAIST, GCK, 현대제철, 효성중공업
마이다스아이티, LS그룹, SK그룹, 한화그룹, 동부그룹, 만도
포스코, 동화기업, 동서페더럴모굴, 리바트, 기도산업, 벡트
연세의료원, Bayer Crop Science, 기술보증기금, 공무원연금공단
한국부동산원, 청양군, 서천군 등

저 서

P+BSC 개인 균형성과표(비즈니스북스,'06)
통합경영혁신모델 E-CAB(공저)(한언,'08)
전략실행 프리미엄 Execution Premium(역서)(21세기북스,'09)
Time Driven ABC(역서)(비즈니스북스,'09)
BSC 구축 및 실행사례(역서)(한언,'10)

정 현 천 (丁鉉千)

SK마이써니 전문교수
동국대학교 경영학부 겸임교수

Mobile	010-8899-3829
E-Mail	hughcj2@gmail.com
Homepage	

학 력

서울대학교 경영학과 졸업('86)
미국 Harvard Business School AMP 수료('13)
동국대학교 경영학(조직/인사) 박사('20)

전문 분야

경영전략, 인사관리, 조직행동, 리더십, 윤리경영
DE&I, ESG, CSR 등

경 력 / 자 격

SK가스 사업개발본부장('08~'10)
SK에너지 재무실장('10~'13)
SK이노베이션 구매실장('14~'15)
SK SUPEX 추구위원회 부사장('16~'19)
SK마이써니 SV/Management 칼리지 부사장('20~'21)
정책기획위원회 자문위원('20~'21)

강의 내역

휴브리스, 창의력과 다양성, 정체성과 경력개발
윤리경영, ESG/SCR, 포용과 리더십

주요 출강처

SK그룹, SM그룹, 스마일게이트, BCK컨설팅, 고려대학교
연세대학교, 동국대학교, KAIST 경영대학, 한국인사관리협회
이데일리, 한국전자통신연구원, 포브스코리아 등

저 서

포용의 힘(트로이목마,'17)
수퍼사이징 더 마인드(공역)(교육과학사,'18)
포용한국으로 가는 길(공저)(시사저널사,'20)
리더십(트로이목마,'22)

허 재 완 (許載浣)

건양대학교 글로벌경영학과 교수

Mobile	010-5380-1179
E-Mail	ryanhuh@naver.com
Homepage	

학 력

동국대학교 경영학('02), 고려대학교 정치외교학 졸업('06)
연세대학교 경제대학원 석사 졸업('04)
한양대학교 대학원 경영학 박사 수료('12)

전문 분야

경영전략, 마케팅전략, 조직행동, 리더십, 노사관계
인공지능, 메타버스

경 력 / 자 격

글로벌전략통상연구원 연구위원('19~現)
경기대진테크노파크 기술위원('20~現)
명지전문대 교양학부 강사('20~現)
경기대학교 교양학부 강사('21~現)
한국과학창의재단 진로컨설턴트('22~現)
연세대학교 경제대학원 객원교수(現)

강의 내역

마케팅 원론, 중소기업과 창업, 노사관계론, 창업전략
4차산업과 인공지능

주요 출강처

서울시, 강남구청, 송파구청, KB증권, 한국컨텐츠진흥원
코트라, 한국환경공단, 공익광고위원회 등

저 서

HRM(인사 · 조직)

강 승 훈 (姜承勳)

LG경영연구원 수석연구위원

Mobile	010-2424-1205
E-Mail	unstop74@gmail.com
Homepage	www.lgbr.co.kr

학 력

서울대학교 대학원 경영학(인사조직) 석사('00)

전문 분야

일하는 방식, 조직문화, 리더십, 인사조직 일반, 임원인사

경 력 / 자 격

한국공인회계사('98)
공군사관학교 경제경영학과 교수('00~'03)
LG경영연구원('03~'06,'14~現), (주)LG 인사팀('06~'13)
한국경제신문 글로벌인재포럼 연사('19~'21)
유한킴벌리 이해관계자 위원회 위원('21)
행정안전부 일하는 방식 개선 자문위원('22)

강의 내역

일하는 방식, 조직문화, Work & Life Balance, 리더십
인사제도(직급/보상/평가체계 등), HR Trend

주요 출강처

한국인사관리협회, LG 유플러스, LG CNS, LG 인화원
삼성화재, 롯데면세점, 신세계DF, 신한은행, 연세의료원
현대경제연구원, 한국능률협회, 휴넷, 부산광역시청
한국전력, 고용노동부, 삼양그룹, 보성그룹, 우미건설
대한병원행정관리자협회

저 서

이제부터 일하는 방식이 달라집니다(위즈덤하우스,'98)
2010 대한민국 트렌드(공저)(한국경제신문사,'05)
성공을 꿈꾸는 한국인이 사는 법(공저)(청림출판,'06)
빅뱅퓨처(공저)(한국경제신문사,'16)

구 종 권 (具鍾權)

(주)사람경영컨설팅 대표컨설턴트
중앙대학교 경영경제대학 객원교수

Mobile	010-9872-8300
E-Mail	89jkkoo@hanmail.net
Homepage	

학 력

중앙대학교 대학원 경영학과(인사 · 조직) 경영학 박사('98)

전문 분야

조직 및 인적자원관리 진단, 직무분석
업무량 및 적정인력 산정, 조직 및 개인 성과평가체계 설계
직무평가 및 직무급 등 임금체계 설계

경 력 / 자 격

Hewitt Associates Consultant('02~'03)
사람과경영 대표컨설턴트('02~'04)
WesleyQuest 이사('04~'06)
피플퀘스트 이사('06~'17)

강의 내역

조직 진단 및 직원의식조사 등 설계와 활용
업무량 분석과 적정인력 산정
직무 중심 인적자원관리를 위한 직무분석과 직무평가
평가체계, 임금체계 발전방향

주요 출강처

중앙대학교, 인사혁신처, 행정안전부, 한국도로공사
한국생산성본부 등

저 서

윤리경영이 경쟁력이다(공저)(경실련경제정의연구소,'02)

김 석 집 (金碩執)

네모파트너즈POC CEO
인사혁신처 정책자문위원

Mobile	010-6233-8013
E-Mail	sjk@nemopartners.com
Homepage	

학 력

한양대학교 경영학과 졸업('02)
한양대학교 일반대학원 인사조직전공 수료('03)

전문 분야

인사제도, Smart Work, Agile, 조직구조, 리더십
적정인력산정, 조직문화

경 력 / 자 격

경영컨설팅 회사 인싸이트그룹 Co-Founder('06)
경영컨설팅 회사 네모파트너즈피오씨 이사('08~'14)
전경련국제경영원 전담강의교수('19~'21)
대한리더십학회 부회장('20~現)
숙명여자대학교 경영대학원 초빙교수('20~'22)
국립제주대학교 경상대학 초빙교수('20~'23)

강의 내역

HR전략 수립, 직무분석 방법론, 성과관리제도 컨설팅 방법론
직급/승진제도 컨설팅 방법론, 경력개발제도 수립 방법론
직무급 설계 방안 수립, 인재유형별 관리 방법론
52시간제 관리방안, 전략적 인력운용 계획 수립
조직문화 활성화 방안, 변화관리
Agile 기반의 조직운영체계 등

주요 출강처

한국인사관리협회, 전경련국제경영원, 숙명여자대학교
국립제주대학교 경상대학, 한화그룹, 현대자동차그룹
LX하우시스, 롯데홈쇼핑, 중소기업지원센터, SK하이닉스
스마일게이트, 빅히트엔터테인먼트, 코스맥스, 해브앤비
금융감독원, 두산인프라코어, 한국베링거잉겔하임 등

저 서

김 성 진 (金成辰)

딜로이트컨설팅 Human Capital Unit
상무(Director)

Mobile	010-6263-7405
E-Mail	ksj740505@gmail.com
Homepage	

학 력

KAIST 산업경영학과 졸업('98)

전문 분야

HR Digital Transformation, 인사제도, 성과관리
Talent Management, 조직설계, HR PI(Process Innotation)
사업계획 전략수립, ISP(IT Strategic Planning)

경 력 / 자 격

동부제철 전략기획팀, 인사팀 과장('02~'08)
BearingPoint Korea Senior Consultant('09~'10)
KPMG HR Consulting Service 팀장('10~'12)
다비치안경체인 전략사업지원총괄 상무('12~'15)

강의 내역

Creating the Future of HR, 절대평가제도 도입/운영 방안
HR 기반(Infra) 구축, 평가자 피드백 교육
미래의 일자리 변화와 디지털 기술을 활용한 인력
R&D 조직 및 인력 특성을 고려한 인사관리 방안
Employee Experience, 보상체계 및 성과급 설계
Global HR Trends, 디지털시대 스마트한 인재관리

주요 출강처

SK SUPEX 추구협의회, 롯데인재개발원, 롯데쇼핑, 대홍기획
조선내화, 롯데MCC, 펍지, 한국인사관리협회, HR Insight
SK아카데미, Oracle Korea, i2max, CJ인재원, 한국능률협회
중앙경제HR교육원, 화성상공회의소, 마이다스아이티, TalkIT 등

저 서

김 용 근 (金容槿)

한림대학교 경영학과 부교수
· 스타트업전공 주임교수

Mobile	010-2017-8211
E-Mail	yogkim@hallym.ac.kr
Homepage	

학 력

동국대학교 영문학 · 경영학 학사
서울대학교 경영학 석사(인사 · 조직 전공)
성균관대학교 경영학 박사(인사 · 조직 전공)

전문 분야

인사조직, Start-up, Sustainability

경 력 / 자 격

CJ 인사팀 HR Analyst('03~'05)
IBM GBS 인사 · 조직 시니어 컨설턴트('05~'09)
포스코경영연구원 인사조직/ESG경영연구실('09~'22)
포스텍 인문사회학부 겸임교수('22~'24)
포스코 지속가능경영실 그룹장('23~'24)
Stanford Sustainability Changemaker('25~現)

강의 내역

[HR] 평가 · 보상체계 설계 방법론
직무 · 직급 · 승진체계 설계방법론
조직설계 방법론, HR Analytics
[Start-up] 창업가정신, 디자인싱킹, 로컬프러너십
[Sustainability] 지속가능경영, 사회적 가치, ESG 이슈 대응

주요 출강처

포스코 그룹, SK, 롯데, LG, 한국경영자총협회, 성균관대학교
한양대학교, 포스텍, 대한상공회의소 사회적가치페스타
Stanford Sustainability Summit

저 서

AI시대를 선도하는 인적자원경영(공저)(경문사,'23)
ESG시대 지속가능경영, 기업시민(공저)(플랜비디자인,'23)

김 용 진 (金勇進)

BizHRD 컨설팅 대표이사

Mobile	010-2322-3037
E-Mail	bizhrd@naver.com
Homepage	blog.naver.com/bizhrd

학 력

단국대학교 무역학과 졸업('93)
단국대학교 대학원(국제경제 전공) 무역학 석사('96)
단국대학교 대학원(인사 · 조직 전공) 경영학 박사('10)

전문 분야

전략기획(사업전략, 사업계획, B2B 영업전략)
성과관리(제도설계, 성과평가, 평가피드백, 스마트워크)
조직관리(리더십, 커뮤니케이션, 코칭, HRD)

경 력 / 자 격

현대인재개발원 전임 강사('03~'15)
단국대학교 경영학과 외래교수('06~'17)
사단법인 한국인사관리학회 이사('10~'14)
사단법인 한국인력개발학회 이사('11~'15)
중앙경제 HR교육원 전임강사('14~'16)
일터혁신 컨설턴트 성과평가, 급여체계 부문('24~現)

강의 내역

조직관리(필드리더십, 팔로워십, 팀리더십, 소통리더십)
성과관리(MBO/BSC, 목표개발, 성과평가 워크숍, 성과코칭)
강점개발(강점개발코칭, 비전매칭, 셀프리더십)
문제해결(현장문제해결, 업무 프로세스 개선)
프로젝트 매니지먼트(워크스마트, 시간관리, 업무의 정석)
영업전략(영업전략 워크숍, 비즈니스 인사이트, B2B영업전략)

주요 출강처

현대인재개발원, 금호인재개발원, 동부인력개발원, 이수그룹
SK, 동국제강그룹연수원, 아주그룹인재개발원, 한솔그룹
효성인력개발, 평화그룹, 포스코그룹, 일진그룹, 노루그룹
삼양그룹, 삼성그룹, 현대자동차그룹, 유진그룹, 삼표그룹
현대중공업그룹, 한라그룹, LS미래원 등

저 서

30대부터 준비하는 은퇴 후 30년(공저)(비즈니스북스,'06)
이제는 세발 자전거를 타자(편역)(온머리기획 · 어드북스,'08)
Zoom 스마트 러닝(공저)(지식플랫폼출판,'20)

김 은 정 (金恩貞)

(주)어세스타 수석연구원

Mobile	010-3717-9996
E-Mail	bandtan@hanmail.net
Homepage	

학 력

광운대학교 대학원 산업 및 조직심리학과 심리학 석사('04)
숭실대학교 대학원 평생교육학과 (교육학) 박사('20)

전문 분야

역량평가, 역량개발교육, 갈등관리, 커뮤니케이션, 역량면접

경 력 / 자 격

SPC(주) 전임강사
(주)EMG컨설팅 원장
(주)ISO 9001 전문강사

강의 내역

역량평가 및 역량개발, 커뮤니케이션, MBTI, 갈등관리
갈등관리 전문가과정, 역량면접 전문가, 면접전문가 양성과정
역량평가 교육, 퍼실리테이터 역량 심화교육

주요 출강처

서울시인재개발원, 경기도인재개발원, 유한화학, 전남교육청
기상청, 환경부, 부산시교육청, 서울시교육청, 통계청
한국수력원자력, 서울시교육청, 까르띠에, 바스프코리아
충남공무원인재개발원, GS리테일, 국가인력개발원
구글코리아, 국방과학연구소 등

저 서

고객놈? 고객님!(작은씨앗,'08)

김 일 겸 (金一謙)

(주)무니랩스 대표이사

Mobile	010-5433-7618
E-Mail	ik.kim@munilabs.co.kr
Homepage	www.munilabs.co.kr

학 력

서울대학교 산업공학 · 경영학

전문 분야

조직문화(일하는 방식) 혁신, 구성원경험 혁신, 디지털 전환
전사 비전 및 가치체계, 임원 리더십 혁신
DX 및 사업 고도화를 위한 Design Thinking, Agile 혁신

경 력 / 자 격

IBM Korea 디지털 전략 컨설팅 리더
Booz & Company 전무
A.T. Kearney 이사
국내 대기업 디지털 신사업 담당 최고전략책임자(CSO)

강의 내역

디지털 전환을 통한 일하는 방식의 혁신 및 변화관리
생성형 AI 기반의 업무 혁신 및 생산성 고도화 방안
디지털 시대의 조직문화 혁신, 구성원 경험 설계
Design Thinking 기반의 CX 및 EX 설계
임원/팀장 혁신 리더십, Digital Transformation 역량 강화
AI Value Design 역량 교육, 신규사업 발굴 및 성공 방안

주요 출강처

LG인화원/LG그룹, SK그룹, 현대그룹, 한화, KDB산업은행
풍산그룹, 동원그룹, 호반그룹, 상상인그룹, 신한은행
LG이노텍, LG화학, LG유플러스, 제일기획, 한화솔루션
GS리테일, 교보생명, CJ올리브네트웍스, HD현대오일뱅크
한미약품, 교원, 씨젠, Forbes Korea, 한국산업기술진흥협회

저 서

Smart Korea 스마트 코리아(공저)(매일경제신문사,'09)

김 재 홍 (金在洪)

BSC컨설팅 대표
E&H컨설팅 성과역량연구소장

Mobile	010-2211-4595
E-Mail	jonahong@daum.net
Homepage	

학 력

경북대학교 경영학과 학사
고려대학교 노사관계학 석사('14)

전문 분야

갈등관리, 문서기획, Task Management, 자기혁신
ORP 프로그램, 문제해결, 조직문화혁신, 평가역량강화
AC, DC, 역량개발

경 력 / 자 격

LG전선(現 LS전선) HR팀 · 노경지원팀 팀장('84~'02)
GS건설 노사관계 및 노무관리 자문위원('10~'13)
한국코치협회 전문코치(KPC)
고려대학교 노동대학원 최고지도자 과정
ORP연구소 전문위원(現)

강의 내역

코칭리더십 과정, CEO · 임원 · 리더 멘토링 · 코칭 과정
전략적 성과관리 과정, 자기혁신 및 대인관계 혁신 과정
AC&DC Based 역량관리 리더십 개발 과정
조직개발, 변화관리, 노사관계 및 조직 안정화 과정
커뮤니케이션 스킬 개발과정, 인간관계 스킬 개발과정
조직진단, 팀빌딩 혁신 과정, 조직혁신 과정

주요 출강처

국립공원관리공단, 한국전력거래소, 한국국제교류재단
국제교류센터, 한국원자력통제기술원, 정보통신산업진흥원
국방기술품질원, 애경산업, 한국산업기술진흥원, 남동발전
한국국토정보공사, 해양수산과학기술진흥원, LG그룹, SK그룹
GS건설, LS그룹, SKC

저 서

김 정 기 (金正起)

인빌드컨설팅 대표이사

Mobile	010-2273-6708
E-Mail	kkkim1260@naver.com
Homepage	

학 력

한양대학교 경영대학원 MBA졸업(`06)

한성대학교 컨설팅대학원 컨설팅학박사(`16)

전문 분야

블라인드 채용, 면접스킬, 퇴직관리, 저성과자 관리, 성과관리

경 력 / 자 격

오리온그룹 인사팀장(`91~`14)

한성대학교 컨설팅대학원 겸임교수(`15~`19)

커리어코치협회 부회장(`18~現)

한국경영인증원 평가위원(`18~現)

강의 내역

블라인드 채용 이해, 채용면접관 역량개발

저성과자 관리, 인생설계와 진로

주요 출강처

지방공기업평가원, 한국서부발전, 서울메트로

한국정보통신기술협회, 한국지역난방공사, 서울시50+재단

생산성본부, 매일유업, 오리온, 경동그룹 등

저 서

김 종 득 (金鍾得)

(주)휴먼인사이트 대표컨설턴트
미래에셋 전문위원

Mobile	010-4901-6265
E-Mail	finehill21@naver.com
Homepage	4way.kr

학 력

전남대학교 경제학과 졸업('86)
고려대학교 경영대학원 경영학과 석사('95)
경희대학교 대학원 경영학과(인사조직 전공) 박사('00)

전문 분야

직무중심 인적자원관리 전반, 적정인력 산정, 성과관리 개선
채용면접관 교육, 조직문화 진단, 임금설계, HR애널리틱스
시스템 경영, 조직 재설계, 어세스먼트센터, 역량모델

경 력 / 자 격

한국능률협회 매니지먼트센터 수석 컨설턴트('98~'01)
리더스앤컴퍼니 부사장('01~'03), 베어링포인트 이사('04~'07)
기획재정부 공공기관 경영평가 컨설팅위원('07~'08)
딜로이트 경영컨설턴트('08~'20)
안전행정부 공공기관 성과평가관리 자문위원('09~'11)
KPC 직무분석, 성과관리, 인적자원관리사 양성과정(現)

강의 내역

직무분석 실무, 성과관리 실무, 성과평가 및 보상
직무중심 인적자원관리, 적정인력 산정, HR 애널리틱스 실무
조직문화 관리, 전략적 조직관리, 역량모델 및 활용
역량기반 구조화면접(채용), 어세스먼트
피플 애널리틱스, 우수기업의 인재선발 및 관리

주요 출강처

KPC, KMA, KSA, Expert, 매경, 인사드림, 공정경쟁연합회
일터혁신센터, HRM코리아 등

저 서

이것을 알면 경영이 훨씬 쉬워진다(공저)(명진출판사,'96)

김 태 은 (金兌恩)

네모파트너즈POC 상무

Mobile	010-9165-2045
E-Mail	taeeun@nemopartners.com
Homepage	

학 력

광운대학교 산업심리학과 졸업(`05)
광운대학교 일반대학원 산업 및 조직심리학 석사(`07)
광운대학교 일반대학원 코칭심리학 박사 수료(`15)

전문 분야

인사제도, 직무분석, 적정인력 산정, 조직진단, 감정코칭

경 력 / 자 격

노부법인 창조컨설팅 HR컨설팅 파트장(`07~`12)
회계법인 언스트앤영 어드바이저리 수석연구위원(`12)
경영컨설팅 네모파트너즈피오씨 이사(`15~現)

강의 내역

직무분석 방법론, 성과관리제도 컨설팅 방법론
직급/승진제도 컨설팅 방법론, 경력개발제도 수립 방법론
인재유형별 관리 방법론, 직무급 설계 방법론
전략적 인력운용계획 수립, 조직문화 활성화 방안

주요 출강처

한국무역협회, 광동제약, 코스맥스, 클리오, 스타비전
매그나칩반도체, BMW, 현대모비스(연구소), 한호건설
골든블루, 이녹스첨단소재, 포스코ICT, SPC 등

저 서

김 현 주 (金炫住)

기술과가치(주) 파트너
성과와역량연구소 소장

Mobile	010-2906-0919
E-Mail	lukekim21@naver.com lukekim21@percom.co.kr
Homepage	blog.naver.com/lukekim21

학 력

고려대학교 경영대학 경영학과 졸업('94)
고려대학교 일반대학원 경영학과 박사('17)

전문 분야

사업전략, 스타트업경영, 성과관리, 성과코칭, 역량진단센터(AC)
역량개발센터(DC), 리더십 교육·고칭, 인적자원관리
조직설계, 조직문화/핵심가치, 경영혁신, 경영전략, CSR/ESG

경 력 / 자 격

LG화재해상보험 인사팀('98~'99)
Arthur Andersen LLP. 전략팀 컨설턴트('00~'01)
포스코경영연구원(주) 수석연구위원 · Research Fellow('01~'16)
한국수자원공사(K-water) 리더십센터장('17~'19)
한국성과코칭협회 이사, DDI Assessor
CMOE Business Coach, KPCA 성과코치

강의 내역

신규 사업개발 워크숍, 스타트업 경영진/전문가 워크숍
성과관리 실천 방법론 종합강좌, 성과코칭 워크숍
공정한 인사평가자 교육, 팀빌딩과 팀워크 활성화 교육
면접관/어쎄서 양성교육, AC & DC 개발과 운영 방법론
조직설계 워크숍, 조직문화 워크숍, HR전략 워크숍
핵심인재 육성과 승계계획, 역량체계와 역량모델링

주요 출강처

삼성그룹, LG그룹, SK그룹, 포스코그룹, LX그룹, LS그룹,
한화그룹, OCI그룹, 한국우주항공, 교보그룹, 경동그룹, BGF
한국인사관리협회, 한국코치협회, 창업진흥원, 한국경제인협회
하나은행, 서울바이오허브, KIST, KISTEP, ETRI, KBSI, KIRD
한국수자원공사, 한수원, 동서발전, 한국은행, 인천교육청 등

저 서

조직설계 방법론(공역)(시그마인사이트컴,'05)
사람이 경쟁력이다(공역)(21세기북스,'09)
포스코 사랑받는기업 백서(공저)(포스코,'12)
PXR 성과관리 실전노트(공저)(트로이목마,'23)
팀장 레볼루션: 이전의 팀장이 사라진다(공저)(에릭스토리,'24)

김 환 일 (金渙日)

전북대학교 학생취업진로처 교수

Mobile	010-3791-0356
E-Mail	hikim15@jbnu.ac.kr
Homepage	

학 력

전북대학교 경영학과 졸업('84)
서울대학교 대학원 경영학과 경영학 석사('87)
전북대학교 대학원 경영학과 경영학 박사('96)

전문 분야

인적자원관리, 임금관리, 성과보상제도, 임원보상제도, 채용관리
사외이사제도

경 력 / 자 격

한국경영자총협회 노동경제연구원
부연구위원 · 연구위원('90~`10)
미국 워싱턴주립대 Visiting Scholar('97)
한국경영자총협회 인재개발원 연구위원('10~`13)

강의 내역

성과배분제도의 현황과 향후 과제
우리나라 인적자원관리 및 임금 현황과 대응전략
임원보수 공시의 문제점과 개선방안
사외이사제도의 문제점과 개선방안

주요 출강처

전북대학교, 대한노사발전연구원 등

저 서

일본의 여성이사할당제에 관한 연구(공저)(한국기업법학회,`23)
인공지능 채용의 문제점과 개선방안에 대한 고찰(공저)
(한국기업법학회,`24)

남 재 철 (南在哲)

(주)아이앤비컨설팅 대표이사

Mobile	010-8753-3666
E-Mail	jcnam386@naver.com
Homepage	www.inbe.co.kr

학 력

경희대학교 관광학 석사(`10)
상명대학교 호텔외식 경영학 박사(`18)

전문 분야

VIP마케팅, 행사/의전 기획, 프레젠테이션 스킬
글로벌 비즈니스, 호텔서비스 마케팅, 셀링스킬

경 력

국립외교원 외래강사(`03~ 現)
한국생산성본부 전문강사(`03~現)
한국능률협회 전문강사(`12~現)
대림대학교 호텔관광경영학과 겸임교수(`15~`17)
청와대대통령비서실 행사 · 의전 운영관(`17~`18)
청운대학교 사회적기업학과 외래교수(現)

강의 내역

VIP의전 행사실무, 글로벌 비즈니스 실무
인간관계와 커뮤니케이션 스킬, 매출향상의 셀링스킬
고질민원인 응대스킬, 감정노동자의 감정관리

주요 출강처

산업통상부국제팀, 국립외교원, 한국금융연수원
삼성인력개발원, 현대자동차 남양연구소, LG 사이언스파크
KAI 마케팅, 법무부연수원, 경남인재개발원
관세국경관리 연수원

저 서

현대인을 위한 국제매너(공저)(김영사,`94)

류 랑 도 (柳朗道)

(주)한국성과코칭협회 대표 컨설턴트

Mobile	010-5265-0918
E-Mail	ryu@theperformance.co.kr
Homepage	www.theperformance.co.kr

학 력

연세대학교 사회학과 졸업('89)
성신여자대학교 인력대학원 경영학 석사('00)
성신여자대학교 대학원 경영학과 경영학 박사('08)

전문 분야

성과중심의 리더십, 성과관리(목표관리), 인사평가 · 피드백
성과코칭, 연간 사업계획 수립, 목표 설정과 전략 수립
PXR 성과창출 방법론

경 력 / 자 격

SK건설 인력관리팀('88~'96), SK그룹 경영기획실('97)
삼보그룹 경영고문
네오바이오텍 경영코칭
기율특허법인 경영코칭

강의 내역

주52시간시대 성과중심으로 일하는 법
조직의 성과창출을 위한 성과관리방법
탁월한 성과창출을 위한 임원의 임무와 역할
성과코칭과 권한위임 방법, 자기목표관리, 성과평가 Skill up
리더의 역할과 성과관리, Performance Culture
조직목표 달성을 위한 평가자 역량강화, 변화와 혁신전략

주요 출강처

메가젠임플란트, 빙그레, LX인터내셔널, 주성엔지니어링
GS칼텍스, 원익, 삼성전자, 한솔그룹, LS미래원
아디다스코리아, LG디스플레이, KCC, 메리츠화재, 교보생명
NH투자증권, 현대엔지니어링, AIA, SK D&D, 원앤원
수원화성오산축산업협동조합, KT, 아주약품 외 다수

저 서

팀장클래스(쌤앤파커스,'20), 델리게이션(쌤앤파커스,'20)
성과관리(쌤앤파커스,'21), 일의원칙(트로이목마,'22)
일하기 전, 일하는 중, 일하고 난 후(쌤앤파커스,'23)
PXR 성과관리 실전노트 (트로이목마,'23)
성과관리 답을 찾다(트로이목마,'24)

박 기 찬 (朴基贊)

HR K&I 대표컨설턴트

Mobile	010-8980-0346
E-Mail	kc.park@hrkni.com
Homepage	www.hrkni.com

학 력

서강대학교 경영대학원(인사조직 전공) 졸업

전문 분야

성과관리, 인사관리, 리더십, 코칭, 소통, 가치관경영,
조직문화, 직원몰입, 애자일 리더십, 디지털 조직문화

경 력 / 자 격

Innofit Partners 디지털리더십 센터장
IGM 세계경영연구원 교수
Hilti Korea 인사담당 임원
Office Depot Korea 인사담당 임원
Pizza Hut Korea 영업실장 · 인사팀장
KMA Management Center 인사컨설턴트

강의 내역

성과관리, 코칭, 갈등관리, 조직문화, 직원몰입, 리더십
소통, 창의적 문제해결, HR Analytics, 면접관 교육
MZ세대 이해, 애자일 리더십, 셀프 리더십, 권한위임
신입사원 교육, 효과적인 회의 실행, 애자일 리더십
디지털 조직문화

주요 출강처

삼성전자, 삼성SDS, 삼성화재, 삼성생명, 삼성물산, 한진해운
르노삼성자동차, 현대자동차, 현대건설, 현대미포조선
김&장, KBS, MBC, TBS, 에쓰오일, LG유플러스, LG서브원
SK E&S, SK Advance, SK Networks, 한국타이어, 교보생명
라이나생명, 신한은행, DB손해보험, 서울대학교, 경북대학교

저 서

신나는 조직을 위한 펀경영(다밋,`09)
소통하는 팀, 소통하는 회사 만들기(공저)(네임북스,`11)
글로벌 기업은 어떻게 인사관리를 할까?(중앙경제사,`11)
김팀장, 성과관리 잘 하고 있나(바른북스,`19)
김팀장, 직원 몰입 잘 하고 있나?(바른북스,`20)

박 성 민 (朴成旻)

배화여대 스마트 경영과 교수

Mobile	010-5417-2348
E-Mail	parksmin7@gmail.com
Homepage	

학 력

연세대학교 교육학과('99), 연세대학교 산업교육 석사('02)
호주 Melburn University MBA('04)
중앙대학교 인적자원개발정책학 박사('11)

전문 분야

글로벌 HR(해외주재원, 법인장, 글로벌 리더십, 파견적응
귀임적응/갈등관리, 이문화 강의, 현채인 관리 및 개발 등)
글로벌 경영 및 경제

경 력

대한경영학회 부회장('16~現)
서울시 보조금 심의위원('17~現)
한국능률협회 자문교수('20~現)
한국기업교육학회 회장('22~24)
KOICA 자문교수('23~現)

강의 내역

해외주재원(법인장)육성, 글로벌 리더십, 해외파견 적응
귀임적응, 해외조직관리, 갈등관리 working with foreigners
이문화 및 다양성 관리, 현채인 관리 및 육성
해외주재원(법인장) 배우자/자녀/가족교육 등

주요 출강처

국립외교원, 삼성전자, 삼성전기, 삼성디스플레이, GS건설
현대자동차그룹, 현대모비스, LG화학, LG에너지솔루션
LG디스플레이, LX판토스, 능률협회, 현대경제연구소
현대엔지니어링, 대웅제약, 중견기업연합회, 포스코, CJ
대상그룹, 국가공무원인재개발원, 국가평생교육진흥원 등

저 서

해외주재원 A to Z(공저)(가디언,`14,`21)
글로벌 경제이야기(청목,`17), 글로벌 경제이야기 II(청목,`20)
아세안 주재원이 바라본 진짜 아세안(공저)(박영스토리,`21)
복지로 모두의 인권을 지킨다면(다른,`21)
Working with Koreans(박영스토리, 24)

박 영 희

마이아이비(MyIB) 대표이사

Mobile	010-5070-6086
E-Mail	parkyh0803@gmail.com
Homepage	www.myib.ai/

학 력

서울대학교 심리학과 학과 졸업('99)
서울대학교 심리학과 대학원 (석사) 졸업('01)
미국 코넬대학교 대학원 MILR: HR & Organization 졸업('08)

전문 분야

HR 전략, 글로벌 HR, 조직개발, 리더십, ESG 경영 등

경 력 / 자 격

Mercer HR 컨설팅 시니어 컨설턴트('02~'05)
SK경영경제 연구소 연구원('05~'06)
LG전자 Mobile 사업부 미주법인 HR 팀장('08~'14)
SK하이닉스 미주법인 HR 팀장('14~'22)
42dot, People & Operations 총괄 VP('23)
SPHR (Senior Professional in Human Resources)

강의 내역

일의 미래, 하이브리드 근무 성공 전략
미국노동시장 동향, 실리콘밸리 HR 이야기
DEI (다양성, 형평성, 포용성)과 HR
매칭기프트를 통한 ESG 경영, 글로벌 HR살롱: 북미편
지속가능한 경영을 위한 매칭기프트의 역할
Creating synergy between HR and ESG

주요 출강처

한국인사관리협회, 인재경영포럼, 서강대 MBA, 이화여대, 원티드 더플랩 HR 웨비나, 한국양성평등교육원, KAIST MBA
LG에너지솔루션

저 서

실리콘밸리의 HR 이야기(한국인사관리협회,'23)

박 진 호 (朴珍浩)

투타임즈 대표

Mobile	010-9292-8383
E-Mail	two-times@naver.com
Homepage	www.two-times.com

학 력

명지대학교 철학 학사
한양대학교 경영전문대학원 경영학 석사

전문 분야

경영전략, 성과관리, 조직문화

경 력 / 자 격

뷰티플휴먼 컨설팅팀 팀장(`12~`16)
가인지컨설팅그룹 컨설팅센터장(`16~`21)
한국경영인증원 일하고싶은기업 인증사무국 전문위원(現)

강의 내역

(조직) 우리 회사의 가치체계를 수립하는, 비전 워크숍
(조직) 실행중심 조직을 위한, 경영계획 수립 워크숍
(조직) 도전과 성장의 조직문화, OKR 방식으로 일하기
(개인) 자기경영의 기초가 되는, 개인 사명선언문 워크숍

주요 출강처

한국화이자제약, 중앙일보M&P, 이니텍, SPC그룹, 대원그룹
천일식품, 디자인스킨, 현대지성, 신성CNS, 제이시스메디칼
경기주택도시공사, 이랜드복지재단, 이랜드클리닉, 월드비전
상해여성경제인협회, 한국경영인증원, 대전광역시인재개발원

저 서

인생, 추락주의(가인지캠퍼스,`17)
전략수립 W모델(가인지북스,`19)
일 잘하는 사람의 12가지 습관(가인지북스,`21)
조직문화 혁신과 뉴 트렌드(한국인사관리협회, '25)

박 해 룡 (朴海龍)

TYM 상무

Mobile	010-8284-7181
E-Mail	yusimjo@naver.com
Homepage	

학 력

고려대학교 통계학과 졸업('95)
고려대학교 경영대학원 MBA 졸업('00)

전문 분야

인사관리(HR), 성과관리(OKR), 성과코칭, 윈윈윈 스킬
임원/팀장 코칭, CEO 리더십, 역량평가(AC), 역량개발(DC)
면접관 교육, 조직개발(OD)

경 력 / 자 격

LS Electric(주) 인사총괄(CHO) · 상무
딜로이트컨설팅 인사조직 컨설팅 부문 상무
스탠다드에너지 인재경영총괄 · 전무
인하대학교 경영학과 초빙교수
한국액션러닝협회 회장(6대)
경영지도사(인사관리부문 지도)

강의 내역

임원/팀장 대상 리더의 역할과 책임(4H)
임원/팀장 대상 채용면접관 교육(2H~16H)
리더의 커뮤니케이션과 조직관리(2H~8H)
역량평가 및 피드백 코칭 - 리더의 사람 보는 눈(2H~8H)
성과 관리 및 성과 코칭 - 성과를 내는 리더(2H~16H)
윈윈윈 커뮤니케이션 스킬 - 소통 실천 법(2H~8H)

주요 출강처

삼성전자, SK하이닉스, LG디스플레이, LS, 한화시스템, OCI
KB국민은행, 하나은행, 우리은행, IBK기업은행, 코오롱, KCC
한솔홀딩스, CJ오쇼핑, 한미약품, 삼성서울병원, 금융감독원
서울아산병원, 한국수력원자력, 한국남부발전, 원익그룹
한유, KAIST, 서울대, 고려대, 한양대, 인하대 등

저 서

직장생활, 나는 잘 하고 있을까?(플랜비디자인,'18)
나는 팀장이다(공저)(플랜비디자인,'20)
HR레볼루션(공저)(에릭스토리,'24)
채용레볼루션(공저)(에릭스토리,'24)

반 병 길

한국경영조직연구원 원장

Mobile	010-3860-8183
E-Mail	hchp@hanmail.net
Homepage	hc-hp.org

학 력

경북대학교 법정대학 행정학과 졸업('80)
부산대학교 일반대학원(노사관계 전공) 석사('83)
경상대학교 일반대학원(조직문화 전공) 박사('06)

전문 분야

노사관계, 조직문화, 생산성

경 력 / 자 격

기획재정부, 공공기관 경영평가 위원 · 팀장
경제사회노사정위원회, 공공부문위원회 공익위원
정부출연 연구기관 경영평가 위원
서울지방노동위원회 공익위원('10~現)
한국보훈복지공단 경영자문위원('10~'22)
울산항만공사 성과관리위원장('12~'22)

강의 내역

노사관계, 조직문화(鼎ethos모델), 생산성

주요 출강처

현대자동차, 현대모비스, 포스코, 삼성, LG, 한국조폐공사
한국생산성본부 등

저 서

한국노사협조제도에 관한 연구(부산대학교,'83)
화이트칼라 생산성향상 사례집(한국생산성본부,'89)
경영노무의 이론과 실무(한국생산성본부,'90)
우리는 이런 공공기관을 갖고 싶다(금정,'04)
조직문화와 생산성의 관계(경상대학교,'06)

방 병 권 (方炳權)

휴먼데이터랩 대표

Mobile	010-5917-8823
E-Mail	bgbang03@gmail.com
Homepage	blog.naver.com/biz_data

학 력

연세대학교 응용통계학과 학사 졸업('90)
연세대학교 경영학과 석사 졸업('12)
경희대학교 경영정보학 박사 졸업('22)

전문 분야

People Analytics(ChatGPT, 엑셀, 게피, 자모비 활용)

경 력 / 자 격

포스코에너지 인사팀장('89~'07)
SK하이닉스 인사팀장('07~'15), SK하이스텍 대표이사('15~'16)
SPHR/PHR, 경영지도사(인적자원)
빅데이터 분석기사, 직업능력개발훈련교사

강의 내역

데이터로 완성하는 스마트 HR리더 과정
엑셀을 활용한 HR데이터 분석 기초
데이터를 활용한 조직문화 진단
데이터 기반의 채용 분석 실무
평가보상 설계 실무(밀코비치 기반)

주요 출강처

한국인사관리협회, KOTRA, 서울시여성능력개발원
동아대학교(BNK그룹 특강), 에이치비티테크놀러지
케이맥, 오리온, 에듀테크, 인천사경지원센터
제주국제자유도시개발센터(JDC), 한국생산성본부(KPC)

저 서

빅데이터 경영 4.0: 4차 산업혁명 시대, 데이터 경영 전쟁이 시작됐다(라온출판사,`17)
채용인공지능에서 인간-인공지능 협업 수준에 따른 수용의도 연구(박사학위)

송 계 전 (宋桂全)

피플솔루션 대표 컨설턴트

Mobile	010-2210-8368
E-Mail	msohng@pscnc.com
Homepage	www.pscnc.com

학 력

연세대학교 경영학과 졸업('82)
연세대학교 경영대학원 (조직행동 전공) 경영학 석사('84)

전문 분야

평가 · 보상제도, 조직설계, 인력계획, 성과관리, 리더십 개발

경 력 / 자 격

현대경제연구원 경영연구실 선임연구원('86~'90)
LG경제연구원 경영컨설팅센터 조직 · 인사그룹장('90~'00)
Hewitt Associates Korea 부사장('00~'03)
Towers Perrin Korea Consulting 총괄 부사장('03~'07)
서강대학교 경영전문대학원 경영컨설팅학과 겸임교수
('10~'13)

강의 내역

리더십(부하육성, 코칭, 관계관리), 성과관리
인사, 교육, 변화관리

주요 출강처

LG전자, LG화학, LG유플러스, LG디스플레이, 유한킴벌리
삼성전자, SIEMENS, 삼양홀딩스, 씨티은행, KB국민카드
한화S&C, OCI, 공무원연금공단, 한솔그룹, 유진그룹, 안랩
SBS, 대웅제약, 엔씨소프트, 도루코, 대림산업, LF Corp
대한유화, LIG넥스원, SK연구소, GS그룹 등

저 서

당근의 법칙(역서)(FKI미디어,'07)
진짜 성과관리 PQ(좋은땅,'13)
진짜 성과관리 PQ - Version Two(좋은땅,'17)
리더십 솔루션 20(좋은땅,'20)

송 계 충 (宋桂忠)

충남대학교 경상대학 경영학부 명예교수

Mobile	010-5213-3871
E-Mail	songkc@cnu.ac.kr
Homepage	

학 력

미국 University of Louisiana at Monroe 대학원
경영학 석사('81)
미국 Ohio State University 대학원 경영학 박사('85)

전문 분야

인적자원관리, 조직행위론, 노사관계

경 력 / 자 격

충남대학교 경상대학장 · 경영대학원장 · 평생교육원 원장
청와대 인사수석실 인사자문위원
한국원자력안전기술원 성과평가위원회 위원장
특허청 정부업무평가 자체평가위원회 위원장
한국국공립대학평생교육원협의회 사무총장
중앙노동위원회 공익위원(조정담당)(現)

강의 내역

4차 산업혁명과 CEO 리더십, 기업윤리와 경쟁력
R&D 리더십, 조직혁신, 동기부여와 의사소통, 목표관리
창의성 관리, 전략적 의사결정(6H), 조직 시뮬레이션(10H)
변혁적 리더십 개발(3H)

주요 출강처

삼성, 현대, CJ그룹, KT, SK, 지자체, 연구소 등

저 서

한국의 기업가정신(공저)(경문사,`12)
조직행위론(공저)(경문사,`17)

송 민 호 (宋敏浩)

두들린(Greeting) HR Director

Mobile	010-9195-3631
E-Mail	smhsms11@gmail.com
Homepage	

학 력

고려대학교 교육학과 졸업

전문 분야

채용, 온보딩, 조직문화, 스타트업 인사전략 등

경 력 / 자 격

한화63시티 인사팀
케이뱅크 인재경영팀
패스트파이브 HR 팀장
채용전문면접관 2급(한국바른채용인증원)
조직문화 전문가(컬처엔진)
버크만 시그니처 디브리퍼(버크만코리아)

강의 내역

채용전략, 채용 브랜딩, AI 시대와 공정채용, 온보딩, 조직문화
버크만 팀빌딩

주요 출강처

한국인사관리협회, 중소기업중앙회, 고용노동부, 인재경영포럼
HR Mega Trend 세미나 등

저 서

우리는 기업문화를 만들어 가는 중입니다(공저)(바라보다,`23)

송 제 환 (宋濟煥)

네모파트너즈 POC 대표

Mobile	010-8873-1528
E-Mail	jehwansong@nemopartners.com
Homepage	

학 력

미국 UC Sandiego/IRPS, Master of International Relation & Pacific Study 수료('93)
한국외국어대학교 MBA('01)

전문 분야

인사혁신, 조직혁신, 인사관리, 변화관리, 노무관리
리더십, 코칭(KAC 인증코치)

경 력 / 자 격

삼성물산 인사팀('88~'99)
삼성물산상사 인사부장 · 신문화 · 인재개발부장('07~'11)
삼성그룹 인력개발원 글로벌팀장, 상무('11~'14)
삼성물산상사부문 기획팀, 상무('14~'18)
숙명여자대학교 미래경영대학원 초빙교수(現)
대한리더십학회 상임이사(現)

강의 내역

인사/조직, 조직문화 제도 개선, 혁신
글로벌 인력육성, 전략적 인사관리
리더십, 리더십코칭

주요 출강처

삼성그룹, 한화그룹, 현대자동차, 숙명여자대학교
한국외국어대학교 등

저 서

안 성 준 (安星俊)

Business Consulting Firm
리스펙SC 상임이사

Mobile	010-2206-5129
E-Mail	tank123@daum.net
Homepage	blog.daum.net/juntoward

학 력

충북대학교 정치외교학 졸업('93)
경희대학교 경영대학원 경영혁신과정 이수('99)

전문 분야

HRM, 성과평가, 조직활성화, 리더십, 커뮤니케이션, 취업교육

경 력 / 자 격

LG상사, KAMCO, GS건설그룹 인사담당
다리F&S, 대원에너지 인사노무 자문
한국능률협회 경영교육 전문강사
명지대학교 교양학부 초빙교수
한국표준협회 전문위원, 한국생산성본부 HRD부문 컨설턴트
충북대학교 교양학부 전임강사, 고용노동부 노동권익지원관

강의 내역

임직원 목표수립 및 성과관리 워크숍, 영업사원 역량교육
기업 입문교육(신입사원, 경력사원)
임직원 커뮤니케이션(MBTI) 워크숍
HR 코칭 : 성과평가제 구축, 현장 조직활성화, 직무분석
리더십 : 소통하고 성과를 관리하는 핵심리더
커뮤니케이션 : 조직활성화, 팀빌딩, MBTI 클리닉

주요 출강처

중앙전파관리소, 레이덱스, HPSP, 프로이천, 이지켐
한라대학교, 대구정보화진흥원, 인천테크노파크, 에쓰오일 등

저 서

안 승 준 (安承準)

한양대학교 자연과학대 특임교수

Mobile	010-5347-9737
E-Mail	sjan55@hanmail.net
Homepage	

학 력

한국외국어대학교 행정학과 졸업('78)
미국 University of Bridgeport MBA('84)
서울대학교 법과대학 최고지도자과정

전문 분야

인사관리, 인재육성, 리더십, 조직론, Human Assessment

경 력 / 자 격

삼성그룹 구조조정본부 S - Project 팀장('97~'98)
삼성전자 인재개발원장 전무(인력채용 및 교육총괄)('98~'08)
대통령 인사보좌 자문위원, 숙명여대 겸임교수
서울시 인재혁신TF위원장, 인사혁신처 인사혁신자문위원
차병원그룹 사장
앰배서더 호텔그룹 부회장

강의 내역

간부 및 임원 교육, 미래 경영자 양성과정
직업과 경력개발, CEO 강좌

주요 출강처

서울대학교, 숙명여자대학교, 한양대학교, 한국교원대학교
삼성그룹, 아모레퍼시픽, 한국능률협회 등

저 서

양 석 균 (楊錫筠)

CE경영컨설팅 대표이사
(사)컨설팅업 혁신진흥회장

Mobile	010-5363-7160
E-Mail	ask-yang@hanmail.net
Homepage	www.ceconsulting.co.kr

학 력

가톨릭대학교 경영학과 경영학 박사(`09)
미국 하와이대학교 AMP 수료(`96)

전문 분야

인사/조직, 경영전략, 마케팅전략
고객 유형별 상담기법
ESG경영, 사업타당성 검토 등

경 력 / 자 격

USI 대표이사(`03~`06)
한국인적자원전략연구소 대표이사(`07~`17)
대통령 표창, 국무총리 표창, 기획재정부 장관 표창
대한민국 산업현장교수(現)

강의 내역

ESG경영, 중소기업 도입전략, 고객유형별 상담 기법
브랜드 마케팅전략, 조직효율과 시너지발휘 체험학습
고객유형별 상담기법, 전략적 사업계획 수립과 문제해결 기법
잠재문제 분석기법, 계층별 교육, 대인관계, 의사소통
중소기업 성과관리제도, 인재육성체계, 기업가정신과 사업성공전략

주요 출강처

SK그룹, KT, 에쓰오일 등

저 서

고객유형별 맞춤이 경쟁력이다(공저)(BG북갤러리,`07)
빠르고 쉬운 HRD 수행분석(역서)(학이시습,`09)
기업가정신과 창업가정신 그리고 창직가 정신(공저)
(브레인플렛폼,`21), ESG경영(공저)(브레인플렛폼,`21)
N잡러 컨설턴트 교과서(공저)(브레인플렛폼,`22)

엄 명 섭 (嚴明爕)

(주)트리피 대표

Mobile	010-3228-5334
E-Mail	msom@tri-pconsulting.com
Homepage	www.tri-pconsulting.com/article

학 력

한국외국어대학교 법학과 졸업('94)
연세대학교 경영대학원 MBA 졸업('11)

전문 분야

인사관리, 채용, 면접, 평가, 교육

경 력 / 자 격

오리온그룹 회장실 인사기획팀장
신세계 경영기획실 인사팀(그룹인사 담당) 근무

강의 내역

면접관 교육, 평가자 교육, 간부 리더십, 신입사원 멘토링
전문 면접위원 양성 Blended 패키지
(모바일 동영상+워크숍+강의)
채용 인재상 수립 및 채용 프로세스 설계 패키지
(SME인터뷰+모바일 설문)

주요 출강처

LG인화원, 빙그레, NH농협손해보험, 시지바이오, E1
한국수출입은행, 신협중앙회, 국방과학연구소, 삼화페인트
한국남동발전, 중소기업진흥공단, 예금보험공사, 한국국토정보공사
한국수자원공사, 한국문화진흥원, 한국환경공단, 한국선급
중소벤처기업진흥공단 등

저 서

유 준 희 (劉俊熙)

조직문화공작소 대표

Mobile	010-5300-8050
E-Mail	summerxmas@aipu.kr
Homepage	www.aipu.kr

학 력

호주 University of Technology Sydney 경영학 학사 · 석사
호주 Charles Sturt University 경영학 박사과정 이수

전문 분야

조직문화, 조직문화 리더십, 조직개발

경 력 / 자 격

한국 Appreciative Inquiry 연구회 대표
한국 최초 강점조직개발(Appreciative Inquiry) 프렉티셔너
한국 최초 홀라크라시 프렉티셔너
월간 HR Insight 고정 칼럼리스트
미국 A.I.Practitioner협회 Co-Owner

강의 내역

AI업무환경, 성과를 만드는 조직문화와 리더십
AI시대, 진정한 성장을 이끄는 새로운 패러다임
자발적 몰입을 이끄는 조직문화 리더십
행복한 성장을 이끄는 조직문화의 비밀
조직문화 만들지 말고, 만들어지게 하라
조직의 적응성을 이끄는 감정, 자부심

주요 출강처

삼성그룹 인재개발원, 삼성전자, 삼성카드, 삼성디스플레이
삼성SDI, 신한금융그룹, KB금융그룹, LG전자, LG화학
SK하이닉스, 현대다이모스, LS전선, 한국전력, 이수그룹
서울시, 인적자원개발 컨퍼런스, 한국경영자총협회
한국원자력연구원, 국민건강보험공단 등

저 서

조직변화의 긍정혁명(역서)(쟁이,`09)
무엇이 성과를 이끄는가(역서)(생각지도,`16)

이 영 석 (李詠錫)

ORP연구소 대표

Mobile	010-9961-2207
E-Mail	youngseok.lee@orp.co.kr
Homepage	www.orp.co.kr

학 력

인하대학교 행정학 석사
성균관대학교 산업조직심리학 박사
동방대학원대학교 자연치유학 박사과정

전문 분야

팀 개발, 조직진단, 조직문화, 긍정조직개발(AI)
퍼실리테이션, 사회적 대회, 선발, 역량 평가, 역량개발

경 력 / 자 격

몽골 ORPi 대표 이사, 한국어쎄서 협회 회장
(사)한국조직개발협회 이사장, Certified ToP Facilitator(ICA)
미국 CPC(Corporation for Positive Change)의 컨설팅 파트너
미국 HAS(Hogan Assessment Systems)의 한국 Distributor
ICA(Institute of Cultural Affairs) Assosiates Member

강의 내역

Assessment Center Assessor 육성 과정
퍼실리테이션과 참여적 조직개발
긍정 조직변화와 긍정리더십(Appreciative Inquiry)
리더십 역량개발(DC Based Learning)
조직문화 변화와 팀 활성화
선발전문가 과정/면접전문가 과정/역량평가 전문가

주요 출강처

중앙대학교 대학원, 두산, CJ, LG화학, LS미래원, GS칼텍스
아모레퍼시픽, 풀무원, 서울시, 통일부, 건강보험공단, 한국난방공사
한국전력공사, 몽골 APU, MCS, ICFG, Mongol Telecom, CU
E-Mart, NEWCOM, EMC 등

저 서

퍼실리테이션 쉽게 하기(ORP프레스,`12)
AI Summit(공역)(ORP프레스,`13)
A 팀빌딩: 긍정팀 만들기(ORP프레스,`13)
컨센서스 워크숍 퍼실리테이션(ORP프세스,`13)
ToP 퍼실리테이터의 집중대화 기법(ORP프레스,`21)

이 희 동 (李喜東)

티엔에프컨설팅(주) 파트너

Mobile	010-8734-6433
E-Mail	hdlee@tnfleaders.com
Homepage	www.tnfleaders.com

학 력

한양대학교 무기재료 학사 졸업
건국대학교 경영대학원 경영학 석사과정 中

전문 분야

면접질문 및 평가도구 개발, 면접관 역량, 면접R/P평가

경 력 / 자 격

ING생명 부지점장/지점장(500회 이상의 면접관 참여)
ING생명 사내강사 및 퍼실리테이터(10年)
티엔에프컨설팅(주) 역량진단, 채용고도화 자문위원

강의 내역

역량평가, 면접도구 및 평가가이드

주요 출강처

DB산업은행, 금융결제원, 미래에셋대우, 한화생명, 동국산업
한화투자증권, SGI서울보증, GS EPS, 동국산업, 삼일제약
삼성생명서비스, 불스원, 아시아신탁, 골프존, 아시아나IDT
건설공제조합 등

저 서

임 기 호 (林岐鎬)

HR First컨설팅 대표

Mobile	010-2326-1047
E-Mail	khlim@hrfirst.co.kr
Homepage	www.hrfirst.co.kr

학 력

서강대학교 영어영문학과 졸업('85)
서강대학교 경영전문대학원 경영학 석사('93)

전문 분야

취업, 면접교육, 성과관리, 문제해결, 팀 개발, 보상시스템

경 력 / 자 격

베르나바이오텍코리아 Director
LG CNS Compensation Team Leader
Amkor technology Korea 인사기획

강의 내역

팀개발 및 리더십, 성과중심의 평가 및 보상시스템
선진 인사제도 실사례 연구, 문제해결 Skill 개발
경력관리, 취업과 면접전략

주요 출강처

비츠로, 전남대학교, 동양석판, 한성자동차, 한국능률협회
서강대학교, 서울여자대학교, 계명대학교, 한경대학교, 한국장학재단
신진자동차고등학교 등

저 서

퍼펙트 인터뷰스킬(북랩,`15)

정 권 택 (鄭權澤)

피플앤 대표이사

Mobile	010-5448-5405
E-Mail	peoplen101@gmail.com
Homepage	www.peopleand.co.kr

학 력

성균관대학교 경영학과 학사 졸업('85)
성균관대학교 대학원 경영학과 석사 졸업('87)
서강대학교 대학원 경영학과 (인사조직) 박사 졸업('04)

전문 분야

HR전략 및 제도 컨설팅, HR테크 및 Analytics 활용자문
가치체계(경영철학/핵심가치) 및 인재상 수립
리더십/조직문화 진단, 개선 및 변화관리

경 력 / 자 격

삼성경제연구소 인사조직실 수석/상무('90~'09)
삼성경제연구소 인사조직실장('10~'18)
삼성경제연구소 사회공헌실장('19~'20)
삼성글로벌리서치 상근고문('21~'22)
경희대학교 경영학과 겸임교수('22)
경희대학교 경영대학원 겸임교수(現)

강의 내역

최근 HR 트렌드(전망) 및 핵심과제
HR 테크혁명과 활용방안
글로벌 기업의 경영리더 · 핵심인재 양성 및 관리방안
글로벌 기업의 평가 · 보상 트렌드 및 운영사례
조직 내외 소통 활성화 방안
신세대 및 조직문화 관리방안

주요 출강처

한국인사관리협회, 삼성전자 상생협력아카데미
한화인재개발원, 멀티캠퍼스, 신한금융지주, 우리금융지주
육군리더십센터, 유네스코, 제네시스랩, 국도화학 등

저 서

인재경영을 바라보는 두 시선(삼성경제연구소,'15)
실리콘밸리 사람들은 어떻게 일하는가(공저)
(삼성경제연구소,'17)
HR 테크 혁명(공저)(삼성글로벌리서치,'22)
AI시대를 선도하는 인적자원경영(공저)(경문사,'23)

정 종 태 (鄭鍾泰)

성신여자대학교 경영학과 겸임교수
하이에치알컨설팅 대표(컨설턴트)

Mobile	010-3799-5868
E-Mail	jeong-jt@daum.net
Homepage	

학 력

동국대학교 경영학과 졸업('84)
고려대학교 대학원 경영학과(인사 · 조직 전공) 경영학 석 · 박사('86 · '96)

전문 분야

인사관리, 조직구조 설계, 리더십, 성과관리(KPI 관리)
성과코칭, 비전 · 핵심가치

경 력 / 자 격

KB국민은행 경제경영연구소 연구위원('00~'02)
PSI컨설팅 HRM컨설팅 소장('02~'03), 동부 부장('03~'05)
Bearingpoint 이사('06~'07), 한양대 경영학부 겸임교수('06~'16)
드림씨아이에스 전무이사('08~'14), 이트너스 자문위원('14~'20)
(주)드림씨아이에스 대표이사('15~'17)
(주)클리노믹스 대표이사('19~'24), 한국인사관리학회 부회장(現)

강의 내역

AI시대의 변화관리 리더십
임파워링 리더십_질문을 창의성 도출, 면접관 역할
성과코칭 및 평가스킬, 4차산업과 현장 리더 역할
조직문화 및 조직진단 과정, 임원 리더십/팀장 리더십 과정
평가 및 보상제도 개선, 목표설정 및 평가기법 향상
직무평가 및 직무급 설계, 채용, 승진 및 직급, 연봉제 등

주요 출강처

성신여자대학교, 한국생산성본부, HRD교육센터, 엘오티티에스
한국사회능력개발원, 울진군청, 한솔그룹, 임상병리사협회
인천광역시서구시설공단 등

저 서

알기 쉬운 BSC(공저)(Komit,'06)
임원제도와 인사관리(한국인사관리협회,'06)
인사관리 기본과 실제(시그마프레스,'13)
NCS 이해와 취업성공전략(시그마프레스,'15)
NCS 기출외전 777(메가북스,'16)

주 용 석 (朱容奭)

네모파트너즈 인사조직그룹 부사장

Mobile	010-3466-5677
E-Mail	ysjoo@nemopartners.com
Homepage	

학 력

서강대학교 경영학과 석사 졸업('03)
서강대학교 경영학과 박사과정 수료('13)

전문 분야

조직문화, 인사제도, 조직구조, 리더십, 적정인력 산정

경 력 / 자 격

한성대학교 지식서비스컨설팅대학원 겸임교수('14~'22)

강의 내역

HR전략 수립, 직무분석 방법론, 성과관리제도 컨설팅 방법론
직급/승진제도 컨설팅 방법론, 경력개발제도 수립 방법론
직무급 설계 방안 수립, 인재유형별 관리 방법론
전략적 인력운용 계획 수립, 조직문화 활성화 방안, 변화관리 등

주요 출강처

CJ그룹, 한화그룹, 현대자동차그룹, 현대건설, 한솔그룹, LF
LS네트웍스, 현대비앤지스틸, 광동제약, 풀무원, 넥슨, 광동제약
국방기술품질원, 코트라, 국립공원관리공단, 한성대학교, 경복대학교

저 서

최 병 권 (崔秉權)

상명대학교 경영경제대학 경영학부 교수

Mobile	010-2265-6067
E-Mail	jrpfeffer43@naver.com
Homepage	

학 력

고려대학교 경영학과 졸업('99)
고려대학교 대학원 경영학과 석사('01)
고려대학교 대학원 경영학과 박사('11)

전문 분야

조직행동(심리), 성과평가 및 보상, 동기부여, 리더십 진단

경 력 / 자 격

LG경제연구원 경영연구부문 연구위원

강의 내역

조직심리학(직원의 심리와 경영·리더십)(실습기반)
구성원의 인식과 지각(타인 평가와 의사결정)(실습기반)
성과 평가 및 보상의 심리학적 접근(실습기반)
혁신(Innovation) 리더십 및 조직 구축 방안
HR 빅데이터 분석을 통한 조직 및 리더 프로파일 분석
조직진단 및 진단방법론(설문 설계와 운영)

주요 출강처

LG인화원, LG계열사, 롯데, SK, 두산, 현대중공업 등

저 서

팀장 심리 프레임(공저)(국일미디어,'07)
직장 상사 생존 보고서(공저)(위즈덤하우스,'08)
고객 가치를 창조하는 기업의 조건(새로운제안,'08)
CEO 꿈의 연봉에 도전하라(중앙경제평론사,'09)
당신은 최고의 멘토입니까?(공저)(새로운제안,'14)

탁 진 국 (卓鎭國)

지아미라이프코칭센터 대표코치
광운대학교 산업심리학과 명예교수

Mobile	010-7262-5424
E-Mail	tak@kw.ac.kr
Homepage	https://blog.naver.com/coachingpsychology

학 력

미국 Kansas State University(산업 및 조직심리 전공)
심리학 박사('91)

전문 분야

코칭(심리), 경력개발, 경력(진로)상담, 리더십, 직무 스트레스
검사개발

경 력 / 자 격

광운대학교 교양학부장, 인문사회과학대학장, 교육대학원장
한국심리학회 총무이사 · 심리검사 심위원장
한국 산업 및 조직심리학 회장
영국 코칭심리학회 명예부회장
한국 코칭심리학 회장, 한국 심리학 회장
한국 직무스트레스 학회장

강의 내역

코칭, 강점코칭, 리더십코칭, 경력개발 및 관리
직무 스트레스 관리

주요 출강처

삼성전자, 삼성인력개발원, 보령제약, ptc Korea

저 서

심리검사: 개발과 평가방법의 이해(학지사,'07)
실직충격에서 회복하는 법(역서)(학지사,'07)
코칭심리(역서)(학지사,'10), 워커코드(프리이코노미라이프,'15)
코칭심리학(학지사,'19), 라이프코칭(학지사,'22)
커리어코칭(학지사,'23)

하 수 미 (河秀美)

컬처랩 컨설팅

Mobile	010-4722-7166
E-Mail	haxx0026@gmail.com
Homepage	blog.naver.com/culturelab2000

학 력

이화여자대학교 교육학과 졸업 학사('91)
고려대학교 일반대학원 교육학과 HRD전공 석사('95)
미국 미네소타주립대학교 HRD 전공 박사('02)

전문 분야

조직문화, 리더십, 코칭, HRD

경 력 / 자 격

서울경제연구소('03~'04)
크레듀, 동부그룹('04~'07)
고려대학교, 명지대학교대학원 강사('05~'08)
한화인재경영원 근무('07~'13)
현대모비스 근무('13~'23)

강의 내역

액션러닝 문제해결 방법론
MZ세대와의 소통/일하는 방법(Z세대 중심으로)
젠더와 함께하는 문화 만들기, 여성리더십
버크만진단 기반 팀워크숍, 조직문화 개선 워크숍, 팀빌딩
초개인화 시대의 조직문화, 조직문화리더십 등

주요 출강처

현대자동차, 현대모비스, 지후소프트, 국민연금공단
미래에셋증권, 충청남도교육청, 탤런트뱅크 등

저 서

MZ,젠더 그리고 조직문화(플랜비,'21)
리더와 직원의 동상이몽(패스트북,'24)

하 지 해 (河智海)

Paul Group 대표
EY 경영자문위원

Mobile	010-2704-0407
E-Mail	paul@paulgroup.co.kr
Homepage	www.paulgroup.co.kr

학 력

고려대학교 통계학과 졸업('90)
고려대학교 경영대학원(인사조직 전공) 수료('02)

전문 분야

성과관리, 보상관리, 글로벌 인사, 직무급 설계, 직무분석
조직문화, 리더십, China HR, Agile 조직구축, 저성과자관리
M&A, PMI

경 력 / 자 격

삼성SDS 인사팀
콘페리헤이그룹(Kornferry) 파트너
NAVER 인사자문위원
(주)인지소프트 사업총괄 COO
Hay Group Korea 대표이사, Watson Wyatt Korea 본부장
Mercer Consulting 이사

강의 내역

Agile 조직 구축, 조직문화, 리더십, 인사관리, 보상관리
직무분석 · 평가, 성과관리, 직무급 설계, 직무성과 책임 명확화
글로벌 인사, Global HR 실무역량 강화과정
Leader Assessment

주요 출강처

DL케미칼, 현대자동차그룹, 한화그룹, 멀티캠퍼스, 오리온
네이버, 삼성인력개발원, 롯데인재개발원, 현대자동차
쌍용자동차, 한국증권거래소, 한국산업인력공단 등

저 서

3무경영(三無經營)(위즈덤하우스,`11)

현 순 엽 (玄淳燁)

SK mySUNI 전문교수

Mobile	010-3740-0355
E-Mail	hyunsunyeop@naver.com
Homepage	

학 력

서울대학교 경영학과 졸업('86)
서울대학원 경영학과 인사전공 졸업('88)

전문 분야

인사, 기업문화, 리더십, 원온원

경 력 / 자 격

SK이노베이션 기업문화 본부장(전무)('11~'12)
SK하이닉스 기업문화 담당(부사장)('13~'19)

강의 주제

리더십/소통: 원온원 중심
기업 변화전략: 하이닉스 사례 중심, 전략적 HR

주요 출강처

신한은행, GS, 대구은행, SK 주요 계열사 등

저 서

고성과 리더의 비밀, 원온원(파지트,'23)
신뢰게임(서울대학교출판문화원,'25)

홍 석 환 (洪錫煥)

홍석환의 HR전략 컨설팅 대표

Mobile	010-2362-6988
E-Mail	no1gsc@naver.com
Homepage	

학 력

고려대학교 경영대학 (인사조직 전공) 석사 · 박사 수료

전문 분야

성과관리(평가자 교육), 면접관 교육, 소통과 협업, 리더십
임원 · 팀장의 역할과 조직 장악하기, 인재육성, HR전략, 조직문화
인사 실무과정

경 력 / 자 격

삼성 비서실 및 경제연구소('86~'03)
GS칼텍스 인사기획 · 조직문화팀장('03~'11)
KT&G 변화혁신실장 · 인재개발원장('11~'17)
인사혁신처, 서울시, 포스코, 한솔교육 인사 자문
우리 모두의 보훈 아너스 클럽 위원('24~'25)
2024년 명강사 대상 수상, 인살롱, 한경닷컴, 매경닷컴 필진(現)

강의 내역

전략적 HR, 성과관리 및 면담요령, 채용 면접관 교육
인사실무, 조직문화 활성화 방안, 변화관리
임원/팀장의 역할과 조직 장악하기, 소통, 일과 사람관리

주요 출강처

한국인사관리협회, 국가공무원인재개발원, 한국경영자총협회
HR에듀센터, 지방공기업평가원, 삼성, LG, 현대, SK, 포스코
유한양행, 현대그룹, LX홀딩스, 대웅제약, 동서식품, 삼양사
효성전기, 롯데물산, 바나텍, 툴젠, 마라콤, 투유드림
이노스페이스, 파티마병원 등

저 서

어서와~ HR은 처음이지(클라우드나인,'18)
어떻게 하면 중소기업은 대기업이 될 수 있나?
(행복에너지,'21), 임원의 품격(행복에너지,'22)
왜 모두가 그 상사와 일하고 싶어 하는가(클라우드나인,'23)
바보야, 평가가 아니라 성과관리야(행복에너지,'24)

황 종 환

네모파트너즈 POC 인사조직부문 전무

Mobile	010-8978-5524
E-Mail	jhhwang@nemopartners.com
Homepage	

학 력

서강대학교 경제학과 졸업('06)

전문 분야

인사전략, 인사제도, 조직구조, 리더십, Assessment Center
HRIS, Digital HR, HR Analytics

경 력 / 자 격

네모파트너즈, 머서코리아, 액센츄어, EY컨설팅

강의 내역

HR전문가 과정, Digital HR과 HR Analytics
승진후보자 과정, 주재원 과정, HR 표준화
직무중심 HR 및 직무평가, 성과관리 과정

주요 출강처

한국경제인협회(HR Expert 양성과정), 한화그룹, SK그룹
아모레퍼시픽그룹, 두산그룹, 에코비트, 한솔그룹, 호반그룹
동아쏘시오그룹, 현대건설, HDC아이콘트롤스 등

저 서

HRD(교육 · 인력개발)

강 성 룡 (姜聲龍)

코어리더십센터(주) 대표(CKO)
(사)성품경영협회 부회장

Mobile	010-5480-6506
E-Mail	hokmah7@gmail.com
Homepage	www.khope.kr

학 력

연세대학교 독어독문학과 졸업('88)
연세대학교 교육대학원 산업교육학 석사('04)
숭실대학교 일반대학원 평생교육학 박사('14)

전문 분야

긍정조직 변화, 비즈니스 성품, 리더십, 캐릭터 코칭
브레인 커뮤니케이션, 프레젠테이션, 기획, 인적자원개발

경 력 / 자 격

한솔제지 인재개발팀 인사교육파트장
LG텔레콤 인재개발팀 교육파트장
월마트코리아 인사팀 인사교육총괄팀장
(주)윈윈긍정변화컨설팅 설립 및 대표이사
캐릭토코치 1급, 성품트레이너 2급, 평생교육사, 역량평가사

강의 내역

성공 비즈니스맨의 품격 · 조직문화 혁신, 존중커뮤니케이션
긍정 변화와 열린 혁신을 위한 A.I. Summit
공감소통형 브레인 커뮤니케이션, 교육담당자 양성과정
기획에서 프레젠테이션까지(Plantation), 과정개발자 양성과정
비즈니스 성품개발 세미나 · 임직원 행복한 동행
캐릭터코치 양성과정 · ACE 코칭 프로그램

주요 출강처

한솔그룹, 하림그룹, 대상그룹, LG그룹, KB금융그룹
하나금융그룹, 현대자동차그룹, 롯데칠성음료, 일동제약
한국인삼공사, 국도화학, 한솔케미칼, 한솔로지스유
한화제약, 동부그룹, 교보증권, 웅진에너지, 지방행정연수원
법무연수원, 경기도인재개발원 등

저 서

존중의 힘(올림출판사,'22)
위기극복의 힘, 성품DNA(IBLP Korea,'16)
위기극복의 힘, 인성수업(한언출판사,'17)
위대한 의사 예수(한언출판사,'23)
AI시대, 이제는 성품이 경쟁력이다(코어리더십센터,'25)

김 광 일 (金光一)

아이스크림미디어/에듀 AI연구소 소장

Mobile	010-7739-1119
E-Mail	cackikim@naver.com
Homepage	www.i-screammedia.com

학 력

호주 University of Sydney 디자인컴퓨터학과 졸업
호주 University of Sydney 디자인 사이언스 석사

전문 분야

AI: 머신러닝, 딥러닝, 생성형 AI
자연어처리(NLP): 텍스트 마이닝, 언어모델(LLM), 챗봇
HRD 융합 AI: 맞춤형 교육 추천, AI기반 역량진단/개발

경 력 / 자 격

중앙대학교 인적자원개발(HRD) 고위지도자과정(CLO) 수료
단국대학교 종합인력개발원 겸임교수
(주)카드보드아트컬리지 대표 · 컬쳐 디자이너
단국대학교 겸임교수
(주)컬리지니에이아이 대표이사

강의 내역

AI 기초/응용(머신러닝/딥러닝 기본원리, 적용 사례)
자연어처리와 생성형 AI(대규모 언어모델(LLM)의 활용)
텍스트 생성과 분석 실습, 생성형 AI와 창의적 활용
교육혁신과 HRD를 위한 AI, 기업 맞춤 AI 전략
디지털 전환(DX)과 AI 융합 교육

주요 출강처

삼성, LG, KT 신세계, 한국전력공사, 한국은행, 산업은행 등

저 서

김 동 완 (金東完)

CEL Consulting 대표 컨설턴트

Mobile	010-5247-9750
E-Mail	dw4112@naver.com
Homepage	www.cel-consulting.co.kr

학 력

중앙대학교 정경대학 경제학과 졸업('91)
고려대학교 교육대학원 (기업교육 전공) 교육학 석사('05)
경희대학교 경영대학원 (무역학 전공) 박사 과정

전문 분야

프레젠테이션, 사내강사, 교육담당자, 문제해결력
커뮤니케이션, 리더십

경 력 / 자 격

삼성그룹, 삼성화재 Sales Manager 및 HRD 근무('91~'01)
e-Samsung Group 금융마케팅 팀장('01~'02)
삼성카드 인력개발팀 근무('02~'03)
동양공업전문대학 경영학과 겸임교수('05~'08)
서울과학종합대학원 연구교수(現)
한국표준협회 수석 전문위원(現)

강의 내역

성과창출형 기획력 및 Biz-writing Skill-up
나의 가치를 높이는 Biz-Presentation
조직의 성과를 책임지는 성과관리 리더십
강의를 풍요롭게 만드는 사내강사 강의역량 강화과정
프레젠테이션 스킬, 교육담당자 양성과정, B2B마케팅
대인관계 향상을 위한 커뮤니케이션 스킬, 협상력

주요 출강처

삼성전자, KT, SK브로드밴드, LG유플러스, 한국타이어
롯데손해보험 등

저 서

김 명 식 (金明植)

Metaplan Group(주) 대표이사
인바스켓 코리아 부사장(비상근 겸직)

Mobile	010-3734-6082
E-Mail	rekanza@hanmail.net
Homepage	

학 력

동국대학교 (인사조직 전공) 경영학 석사(`97)
동국대학교 (관광경영 전공) 경영학 박사(`11)

전문 분야

Experience Learning Design, Leadership Facilitatior
In-basket Trainer(Assessor),
System thinking 'Friday night at the ER

경 력 / 자 격

효성그룹 인재개발원 기획파트장(`97~`00)
현대인재개발원 전문교수(`06~`08)
부산대학교 경제통상대학원 외래교수(`15~`17)
펜타클러닝(주) 리더십 전문위원(`16~現)
가천대학교 경영대학원 경영학과 겸임교수(`17~`18)
동국대학교 경상대 연구교수(`21)

강의 내역

인바스켓 트레이닝, 리더십(관리자-임원) 퍼실리테이션
그룹코칭, 피드백스킬, 고성과 조직문화구축 워크숍
협상3.0스킬, 변화관리 리더십, 시스템 사고 워크숍
저성과자 역량평가 및 개발, 역량평가 설계 및 운영

주요 출강처

삼성전자, 코웨이, 다우기술, 린나이코리아, 이수그룹
성우하이텍, 근로복지공단, ASML Korea, FMC Korea
다우키다리, GS리테일, 아미코젠, 다우기술, 넥센타이어
파나소닉 코리아, 넥센타이어, LG전자, 에스텍, 메타바이오메드
서울대학교 공과대학원 등

저 서

김 민 조 (金珉調)

(주)오디웍스(ODWorks) 대표이사
한국성과코칭협회 운영위원

Mobile	010-9112-1699
E-Mail	odmincho@odworks.kr
Homepage	www.odworks.kr

학 력

숙명여자대학교 인적자원개발학과 석사('20)
숙명여자대학교 인력개발정책학과 정책학 박사('24)

전문 분야

팀장리더십: 조직관리, 업무분장, 온보딩, 인재육성
HR컨설팅: 조직진단/직무분석/역량모델링/성과관리/평가보상
성과관리: KPI, MBO, BSC 목표수립~평가 공정기반구축/내재화

경 력 / 자 격

SKC HRM/HRD/해외주재원/경영기획실 파견('89~'96)
U&I컨설팅 기획력향상 연구원('97~'98)
위자드소프트 경영총괄, IPO('99~'11)
POP컨설팅 인사조직/교육 수석컨설턴트('14~'20)
갤럽강점 전문 디브리퍼('25), 글로벌조직개발협회 이사(現)

강의 주제

HRD 기획 및 운영역량 강화
목표수립 및 성과코칭: 목표:운영:평가 = 70:20:10
조직활성화 워크숍: 소통, 문제해결, 비전 워크숍
직무역량: 기획력, 전략적사고, 자기소개/이력서
팀빌딩: DiSC, 갤럽강점 팀빌딩, 긍정조직
조직관리리더십: 팀장 조직관련 역량, 인재상 및 인재육성

주요 출강처

동작여성인력개발센터, POP컨설팅, 한국벤처기업연수원
한국기업HR협회, KOICA, 유니테크, 대우세계경영연구회
한국인사관리협회, 안산상공회의소, 강원대학교, 숙명여자대학교
카톨릭대학교, 글로벌조직개발협회, 은평여성새일센터 등

저 서

경력개발이 직무만족 및 직무몰입에 미치는 영향(동국대,'20)
A case study on the Success Factors of Excellent Vocational Training Institutions(SIBR,'24-091)

김 은 수 (金銀洙)

인천대학교 사회과학연구원 교수

Mobile	010-2736-0925
E-Mail	ejang09@gmail.com
Homepage	

학 력

서울대학교 산업교육학과 졸업('00)
서울대학교 농공학 석사('03)
인천대학교 교육학 박사과정 수료

전문 분야

역량모델링 및 역량진단, 역량기반 교육체계 수립
CoP 활성화, 액션러닝, 퍼실리테이터, 비전, 핵심가치 정립
커뮤니케이션, 인사관리 및 제도설계(평가, 보상, 채용 등)

경 력 / 자 격

두산인프라코어 인재개발팀('05~'15)
세아홀딩스 인재개발팀('16~'17)
송현홀딩스 그룹인사총괄('18~'19)

강의 내역

CoP 퍼실리테이터 양성과정, 퇴직예정자교육(생애설계)
스마트워킹(업무효율화) 전문가, 매킨지 7-Step Faculty
팀빌딩 및 조직활성화, 셀프리더십

주요 출강처

한국인사관리협회, 현대로템, 송현홀딩스

저 서

김 종 표 (金鍾杓)

한국평생교육HRD연구원 원장
한국평생교육HRD학회 T&D연구소 소장

Mobile	010-5233-9638
E-Mail	jp153@bu.ac.kr
Homepage	

학 력

연세대학교 문과대학 교육학과 졸업('77)
연세대학교 교육대학원 산업교육과 교육학 석사('88)
한양대학교 대학원 교육학 박사('97)

전문 분야

인적자원개발, 강사양성, 퍼실리테이션

경 력 / 자 격

백석대학교 교육대학원원장 · 평생교육원 원장
백석대학원 평생교육 · 인적자원개발전공 지도교수
한양대학교 교육공학연구소 실장, 평생교육총연합회 회장
한국평생교육HRD학회 회장, 한국산업교육학회 총무상임이사
한국성인교육학회 부회장, 천안상공회의소 경제연구소 자문위원
한국직업능력연구원, 직업훈련기관 평가위원

강의 내역

실전프로그램 개발과정. 자기계발 및 자기혁신, 강사양성과정
퍼실리테이션 스킬업 과정, 기능습득을 위한 실전실습 교수법
일터학습을 위한 JP지도기법, 자기계발과 생애설계, 문제해결과정
감수성 훈련, 평생교육정책 교육담당자 양성과정
평생교육과 인적자원개발

주요 출강처

삼성전자, 청와대, 한국기술교육대학교 능력개발교육원
평생교육진흥원, 새마을금고연수원, 당진시청, 신성대학교
대구과학대학교. 부산보건대학교, 전주대학교, 충남공무원교육원 등

저 서

기업인적자원개발론(양서원,'19)
실전 명강의 교수법(양서원,'19)
평생교육프로그램 개발론(양서원,'18)
NCS기반 교수법(양'서원,'16)
평생교육론(양서원,'25)

김 진 모 (金鎭模)

서울대학교 농업생명과학대학
산업인력개발학과 교수

Mobile	010-2282-5346
E-Mail	jimmy812@snu.ac.kr
Homepage	

학 력

서울대학교 농업교육과 (농촌사회교육 전공) 졸업('85)
서울대학교 대학원 교육학 석 · 박사('87 · '97)

전문 분야

HRD, 기업교육, 역량모델링, 변화관리, 리더십 개발
퍼실리테이션 스킬

경 력 / 자 격

LG인화원 교육컨설팅 업무(조직진단, 교육개발, 핵심인재)
CAP컨설팅 교육컨설팅 및 강의업무 수행
미국 미네소타대학 인적자원개발 전공 객원연구원
서울대학교 농업생명과학대학 교육연수원 원장
서울대학교 진로직업교육연구센터 센터장
한국산업교육학회 회장, 한국농산업교육학회 회장

강의 내역

HRD, 기업교육, 변화관리, 셀프리더십
교육체계 및 프로그램 개발, 역량모델 개발, 퍼실리테이션

주요 출강처

LG그룹, CJ, 현대자동차, 정부 및 공공기관 등

저 서

토론연습(역서)(공저)(한언,'03)
농업교육학 개론(공저)(서울대학교출판부,'07)
효과적인 프레젠테이션 스킬(공저)(서울대학교출판부,'08)
산업인력개발론(공저)(교육과학사,'09)
전략적 농촌지도론(공저)(서울대학교출판부,'14)

김 형 식 (金亨植)

한국경제인협회 중소기업협력센터

Mobile	010-4309-6508
E-Mail	hippotam@naver.com
Homepage	

학 력

경북대학교 전자공학과 전자계산학전공 공학사
연세대학교 경영대학원 경영학 석사
공주대학교 산업시스템공학과 박사(수료)

전문 분야

변화관리, 경영혁신, 6시그마, 의사소통, 교육전략, 사내강사
교육과정개발/평가, 감성소통, 창의력 개발, CSR

경 력 / 자 격

한국철도공사 철도인재개발원 인재개발처장
삼성SDS 변화관리 · 경영혁신 · 인재개발 · 신경영 수석부장
삼성비서실 삼성인력개발원 교육과장
서울교육대학 경찰교육원 · 우정공무원 겸임교수
고용노동부 대한민국 산업현장 교수(HRD부문)
교육부 중앙교육연수원 전임교수

강의 내역

노사 의사소통, 팀장리더십, 윤리경영, 코칭 리더십
감성소통 기술, 명강사의 강의 커뮤니케이션
미래변화와 위대한 인재의 조건, 국가정책 정부4.0
HRD 교육과정 설계 및 운영기법, 공직가치와 윤리경영
명강사 강의스킬

주요 출강처

국토인재개발원, 국세공무원연수원, 건설기술연수원, 삼성생명
지역난방공사, 호서대학교, 동서대학교, 한성대학교, 영남대학교
CJ, 삼성생명, 멀티캠퍼스, aT농수산유통교육원 등

저 서

선진기업 혁신기법(공저)(삼성인력개발원,'93)
한국철도인재 육성방안(일본 철도전문지,'09)
창조경제시대 공무원 필요역량 및 강화방안(연수논총,'13)

김 혜 란 (金惠蘭)

H.Insight 대표컨설턴트

Mobile	010-8265-2007
E-Mail	haeran1999@hanmail.net
Homepage	

학 력

한국외국어대학교 일본어과 졸업('91)
중앙대학교 글로벌인적자원개발학과 석사('18)

전문 분야

과정개발 방법론, 강사양성, 리더코칭
교육체계 수립(직무분석 기반 교육체계, 역량기반 교육체계)
교육평가(Level 3, 4 평가, Success Case Method)

경 력 / 자 격

LG 인화원('91~'11)
LG CNS Learning&Development 센터('12~'15)
KPC(Korea Proffesional Coach)(한국코치협회)

강의 내역

과정개발 방법론
교육체계 수립(직무분석 기반 교육체계, 역량기반 교육체계)
교육평가(Level 3, 4 평가, Success Case Method)
프레젠테이션 스킬, 강사 양성

주요 출강처

한국인사관리협회, 국가과학기술인력개발원, 서울시50+재단
LH인재개발원, 기아 등

저 서

현장에서 만나는 교육과정개발(성과를 디자인하라)
(한국인사관리협회,'25)

김 휘 (金輝)

HRDIST 에이치알디스트 대표

Mobile	010-6432-9215
E-Mail	HRDIST@naver.com
Homepage	www.hrdist.com

학 력

국민대학교 교육학과 졸업('88)

전문 분야

강의: HRD 실무, 직무교육 강사양성, 성과관리
컨설팅: 인재육성체계 수립, 조직문화 정립
자격: 한국성과코칭협회 전문코치

경 력 / 자 격

신세계백화점 인력개발팀('90~'98)
코스트코코리아 인사 · 고객 마케팅('98~'00)
홈플러스 인력개발팀('00~'04)
삼성공채(31기), SK 경력입사('04)
SK텔레시스 인력개발팀장('04~'09)

강의 내역

HRD 실무 마스터/입문과정
직무교육 사내강사 양성, 강의기획 실무, 교육과정 개발
비대면교육 강의기법, 빅데이터 활용한 기획력 향상 과정
성과관리 리더십: 목표설정부터 인사평가까지
전직지원 교육: 1인 지식콘텐츠 창업 실무
하루 만에 끝내는 신입사원 교육, 신규입사자 비즈니스 스킬

주요 출강처

삼성전자, 삼성전기, 태광산업, 롯데호텔, 하이트진로, KT&G
영남에너지서비스, KCC, 코오롱인더스트리, GS파워. K-Water
동부하이텍, 아모레퍼시픽, SK그룹, LX하우시스, S&I, 관세청
한국항공우주연구원, 한국산업인력공단, 한국자산관리공사 등

저 서

사내강사 실무 노하우(플랜비디자인,'18)
HRDIST의 HRD실무가이드(e-book)(e퍼플,'21)
퇴직 후 전문분야 강사로 살아가기(e-book)(e퍼플,'21)

박 승 희 (朴昇熙)

(주)글로벌액션러닝그룹 상무

Mobile	010-4479-0742
E-Mail	shpark2507@gmail.com
Homepage	

학 력

전북대학교 경영학과 학사('02)
전북대학교 경영학과(인사/조직 전공) 석사('04)
서울과학종합대학원대학교 박사 수료('17)

전문 분야

액션러닝, 조직문화, 퍼실리테이터, 문제해결, 코칭

경 력 / 자 격

대림산업 경영혁신팀 및 교육팀 근무
한국액션러닝협회 사무총장
한국액션러닝학회 상임이사
한국액션러닝협회 인증코치(Professional Level)

강의 내역

액션러닝 Facilitator 양성과정
CoP 리더 양성과정
직급별 리더십 · 팔로워십, 효율적 협업
프로젝트 해결중심의 문제해결 역량 강화
타운홀 미팅 · 워크숍 퍼실리테이터

주요 출강처

SK텔레콤, 현대자동차, 하나은행, 산업은행, 르노삼성자동차
세아홀딩스, 현대엘리베이터, 현대모비스, 한화토탈
한국전력공사, 원자력연구원, KOICA, 인천공항공사, UST
서울시교육연수원 등

저 서

답은 현장에 있다(행성 : B웨이브,`13)

백 성 태 (白聖泰)

액티브러닝 소장

Mobile	010-2218-5507
E-Mail	galli@naver.com
Homepage	

학 력

부산대학교 법대 행정학과 졸업
부산대학교 대학원 수료
미국 인디아나 주립대학 HPT-ISD 과정 수료

전문 분야

리더십, 커뮤니케이션, 변화관리, 전략경영
역량평가(Assessment Center)

경 력 / 자 격

LG전자 러닝센터 교수
LG인화원 기획팀장 · 전문교육팀장 · 경영교육팀장
한국생산성본부, 한국능률협회 교수
신입사원 적성종합검사 및 관리능력개발 검사 개발
(日 산능대와 공동)
미국 ASTD Conference Speaker

강의 내역

리더십 개발, 전략경영, 대인관계 능력개발, 커뮤니케이션
문제해결과 의사결정, 기획력 · 창의력 개발, 시간관리
프로젝트 매니지먼트, 역량평가

주요 출강처

해양수산부, 병무청, 해양경비안전본부, 국가인재개발원
지방자치인재개발원, 한국전력기술, 전기안전공사, 현대자동차
한국수력원자력, 국민연금공단, 현대중공업, 기아, 삼성전자
삼성SDI, LG전자, SK E&S, 에쓰오일, 대구은행, LH공사
근로복지공단, 새마을금고, 관세청 등

저 서

교육게임 집(공저)(부크크,`18)

송 민 열 (宋敏烈)

열정학습연구소 소장

Mobile	010-7608-1918
E-Mail	tenistar1@hanmail.net
Homepage	

학 력

핀란드 헬싱키 경제대 경영대학원 경영학 석사
숭실대학교 대학원 평생교육학 박사

전문 분야

강사양성, 교수기법, 프레젠테이션, 리더십, 평생교육, HRD

경 력 / 자 격

대통령자문 사람입국 신경쟁력 특별위원회 전문위원
한국노동연구원 부설 뉴패러다임센터 책임컨설턴트
국민은행 연수원 교수실장, 국민은행 대전콜센터 교육팀장
숭실대학교, 단국대학교, 강남대학교, 전주교육대학교
우송대학교 외래교수, 한국강사협회 이사

강의 내역

탁월한 인재로 키워주는 누구나 강사 되기
강의역량 Jump - up
엑설런트 프레젠테이션
개인과 조직의 성공을 이끄는 관리자(팀장)리더십
평생교육론, 평생교육방법론, 평생교육경영론, 강의기법

주요 출강처

소상공인시장진흥공단, 국학진흥원, 우송대학교 등

저 서

사내강사매뉴얼(뉴패러다임센터,`05)
탁월한 인재로 키워주는 누구나 강사 되기(이담북스,`11)
평생교육론(학지사,`18)

신 동 국 (申東國)

뉴패러다임센터 대표
미사모 포럼 대표

Mobile	010-5353-3769
E-Mail	omydream@naver.com
Homepage	blog.naver.com/omydream

학 력

성균관대학교 경영학과 졸업('84)

전문 분야

사내강사, 스피치, 프레젠테이션, 리더십, 셀프리더십
동기부여, 조직활성화

경 력 / 자 격

현대제철 인력관리부장('84~'01)
인텍솔루션 이사('01~'05)
한국노동연구원 KOWIN센터 컨설턴트('05~'10)
대한민국 명강사 경진대회 그랑프리 수상('11)
고려대 명강사 최고위과정 책임교수('15~'16)

강의 내역

사내강사 양성과정, 문제해결 및 의사결정, 4차 산업혁명
변화와 혁신, 프레젠테이션, S-OJT 코칭 프로그램
조직활성화, 승진자 교육, 퍼실리테이터 양성과정, 커뮤니케이션
팀빌딩, 회의진행기법, 리더십, 셀프리더십, 동기부여

주요 출강처

삼성전자, 삼성증권, 현대자동차, 현대해상, GS건설, 코레일
LH공사, 포스코, 한온시스템, 코오롱, 기아, 교보문고
국민건강보험, 농식품공무원, 하나은행, 삼성생명, 동부화재
한화그룹, 동국제강그룹, 세아그룹, GS칼텍스 등

저 서

하고싶다 명강의, 되고싶다 명강사(끌리는책,'16)

신 동 필 (申東弼)

(주)아이그로우 대표
선문대학교 겸임교수

Mobile	010-2327-5000
E-Mail	dpsheen@igrowkorea.com
Homepage	

학 력

한양대학교 교육공학과 졸업('92)
연세대학교 대학원 산업교육 석사('99)
한양대학교 교육공학 박사('08)

전문 분야

HRM, HRD, 조직진단, 리더십, 과정개발, 강사양성

경 력 / 자 격

LG전자 러닝센터, LG유플러스 영업교육팀장
미래신용정보 인재개발본부
KPC 전문위원

강의 내역

전략적, 창의적 문제해결, 리더십과 성과관리
계층별 R&R 정립, 자기혁신과 Self Leadership
교육체계/과정 개발 및 강사양성
조직진단 및 개발(일터혁신 및 Workplace Learning)전략
E&Mobile, Blended Learning 컨설팅

주요 출강처

LG전자, LG디스플레이, LG이노텍, 현대자동차, 유진기업 등

저 서

신 범 석 (辛範錫)

(주)立素 대표이사
고려대학교 겸임교수

Mobile	010-3720-4515
E-Mail	mind365@ipso365.com
Homepage	www.ipso365.com

학 력

고려대학교 교육학과 졸업('88)
서울대학교 대학원 교육학 석사('95)
고려대학교 대학원 교육학 박사('01)

전문 분야

HRD 중장기 계획수립, 조직진단, 직무분석, 역량모델링, 경력개발제도 구축, 성과관리/평가

경 력 / 자 격

서울대학교 교육연구소 연구원
한국교육개발원(KEDI) 연구원, (주)다산경영컨설팅 부사장
인사혁신처 혁신자문위원, 국가공무원인재개발원 자문위원
Best HRD 심의위원, 한국인력개발학회 이사

강의 내역

HRD 담당자 및 HRD 조직의 역할
경영환경 변화와 HRD 체계수립
HRD 트렌드 변화, HRD 성과관리 및 교육평가
교육체계 수립, 교육요구 분석 및 교육과정 개발
직무분석, 역량모델링, 경력개발

주요 출강처

국가공무원인재개발원, 농식품공무원교육원, 멀티캠퍼스
국토교통인재개발원, 서울시인재개발원, 삼성전자, KT&G
현대자동차, LG전자 러닝센터, 포스코, SK, CJ인재원 등

저 서

그린행정실무(공저)(이담북스,'12)
인적자원개발의 이해(공저)(교육과학사,'13)
일자리와 교육리더십(공저)(박영사,'14)
전환시대의 일과 삶 그리고 학습(공저)(박영스토리,'23)

오 환 승 (吳桓昇)

큰바위 인재교육원 대표

Mobile	010-3769-8119
E-Mail	hrd8119@naver.com
Homepage	

학 력

숭실대학교 교육대학원 교육공학과 졸업

전문 분야

역량평가, 퍼실리테이터 육성, 조직활성화, 팀빌딩

경 력 / 자 격

ORP연구소 본부장, 한국인재평가연구소 부대표
중앙공무원교육원 역량교수, 지방자치인재개발원 역량개발FT
한국퍼실리테이터협회 사무국장
한국A.I(긍정)협회 사무국장

강의 내역

역량개발 및 평가 교육(AC,DC), 채용면접관 양성교육
퍼실리테이터 양성과정, 벽 없는 조직 만들기(조직활성화)
긍정조직 만들기

주요 출강처

우리은행, 신한은행, 우리카드, 한국수력원자력, LS그룹
한국수자원공사, LG디스플레이, SK, KT, 특허청
충남공무원교육원, 서울시 지방행정연수원, 대구시 인재개발원
인천시공무원 인재개발원, 경기도공무원 인재개발원 등

저 서

유 영 만 (劉永晩)

한양대학교 사범대학 교육공학과 교수

Mobile	010-8717-8414
E-Mail	u010000@hanyang.ac.kr
Homepage	blog.naver.com/kecologist

학 력

한양대학교 사범대학 교육공학과 졸업('89)
한양대학교 대학원 교육공학 석사('91)
미국 Florida State University 교육공학 박사('93)

전문 분야

인공지능, 자기계발, 인간관계, 경영혁신, 변화와 혁신
도전과 열정, 상상력과 창의력

경 력 / 자 격

삼성인력개발원 근무
안동대학교 사범대학 교육공학과 교수
한양대학교 사범대학 교육공학과 학과장
tvN 어쩌다 어른, 세바시, KBS 아침마당, MBC TV 특강
SBS 좋은 아침 등 방송출연
한국교육공학회 이사(現)

강의 내역

다른 사람의 성공지도에는 나의 성장지도가 없다
당신의 미래는 언어 디자인에 달려있다
후반전이 반전이다, 생각지도 못한 체인지(體仁知 , Change)
끈기보다 끊기: 성공은 끈기보다 끊기의 산물이다
당신은 직장인입니까, 장인입니까?
난국을 돌파하는 공감과 소통의 리더십

주요 출강처

삼성그룹, LG그룹, 현대자동차그룹, SK그룹, 아모레퍼시픽
국민은행, 신한은행, 하나은행, 국가인재개발원 등

저 서

이런 사람 만나지 마세요(나무생각,`19)
부자의 1원칙, 몸에 투자하라(블랙피시,`21)
언어를 디자인하라(쌤앤파커스,`22)
끈기보다 끊기(문예,`23), 삶을 질문하라(KHRD,`23)
2분의 1(블랙피쉬,`23), 코나투스(행성B,`24)

이 성 엽 (李星燁)

아주대학교 교수
한국교육컨설팅코칭학회 수석부회장

Mobile	010-6543-3523
E-Mail	hicoach@ajou.ac.kr
Homepage	www.coach.kr

학 력

고려대학교 교육학 박사

전문 분야

코칭, NLP전문가 육성, HRD, 성인교수방법론, 리더십, OD

경 력 / 자 격

국민은행 평생학습추진TF팀 팀장(`04~`05)
아주대학교 글로벌미래교육원 원장
국제코치연맹(ICC) Coach Trainer, 국제인증코치 PCC(ICF)(`10)
국제공인 NLP Master 트레이너(NLP University)(`16)
Quantum Awakening School 고문(비상근), 휴넷 사외이사
한국NLP상담학회 고문(現), 예감 경영고문(現)

강의 내역

Self Awareness, Self Leadership, Consciousness 리더십
변화와 성장의 원리, 신념의 변화, 마음의 법식
Coaching 리더십, 뇌과학 코칭, 무의식의 정복
NLP자격 프로그램, Success Factor Modeling
Coaching 프로그램

주요 출강처

저 서

인적자원개발론(원미사,`16)
NLP로 신념체계 바꾸기(학지사,`19)
실리콘밸리의 최고 기업은 어떻게 협업하는가(박영스토리,`20)
NLP의 원리 1(박영스토리,`21)
이미 완전한 당신, 어웨이크너(박영스토리,`21)

이 성 호 (李星鎬)

연세대학교 교육과학대학 교육학과
명예교수

Mobile	010-4705-3176
E-Mail	leesh@yonsei.ac.kr
Homepage	

학 력

연세대학교 교육학과 졸업('70)
연세대학교 대학원 교육심리학 석사('75)
미국 George Washington University 고등교육 박사('80)

전문 분야

교수방법, 자아개발, 생애설계, 자녀교육, 조직개발
변화 · 지도자 이론

경 력 / 자 격

연세대 일반대학원장('00~'02), 행정 · 대외부총장('02~'04)
교육부 대학정책실장 · 정책자문위원회위원장
대통령자문 21세기 위원회 위원
현대그룹, SK그룹 교육 자문교수
공군정책자문위원회 위원

강의 내역

교수방법, 자아개발과 생애설계, 이 시대의 바람직한 인간성
소통의 미학, 대화를 통한 행복추구
Global Leader의 특성, 개혁지도자의 자질
사내강사 양성, 창조적 혁신과 소통

주요 출강처

저 서

교육과정 개발과 평가(양서원,'04)
교육과정 개발의 원리(학지사,'04)
어쩌다 우리 사이가 이렇게 됐지(말글빛냄,'09)
부모가 하지 말아야 할 21가지 말(이너북스,'11)

이 재 하 (李在夏)

강사 · 컨설턴트 · 작가 · 칼럼니스트

Mobile	010-7777-5115
E-Mail	top1000j@naver.com
Homepage	newshound.co.kr/

학 력

충북대학교 경제학 학사('12)
고려대학교 기업교육학 석사('18)
한양대학교 교육공학 박사과정 中

전문 분야

세대간 소통/팀 갈등관리, 함께 성장하는 커뮤니케이션
개인/조직/리더십 진단 기반 강의, AI와 함께 일하는 방법
자기계발(열정 · 동기부여), 커리어 코치, 평가자 교육

경 력 / 자 격

CJ제일제당 사업장인사 HR Analyst('12~'16)
CJ그룹 인사지원실 HR Sr.Analyst('16~'18)
CJ인재원 경영자양성팀 HRD Specialist('18~'19)
CJ ENM 인사담당 HRD Specialist('19~'22)
한화생명 People&Culture팀, 아리모아 HR총괄('23)

강의 내역

[강의 분야] 개인과 조직의 성장을 위한 모든 분야
[특강 주제] 핵심가치. 해답은 외부가 아닌 내부에 있다
플레이어십, 색다름이 남다름을 만든다
배운다는 착각, AI 시대 우리는 성장하고 있는가
신입사원에게 가장 필요한 세대공감

주요 출강처

네이버, 기아, CJ, 현대위아, 효성중공업, 웰컴금융그룹
한화에어로스페이스, 자란다, 서울시 인재개발원, 창업진흥원
LH주거복지, 서울시 교육청, 강원도 교육청, 한국생산성본부
고려대학교 교육연수원, KHR, 원티드플러스, 파지트뷰, 홍홍라이브
EBS 비즈니스 리뷰, 평화방송, 김경민의 경영벙커

저 서

함께라서 : XYZ 세대공감 프로젝트(공저)(플랜비디자인,'21)
모두의 팀장(공저)(파지트,'22)
모두가 플레이어(공저)(플랜비디자인,'23)
회사학개론(바른북스,'24)

임 철 일 (林哲一)

서울대학교 교육학과 교수
서울대학교 미래교육혁신센터 소장

Mobile	010-9995-7639
E-Mail	chlim@snu.ac.kr
Homepage	iled.snu.ac.kr

학 력

서울대학교 사범대학 교육학과 졸업('86)
서울대학교 사범대학 교육학 석사('88)
미국 Indiana University 대학원 교육공학 박사('94)

전문 분야

교육공학, 교수설계, 교수체제 설계, MOOC, 플립러닝
스마트교육, 교육프로그램 개발, AI기반 교육, AI 융합교육
창의성

경 력 / 자 격

국방부 정책자문위원회 자문위원('21~現)
한국대학교육협의회 「고등교육」 편집위원회 위원('21~現)
서울특별시교육청 원격수업지원위원회 위원('22~現)
교육부 AIEDAP 교원 AI 디지털 역량 강화 사업단장('22~現)
서울대학교 대학연대 지역인재양성 사업단장('24~現)

강의 내역

블렌디드 러닝, 모바일 러닝, 교수설계 이론 및 활용
플랫폼 기반 교육, 인공지능 기반 교육, 에듀테크 활용 교육
교수설계 관점에서의 ChatGPT와 교육적 활용방안
AI 융합교육을 위한 교수설계의 필요성과 발전 방향
AI 시대 미래 역량 향상을 위한 교육 및 진로

주요 출강처

LG인화원, 국회 토론회, 여성인력개발원, CJ인재원
국민안전처, 국가공무원인재개발원, UNESCO, 서울대학교
KBS인재개발원, 중소기업진흥공단, 한국과학기술원
한국교육공학회, 서울시교육청, 강원도교육연수원
안동대학교, 한국교육개발원, 기상청, 구글, 삼성전자 등

저 서

교육공학과 수업(공저)(교육과학사,'21)
인공지능 시대, 교사가 만드는 미래학교(교육과학사,'22)
원격교육과 사이버교육 활용의 이해(제3판)(교육과학사,'22)
디지털교육(교육과학사,'25)
미래교육의 방향과 실제 2(교육과학사,'25)

정 경 희 (鄭慶熙)

엑설런스컨설팅 대표

Mobile	010-2304-9553
E-Mail	exceo@naver.com
Homepage	blog.naver.com/exceo

학 력

고려대학교 교육대학원 교육학 석사
숭실대학교 일반대학원 경영학 박사

전문 분야

성과관리, 리더십, 코칭, 소통, 커뮤니케이션, 팔로워십
퍼실리테이션 스킬

경 력 / 자 격

동양인재개발원 경영교육팀장('02~'04)
동양생명 경영교육파트장('02~'04)
SK하이닉스인재개발원 전임교수(비상임)('08~'12)
한국표준협회 수석경영전문위원(비상임)('18~'20)
SDI 2.0(업무성향진단) Facilitator, Life Coach, 평생교육사 2급

강의 내역

성과관리 리더십(Performance Management)
팀장 리더십 역량 개발, Facilitator 양성 과정
구성원 성장과 성과를 촉진하는 Coaching Leadership
리더의 소통 및 커뮤니케이션 Skill-up
중간레벨 리더십 개발: 360도 리더십, 브릿지 리더십
구성원 리더십 개발: STAR 팔로워십, 셀프 리더십

주요 출강처

삼성전자DX, 삼성SDI, 삼성디스플레이, SK하이닉스, LG그룹
LG유플러스, HD현대그룹, 포스코, KT그룹, CJENM, 대상그룹
한화오션, TKG태광그룹, 한국은행, 농협, 새마을금고, 유한양행
녹십자, 종근당홀딩스, 한미약품, 중소기업중앙회, 한국철도공단 등

저 서

나는 (***) 팀장이다(공저)(플랜비디자인,'20)

정 재 삼 (丁在三)

이화여자대학교 교육공학과 교수
(교수설계/HRD 전문)

Mobile	010-4443-2815
E-Mail	chungj@ewha.ac.kr
Homepage	

학 력

경북대학교 교육학과 졸업('81)
미국 Indiana University HRD(인재개발) 석사('87)
미국 Indiana University 교수설계 · 퍼포먼스테크놀로지 박사('93)

전문 분야

HRD, HPT, 코칭, 리더십, 교수설계, 프로그램 개발과 평가
학습과 퍼포민스

경 력 / 자 격

LG화학 인재개발팀('83~'86)
LG인화원 전략기획팀 부장('94~'95)
이화여대 교수('95~現), Indiana University 객원교수('05)
Purdue University, University of Illinois 객원교수('12)
지경부 · 국방부 · 행자부 · 교육부 · 방사청 정책자문 및 평가위원

강의 내역

교육훈련 · HRD 프로그램 설계 및 평가
전략적 인적자원개발 및 교육훈련 방향
요구분석, 퍼포먼스 컨설팅, 효과적인 교수-학습의 원리
코칭과 리더십 개발, 최적의 교육환경 및 적응적 학습체제
Adaptive Learning & Agile Performance.

주요 출강처

공공기관, 기업, 대학

저 서

리더십개론(교육과학사,`19)
모두를 위한 인재개발(교육과학사,`22)
교육/인재개발을 위한 프로그램 평가의 과정(교육과학사,`22)
미래사회를 의한 교육의 방법과 테크놀로지(교육과학사,`23)
인재개발(HRD)의 이슈와 동향(교육과학사,`24)

정 진 호 (鄭鎭浩)

더밸류즈 가치관경영연구소 소장
경기대학교 소프트웨어경영대학 교수

Mobile	010-3210-1361
E-Mail	jjhland@naver.com
Homepage	www.thevalues.kr

학 력
고려대학교 교육학 석사
서울벤처대학원 경영학 박사

전문 분야
조직문화, 가치관경영, 일하는 방식, 변화관리, ESG

경 력 / 자 격
현대경제연구원 인재개발실장, 현대오토에버 팀장('01~'10)
IGM 세계경영연구원 교수('10~'14)
고려대 교육대학원 강사
매일경제TV 〈굿모닝월가월부〉 고정 출연
KBS1 라디오 글로벌 대한민국 힐링이 필요해 고정 출연
서울특별시 조직문화혁신 자문위원

강의 내역
가치관으로 경영하라, 가치관 기반 리더십
가치관/비전 수립 워크숍, 핵심가치 내재화 워크숍
모두를 위한 모두가 참여하는 ESG 경영
일하는 방식 개선 CoC
포용적 수평소통문화
DEI 조직문화 구축 방법

주요 출강처
삼성, 현대차, LG, SK, 현대중공업, GS, 롯데, KBS, CGV
안랩, 네이버, 김앤장, 매일유업, S-Oil, IKEA, BOSCH, BMW
국가공무원인재개발원, 서울특별시, 월드비전, 굿네이버스
초록우산, 홀트, 경총, 상의, 중소기업중앙회, 메인비즈협회

저 서
일개미의 반란(21세기북스,'09), 중국('11), 대만('12) 동시발간
왜 그렇게 살았을까(IGM북스,'13)
가치관경영 개정증보판(쌤앤파커스,'13)
가치관으로 경영하라(생각지도,'19)
더스마트(플랜비디자인,'20), DEI시작하기(원앤온리,'24)

조 일 현 (曺日鉉)

이화여자대학교 사범대학 교육공학과
교수 · 교수학습개발원 원장

Mobile	010-3644-8607
E-Mail	ijo@ewha.ac.kr
Homepage	

학 력

서울대학교 농경제학과 졸업(경제학사)('87)
연세대학교 대학원(산업교육 전공) 교육학 석사('94)
미국 Florida State University 교육공학 박사('01)

전문 분야

교수설계 및 일반이론, 사회연결망 분석과 HRD 적용
학습분석학, 기업교육

경 력 / 자 격

삼성물산, 삼성인력개발원 국제경영연구소 근무('87~'98)
미국 플로리다주립대 원격교육연구소 연구원('98~'01)
크레듀 컨텐츠개발 담당이사('01~'04)
세계인 명부 Marguis Who's Who 등재('07,'17)
한국교육공학회, 미국 교육공학회 이사
미국 교육공학회(AECT) 저널 편집위원

강의 내역

학습분석학, e-러닝 개발전략(MOOC, 플립러닝)
지식경영과 교육공학(사회연결망 분석과 공유정신모형)
교수설계론, 기업교육론

주요 출강처

저 서

미래를 생각하는 e-러닝교수 설계(서현사,'06)
e-러닝과 수업의 과학(역서)(아카데미프레스,'06)
사례중심으로 본 웹기반 학습설계 개발론
(아카데미플레스,'08), 지식경영과 교육공학(이화여대,'10)
교육방법 및 교육공학(서현사,'11)

채 원 중 (蔡源中)

I-GROW 수석전문위원
한국커리어개발협회 감사

Mobile	010-8416-9988
E-Mail	wjchae99@naver.com
Homepage	www.igrowkorea.com

학 력

한양대학교 경제학과 졸업('84)
서강대학교 경영대학원 석사 졸업('00)
한국기술교육대학 HRD대학원 박사 수료('11)

전문 분야

HRD, 리더십, 코칭, 문제해결, 커뮤니케이션, 조직문화
NCS 직업능력개발, 경력개발

경 력 / 자 격

LG전자 근무('84~'15)
(평택공장 연수과장, 본사 학습지원팀장 · 직업훈련원장
중국러닝센터 센터장(북경 · 남경)
국가인적자원개발 컨소시엄 총괄)
한양대학교 ERICA 산학협력중점교수('16~'22)

강의 내역

리더십 · 코칭(소통 Skill, 협상 Skill, 설득 Skill)
경영관리교육(기획력, 문제해결, 변화관리, 조직문화)
계층교육(현장감독자, 사원신입 및 향상, 관리자, 팀장)
경력개발(CDP · 진로상담 및 생애설계 · 전직지원)

주요 출강처

LG전자, LG이노텍, LG인화원, LG유플러스, 삼화콘덴서, FST
한전 KPS, 화성시청, 충주시청, 평창기념재단, 캐럿글로벌
법무교정 연수원, 한양대학교 ERICA, 카카오모빌리티
한국외국어대학교, 렉스아카데미, 미르기술, LS산전
LG히타치워터솔루션, 도로교통공단, 한국남부발전 등

저 서

직업요구역량분석(NCS학습모듈,'16)

천 동 욱 (千東旭)

한국HRD센터 자문위원

Mobile	010-2245-9088
E-Mail	chundw4@korea.com
Homepage	

학 력

명지대학교 경영학과 졸업('75)
계명대학교 교육학(상담심리전공) 석사('95)

전문 분야

팀장 성과관리, 코칭 리더십, 변화관리

경 력 / 자 격

LG전자 운영과장 · 개발부장 · 교수실장 · 연수원장('77~'00)
룩스 컨설팅 근무('00~'03), 룩스 코칭교육 경영('03~'08)
(주)룩스코칭교육 대표, (주)룩스컨설팅 파트너
중앙공무원 교육원 외래교수
딜로이트 컨설팅 코칭센터 협력 코치
산업인력공단 전문코치, 렉스아카데미 파트너(現)

강의 내역

성과관리 리더십, 성공하는 사람의 7가지 습관
부서 활성화 과정 및 Work-out Facilitator 과정
Master Coach Certification Course
Frameworks Coaching Process
Situational Leadership, 아벤저 리더십 FT과정
Transformation Game FT과정, Coaching Clinic과정

주요 출강처

SK에너지, SK텔레콤, SK, 워커힐, 국가정보원, LG유플러스
삼성전자, 금융감독원, LG전자 등

저 서

최 광 식 (崔光植)

코칭&피드백 연구소 소장

Mobile	010-8380-0101
E-Mail	gwangsik9299@daum.net
Homepage	www.reportsurvey.co.kr

학 력

연세대학교 교육학과 졸업('86)
연세대학교 교육대학원 (산업교육 전공) 석사('95)

전문 분야

팀장 리더십, 성과관리, 조직문화
사내 교수를 위한 과정개발

경 력 / 자 격

엑스퍼트컨설팅 솔루션개발센터 본부장
동부건설 HRD 담당
쥬리아화장품 HRD 담당

강의 내역

성과관리, 성과코칭과 피드백, 팀장 리더십
문제해결(PSDM), 시나리오 플래닝
사내강사를 위한 성과중심의 직무교육과정 개발

주요 출강처

현대해상, 한화방산, SK텔레콤, MSD, 한국수력원자원
한국도로공사, 현대하이카, HDS, 중앙그룹, 세정, SK M&S
SK플래닛, LG전자 하이케어솔루션, 셋방리튬배터리, 자이 S&D
은평문화재단, 인천교통공사, KT 알파, 일동제약, 인천스마트시티

저 서

실전에 활용하는 팀장리더십(Basic)(KSAM,'21)

최 상 도 (崔相道)

한국조직개발연구소 대표

Mobile	010-3377-0052
E-Mail	hunet@naver.com
Homepage	jojic.com

학 력

영남대학교 졸업('82)

전문 분야

조직개발, 조직활성화, 변화, 혁신, 갈등관리, 전략적 의사결정

경 력 / 자 격

중앙개발 총무, 인사담당('89~'92)
휴먼커뮤니케이션 홍보팀장('92~'94)
한국산업교육원 조직개발팀장('94~'96)
(주)이지창업 경영고문/상임이사(現)
한국청소년인성문화추진회 비상임이사(現)

강의 내역

전략적 의사결정, 조직활성화와 의식혁신
갈등관리와 감정극복
실천적 사례중심의 설득기술, 소통 화합의 기술
해피메이커 조직 활성화 과정, 하이브리드 사고력 개발과정

주요 출강처

다인푸드, 남양인터내셔널, 시큐리 시스템, 제천산업
공우ENG 등

저 서

인맥의 형성과 효율적인 관리(고려원,'89)
감정의 관리와 분노의 표현(현대문화원,'94)
체험학습의 이론과 실체(성림원,'99)

최 승 훈 (崔乘勳)

한국생애설계포럼 대표
사이에듀평생교육원 교수

Mobile	010-4244-8888
E-Mail	kopax88@hanmail.net
Homepage	cafe.daum.net/tras

학 력

연세대학교 교육대학원 인적자원개발학 석사('91)

전문 분야

산업교육학, 리더십, 교수스킬 개발, 노후설계, 생애설계
조직행동론, 인문학 시리즈(논어/장자/손자/전략 외)

경 력 / 자 격

중앙공무원교육원, 국회의정연수원 사무처 지방행정연수원
중소기업연수원(사이버연수원), 중소기업개발원 초빙교수
연세대학교 생활환경대학원 외래교수, 한국조직문화연구소장
한국배움학회 부회장, 한국산업교육협회장, 공무원연금공단
한국생애설계연구소장, (주)하이텍이피씨 교육개발본부장
평생교육사/경영지도사/생애설계사/전직지원 전문가자격

강의 내역

목표관리, 관리자 의식혁신, 관리자 리더십, 품격과 국격제고
컨버전스 리더십, 생애설계와 인문학, 조직행동론
커뮤니케이션 향상, 조직문화 혁신, 강의스킬, 교수기법
스피치 능력개발 과정, 은퇴준비과정, 재취업 과정
지도자의 품격(시니어), 리더의 평생학습전략과 노후설계
인문학 강좌(행복 담론), 생애설계와 인문학(35차:전기협)

주요 출강처

한국거래소, 한국능률협회, 공무원연금공단, 코트라, 한국전력
가스공사, 중소기업중앙회, 경북공무원교육원, 전기기술교육원
한국우주항공산업, 전기안전협회, 한국타이어, 강원인재개발원
한국토지주택공사 노동교육원, 국토정보공사, 국민은행
사이에듀평생교육원, 양주소비자협회, 에듀콤

저 서

교육담당자의 역할과 교육운영 매뉴얼(조직문화연구소,'95)
부하육성 성공전략과 전술(조직문화연구소,'95)
팀장 매뉴얼(조직문화연구소,'97)
최승훈 소장의 행복한 생애설계 이야기(교보문고,'23)

최 준 오 (崔浚午)

WhyH컨설팅 소장, 엘앤디스토리 대표
푸름인재개발원 HRD전략연구소 소장

Mobile	010-2797-8654
E-Mail	sophist94@naver.com
Homepage	www.whyh.co.kr

학 력

성균관대학교 교육학과 졸업('01)
고려대학교 교육대학원 기업교육전공 석사('06)
한양대학교 평생학습전공 박사 과정 中

전문 분야

리더십, 조직개발, 문제해결, 기획력, 커뮤니케이션, HRD

경 력 / 자 격

코웨이 교육팀('00~'08), 웅진인재개발원 팀장('08~'13)
CJ인재원 팀장('14~'18)
스마일게이트홀딩스 인재개발실 이사('18~'19)
오케이금융그룹 인재개발부장('21~'23)
DDI Leadership Facilitator certificate, 버크만 퍼실리테이터
Genos International Emotional Intelligence Facilitator

강의 내역

성과관리, 조직관리, 변화관리, 전략적 의사결정
리더의 자기관리, 구성원 육성, 커뮤니케이션 스킬
셀프 리더십, 팔로워십, 문제해결스킬
HRD담당자 육성(과정개발, 교육평가, 교육체계 수립)
조직개발 워크숍, 미팅 퍼실리테이션 등

주요 출강처

삼성전자, 신한은행, 현대모비스, LG에너지솔루션, 롯데인재개발원
한국타이어, KGC인삼공사, 차병원그룹, 동희오토, ASML, 매일유업
KOTRA, 한국수력원자력, 국토교통부, 건강보험공단, 국립공원공단
서울주택도시공사, 지방공기업평가원, 화성시청, 광주교통공사
성균관대학교, 영남대학교 등

저 서

더 스마트(플랜비디자인,'20)
AI 대전환 시대, 나는 리더(에릭스토리,'25)

황 영 욱 (黃英旭)

한국산업경영연구원 대표
포원HRD연구원 원장

Mobile	010-5406-1911
E-Mail	hyu1911@hanmail.net
Homepage	

학 력

미국 라이프(Life at LA)대학교 졸업
경희대학교 경영대학원 졸업('83)

전문 분야

의식혁신, 창의적 사고, 조직개발, 자기성찰
LDP(Life Dynamics Program)

경 력 / 자 격

혜전대학 강사, 명지대학교 사회교육원 강사
한국산업경영연구원 교육소장, (주)E&I컨설팅 원장
중소기업연수원 조직개발 강사
한국기업교육개발원 트레이너
한국산업훈련협의회 교육실장

강의 내역

LDP(Life Dynamics Program), 조직공동체 의식강화 과정
의식혁신, 자기성찰, 조직활성화, 공동체의식
소통과 화합 시뮬레이션 워크숍

주요 출강처

현대제철, 현대종합특수강, 현대자동차, 현대중공업, 기아, 대우
현대엘리베이터, SK하이닉스, 한진해운

저 서

교육훈련대계 매뉴얼(공저)(한국산업훈련협의회,'89)
교육훈련 Game KIT & 매뉴얼(공저)(한국산업훈련협의회,'92)

노무 · 노사관계

강 주 원 (姜周遠)

중앙인사 노무법인 대표 공인노무사

Mobile	010-8915-8485
E-Mail	jacpla@hanmail.net
Homepage	www.nosahana.kr

학 력

성균관대학교 경제학과 졸업('73)
숭실대학교 노사관계대학원 노사관계학 석사('91)

전문 분야

노동법률 전반, 노사관계 관리

경 력 / 자 격

제일은행(現 Standard Charted 은행)
현대자동차, 현대건설 근무('73~'86)
중앙공인노무사사무소장('87~'05)
숭실대학교 노사관계대학원 겸임교수('94~'08)
산업재해보상보험 재심사위원회 위원(現)
현대자동차 등 다수기업 인사 · 노무 고문(現)

강의 내역

노동법에 대한 올바른 이해, 바람직한 노사관계의 방향
노동환경의 변화와 관리자의 역할, 인사/노무관리 실무
채용에서 퇴직까지 법률문제
인사 · 노무관리자가 알아야 할 필수 노동법률 해설

주요 출강처

한국능률협회, 한국산업기술진흥원, 현대·자동차, 기아
서울특별시 도로 · 수도 사업소, 서울특별시 인재개발원
한국생산성본부, 중소기업진흥공단 등

저 서

사례로 풀어쓴 노동법 해설(감수)(한국경제신문,'04)

구 건 서 (具建書)

노무법인 더휴먼 회장 · 공인노무사
내비게이터십 대표

Mobile	010-3968-5454
E-Mail	labor54@hanmail.net
Homepage	

학 력

대입검정고시('06), 독학사 학사고시('08)
고려대학교 노동대학원 석사('12)
고려대학교 일반대학원 법학 박사('18)

전문 분야

자기계발, 리더십, 내비게이터십, 성공학, 미래학, 노동법
노무관리

경 력 / 자 격

중앙경제HR교육원 원장('05~'10)
중앙노동위원회 조정담당 공익위원
공인노무사 시험 2차 출제 및 채점위원

강의 내역

노사혁신 프로젝트, 노동법, 노무관리 전문가, 근로기준법
소통과 상생의 노사관계, 임금협상 전략
채용에서 퇴직까지 노동법, 내비게이터십, 임금관련 노동법
사례로 풀어보는 인사노무관리, 비정규직 인사노무관리
Success Navigatorship Coaching, 소통과 상생의 조직문화

주요 출강처

농협대학교, 중앙경제HR교육원, 서울상공회의소, 고려대학교
현대자동차, 삼성전자, LG화학

저 서

노사혁신 프로젝트(중앙경제,'04), 퇴직연금(공저)(중앙경제,'06)
근로기준법(중앙경제,'09), 석세스 내비게이터십(시그마북스,'10)
프레너미 파트너스(공저)(한울,'11)

김 기 민 (金基敏)

노무법인 유어스 대표 공인노무사

Mobile	010-2866-0517
E-Mail	youslabor@youslabor.com
Homepage	

학 력

한국외국어대학교 국제통상학과 졸업('08)

전문 분야

현장 노무관리, 해고, 징계, 노사관계, 근로기준법, 급여관리
중대재해처벌법(산업안전포함)

경 력 / 자 격

노무법인 봄 파트너 노무사('14~'17)
민주평화통일자문회의 강남구협의회 자문위원('15~現)
고용노동교육원 청소년/직업계고교사 노동법 강사('15~現)
청소년근로조건보호위원('16~'18)
태광노무법인 서울지사 대표('17~'23)
고용노동교육원 교원 대상 노동법 강사('19~現)

강의 내역

근로기준법 해설, 급여관리 담당실무자 양성과정
고용노동부 근로감독의 완벽대응
감사활동 관련 법률이해(징계 및 노동위원회)
문제직원 노무관리 실무(저성과자), 현장노무관리 실무(건설)
소통Skill을 통한 직원고충 해결하기
노동조합 및 노동관계조정법 개요

주요 출강처

더존평생교육원, 삼일PWC컨설팅, 한국고용노동교육원 등

저 서

김 명 진 (金明珍)

원플러스경영개발원(주) 대표이사

Mobile	010-7788-3365
E-Mail	donovan7@naver.com
Homepage	www.wincan.co.kr

학 력

부산대학교 법학과 졸업('88)
고려대학교 노동대학원 석사 졸업('92)
부산대학교 경영학 박사('16)

전문 분야

노사문화 혁신, 노사관계 비전과 전략, Win-Win 노사협상
현장 완결 노무관리 역량, HR Communication
HR 시스템 및 제도 혁신, 인력 효율화, TOYOTA 경영혁신

경 력 / 자 격

LG전자 인사노경팀장 · 신노사문화연구소장('88~'99)
LG유플러스 인재개발팀장 · 노경팀장('00~'12)

강의 내역

노사관계 혁신 전문과 직책자의 역할, 현장의 노사 갈등 관리 Skill
현장 완결 노사 문화 정착 방안과 핵심 Skill
노란봉투법 시대의 노사관계 전략과 실무대책
현장 노무관리 이슈별 Communication Skill
인력 구조 조정과 효과적 실행 방안
저성과자 인사 노무 관리 현장 실무 Skill

주요 출강처

자동차 5개사, HD 현대중공업 등 조선 3사, 포스코 및 그룹사
삼성 그룹사, LG 그룹사, 롯데 그룹사, GS 등 정유사
SK 그룹사, KT 등 통신회사, 코레일 등 공기업, 중앙경제사
이마트 등 유통 서비스 회사 등

저 서

혁신하는 자만이 미래를 연다(한국노동교육원,'95)
노조 기업과 비노조 기업의 노사 관계 비교 연구(고려대학교,'98)
TOYOTA의 인사노무관리(원플러스출판사,'20)
탁월한 조직을 만드는 9가지 법칙(원플러스출판사,'22)

김 명 환 (金明煥)

노무법인 이산 공인노무사

Mobile	010-2246-3108
E-Mail	kmh@isanhr.com
Homepage	

학 력

경북대학교 법학부 졸업('97)
서울과학기술대학교 안전공학과 석사('15)
서울과학기술대학교 안전공학과 박사 수료

전문 분야

산업재해보상보험법 실무, 산업안전보건법
중대재해처리 실무

경 력 / 자 격

인천시 노사민정협의회 위원
건강보험공단 징계위원
대구교통공사 인사위원
대구제3산업단지 관리공단 자문위원

강의 내역

산업안전보건법, 산업재해보상보험법, 중대재해처벌법

주요 출강처

대한산업안전협회

저 서

김 우 성 (金祐成)

아이엔에이(INA) 노무컨설팅
대표 공인노무사

Mobile	010-9907-4945
E-Mail	khcpla@naver.com
Homepage	

학 력

세종대학교 공과대학 졸업('11)
서울시립대학교 경영대학원 경영학(인사/조직)('17)

전문 분야

노동관계법령, 근로기준법, 노무/노사, 인사/조직

경 력 / 자 격

행정안전부 정부청사관리본부 인사위원
경기도시장상권진흥원 교육훈련 강사
한국능률협회컨설팅 교육훈련 강사
한국고용노동교육원 교육훈련 강사
중앙경제HR교육원 교육훈련 강사

강의 주제

인사관리 종합(HR/노동법)
핵심 노동법 실무, 성과주의 보상시스템 구축 실무
협력적 노사관계 실무 사례
도급인력(위장도급/불법파견) 관리 방안

주요 출강처

용인대학교, 경기도시장상권진흥원, 한국능률협회컨설팅
한국고용노동교육원, 중앙경제HR교육원

저 서

노 승 민 (盧承民)

노무법인KS 대표·공인노무사
한국공인노무사회 교육 이사

Mobile	010-4308-1498
E-Mail	korealabor@naver.com
Homepage	www.youtube.com/@nonomusa

학 력

고려대학교 노동대학원 석사(노동법) 졸업('10)
고려대학교 일반대학원 박사(노동법) 졸업('21)

전문 분야

노동법, 노사관계, 임금, 4대보험
노무관리 리더십, 직장 내 성희롱/괴롭힘, 산업안전

경 력 / 자 격

한국표준협회 노동법/인사노무관리 전문위원('17~現)
한국고용노동교육원 노동법 교재 개발 및 강의('17~現)
서울중소벤처기업청 비즈니스지원단 상담 위원('18~'23)
노사발전재단 노사상생협력 강사('18~現)
강남대학교 겸임교수('21~現)
경기도 집합건물관리지원단 법률자문위원('22~現)

강의 내역

개별적 근로관계법: 근로기준법, 임금 · 4대보험, 연차휴가
집단적 노사관계: 노조법, 갈등해결 및 노사 상생협력
직장 내 성희롱 예방 교육, 장애 인식 개선 교육 및
직장 내 괴롭힘 금지법, 중대재해처벌법

주요 출강처

한국표준협회, 노사발전재단, 한국고용노동교육원
강남대학교, 한국공인노무사회, 법무부, 고용노동부, 삼다수
이나우스아카데미, 상공회의소, 신도리코, 삼성전자
노루페인트노동조합, 의왕도시공사, 부산도시철도운영서비스
부대중소농어업협력재단, 실로암시각장애인복지관 등

저 서

Q&A와 판례로 배우는 인사노무 핵심포인트(경제법륜사,'25)
중대재해처벌법의 핵심내용 및 기업의 대응방안
(경제법륜사,'25)

문 소 연 (文昭延)

노무법인 아이앤컴퍼니 책임 공인노무사

Mobile	010-7199-5675
E-Mail	munsy@iandcompany.co.kr
Homepage	www.i-labor.co.kr

학 력

충북대학교 사회학과 졸업('06)
충북대학교 일반대학원 경영학과(인사조직 전공) 수료('09)

전문 분야

인사노무, 직장 내 성희롱과 괴롭힘 방지

경 력 / 자 격

서울시 직장 내 성희롱 · 성폭력 사건 외부전문조사위원('23~'25)
노사발전재단 고용차별예방 전문강사('23~現)
한국고용노동교육원 직장 내 괴롭힘 예방교육 강사('24~現)

강의 주제

채용에서 퇴직까지의 인사노무 관리
직장 내 성희롱, 직장 내 괴롭힘 예방교육(전사/관리자 대상)
저성과자 관리 및 대응방안
직책자를 위한 인사노무 관리방안 등

주요 출강처

노사발전재단, 아모레퍼시픽, 인천국제공항공사, 경민대학교
세종문화회관, 경기아트센터, 스포츠안전재단, 서비스에이스

저 서

중소기업을 위한 직장 내 괴롭힘 대응 솔루션
(두드림미디어,'24)

박 규 희 (朴圭熙)

노무법인 두레 공동대표 공인노무사

Mobile	010-8367-8255
E-Mail	nzcpla@naver.com
Homepage	www.idure.com

학 력
중앙대학교 무역학과 졸업('89)

전문 분야
노사관계, 조직관리, 리더십, 노동법, 개별적 노사관계

경 력 / 자 격
삼성전자 인사 · 노사과장
이트너스피앤씨 대표이사
강남 노무법인

강의 내역
개정 노동법에 따른 노동조합법 실무
신뢰와 협력의 상생 노사문화 만들기
임금관리 및 근로계약서, 연차휴가 관리
인사노무 담당자가 알아야할 기본 노동법률 및 실무
관리자가 알아야할 노무관리 실무, 현장완결형 조직관리
복수노조 시대 노무관리 전략 및 교섭창구 단일화 실무

주요 출강처
광동제약, SKC, 현대중공업, 포스코, 한솔그룹, 한화시스템
중앙경제사, 한국생산성본부, CFO아카데미 등

저 서

박 삼 열 (朴三烈)

현대자동차 자문역

Mobile	010-7618-0912
E-Mail	thebestermanager@naver.com
Homepage	blog.naver.com/thebestermanager

학 력

부산대학교 사회학과 졸업('98)
고려대학교 노동대학원 노동관계학 석사('17)
고려대학교 일반대학원 노동학 박사과정 수료('23)

전문 분야

노무관리, 해외노무관리 전략, 임원보직자/해외주재원 교육
팔로워십, 조직문화, 신뢰구축 모델
안전 리더십, 안전문화

경 력 / 자 격

현대자동차 울산공장('97) 입사, 노사협력팀 근무(~'05)
현대자동차 인도(India)공장('07~'12)
현대자동차 본사 해외노무담당, 총무팀장, 기업문화 팀장('12~'18)
현대자동차 노사협력실장(싱무)('19~'21)
현대자동차 남양R&D연구소 경영지원실장(상무)('21~'23)
현대자동차 국내생산 안전기획실장('23~'25)

강의 주제

신뢰모델 구축을 통한 노사관계 개선방안
정부 노사정책과 국내 기업 바람직한 노사관계 방향
슬기로운 직장생활(리더십&팔로워십)

주요 출강처

현대I ITC사, 햔대제철, 한국인사관리협회 등

저 서

따르는 사람, 이끄는 사람(해피페이퍼,'22)

박 은 선 (朴恩善)

동화노무법인 부대표 / 공인노무사

Mobile	010-6481-7250
E-Mail	pes@humanlabor.com
Homepage	

학 력

충남대학교 법학부 졸업('05)

전문 분야

인사노무 관련 법률자문, 컨설팅, 부당해고 등 사건대리
직장 내 괴롭힘 관련 조사, 단체교섭지원

경 력 / 자 격

공인노무사 자격 취득('08)
한국인사노무연구원 공인노무사 근무('08~'09)
창조컨설팅 공인노무사 근무('09)
동화노무법인 근무('10~現)

강의 내역

임원이 알아야 하는 인사노무 Compliance 강의
직책자가 알아야 하는 인사노무 기본 강의
현장관리자 관리역량 향상을 인사노무 기본 강의
직장 내 괴롭힘 처리, 채용부터 퇴직까지 인사실무
근로계약 체결 실무, 징계처리 실무, 연차휴가 처리 실무
최근 개정법령 및 판례 동향, 단체교섭 지원 강의

주요 출강처

삼성전자, 두산그룹, 세방그룹, 세아그룹, 원익그룹, 일진그룹
유진기업, 현대엘리베이터, 롯데시네마, 광동제약, 한화제약
성남시청, 한국수력원자력, 수협중앙회, 대한송유관공사 등

저 서

박 준 우 (朴俊佑)

노무법인 인재경영컨설팅 대표노무사
국민권익위원회 전문상담위원

Mobile	010-3010-0342
E-Mail	dbilljun@naver.com
Homepage	humanequation.co.kr

학 력

연세대학교 사회학과 졸업('97)
숭실대학교 대학원 경영학(인사 · 조직 전공) 석사('04)
한국노동연구원 노사관계 최고지도자 과정 수료

전문 분야

문제직원 관리, 직장 내 괴롭힘 등 노동조사, 고충처리
단체교섭, 임금체계 개편, 노사관계, 근로시간 관리
저성과자 관리, 인사감사 등

경 력 / 자 격

KTF 인사실 과장('00~'03)
현대모비스 인재지원부 과장('04~'06)
한국공인노무사회 이사('18~'19)
한국원자력안전재단 비상임 이사('20~'23)
한국특허전략원 청렴 옴브즈만(現)
한국방정환재단 이사(現)

강의 내역

관리자 직원관리 스킬, 문제직원 관리, 고충처리역량
징계 실무, 직장 내 괴롭힘 사건 등 노동 조사 실무
임금관리와 법률문제, 포괄임금제 대응, 직무급 등 임금체계
복수노조 및 신설노조 대응, 교섭위원 교육
노무관리 역량 강화, 실근로시간 단축 및 유연근무제

주요 출강처

한국생산성본부, 한국감사협회, 한국인사관리협회
중앙HR교육원, 에듀센터 인사드림, 한국고용노동교육원
한화솔루션, 한국타이어, 유한양행, 한국농수산물 유통공사

저 서

타임오프 100문 100답(공저)(매일노동뉴스,'10)
복수노조100문100답(공저)(매일노동뉴스,'11)
비정규직 차별 100문 100답(공저)(매일노동뉴스,'12)
임금 100문 100답(공저)(매일노동뉴스,'13)

박 현 웅 (朴鉉雄)

노무법인누리 대표 노무사

Mobile	010-3282-8199
E-Mail	thruth98@naver.com
Homepage	www.nurilabor.com

학 력

고려대학교 졸업

고려대학교 노동대학원 노동경제학과 석사 졸업

전문 분야

HRM, 근로기준, 인사전략, 비정규직, 급여체계, 산업재해

노사관계

경 력 / 자 격

제 8회 공인노무사('99)

법원행정처 전문심리위원

고려대학교 외래강사

동국대학교 외래강사

한국대학교육협의회 인사위원

강의 내역

개별적 근로관계 전 분야

집단적 노사관계 전 분야

주요 출강처

고용노동부, 대한상공회의소, 중소기업중앙회, 한국표준협회

한국인사관리협회, 중앙경제HR교육원, KT, CFO아카데미

대한산업안전협회, 한국산업안전공단, 서울대학교, 동국대학교

한국대학교육협의회, 고려대학교 등

저 서

실전에 강해지는 인사노무지식의 모든 것 초판~개정판

(원앤원북스,'11)

쉽게 풀어 쓴 노동법 초판 ~ 개정 10판(푸른겨울,'24)

일하는 사람들을 위한 쏙쏙 노동법 초판~개정판(푸른겨울,'24)

쉽게 풀어 쓴 노동조합법 초판(푸른겨울,'24)

양 재 모 (梁在模)

하나로컨설팅 노무법인 대표 공인노무사

Mobile	010-6204-8701
E-Mail	cpla21@hanmail.net
Homepage	www.hr-korea.co.kr/

학 력

아주대학교 경영학과 졸업('90)
고려대학교 노동대학원 법학 석사('05)

전문 분야

인사노무관리, 노동법, 연봉제, 산재보상, 노동조합, 4대보험

경 력 / 자 격

삼성토탈 인사 · 노사과장
한국생산성본부 인사노무관리 강사
CFO아카데미 전임강사, 한국HRD교육센터 강사
산업안전관리공단 전임강사, 노사발전재단 강사
중소기업중앙회 인력개발원 강사

강의 내역

인사노무관리 실무, 임금 및 4대보험 관리
채용에서 퇴직까지, 산재보상 실무, 연봉제 설계
상생의 노사관계 구축 방안, 임금체계 및 평가제도 설계
안전관리자 교육, 인사담당자 노동관계법 이해

주요 출강처

한국생산성본부, CFO아카데미, 중소기업중앙회, 한전연수원
한국HRD교육센터, KT, 하림그룹, 산업안전관리공단
아주대학교, POSCO연수원 등

저 서

채용에서 퇴직까지 인사노무 임금관리실무(CFO아카데미,'08)
노동관계법 해설과 실무(CFO아카데미,'14)
인사노무관리 실무(박영사,'20)

유 영 복 (柳永馥)

어뜨무러차연구소 대표연구원

Mobile	010-7125-7475
E-Mail	isleag@gmail.com
Homepage	

학 력

중앙대학교 법과대학 법학과 졸업('08)
성균관대학교 경영대학원 MBA('14)
중앙대학교 법학전문대학원 박사(지식재산권법)('21)

전문 분야

[특화분야] 노동관계(노동법 등), 지식재산권(특허, 저작권 등)
Digital Transformation(인공지능, 데이터 등)
[일반분야] 변화관리, 리더십, 직무역량 등

경 력 / 자 격

LS MNM 인사팀('08~'22)
클릭컨설팅 기업문화센터장('23~現)
차세대콘텐츠재산학회 감사('22~現)
해커스 공인노무사 노동법 담당('25~現)

강의 주제

조심해야할 노동법, 노동관계의 이해
실무자를 위한 지식재산권, 창업을 위한 지식재산권
AI / Data 리터러시, 인공지능 활용 전략
미래전략과 변화관리, 리더의 역할, 신임팀장 과정
팀성과 촉진, 실행력 강화, 업무다이어트, 혁신디자인
설득력 있는 보고서 작성 등

주요 출강처

중앙대학교, 충남대학교, 해커스, 현대차, SK그룹, 기아, LS그룹
미래에셋증권, 한국벤처투자(KVIC), 한국알콜그룹, JB
한국인사관리협회, 경기일자리재단 등

저 서

인사임원이 딸에게 들려주는 채용이야기(오디오펍,'23)
신지식재산법(박문각,'24)

유 재 관 (兪載寬)

노무법인 이성 대표 노무사

Mobile	010-3002-6117
E-Mail	cplayu@hanmail.net
Homepage	

학 력

광운대학교 법학과 졸업('08)
고려대학교 노동대학원 노동경제학과 석사과정 中

전문 분야

근로기준법, 노동조합, 단체교섭, 단체협약, 급여체계, 노무관리

경 력 / 자 격

노무법인 한수 책임 노무사('07~`17)
한국공인노무사회 사업장 자율점검 활동위원
중소기업청 중소기업컨설팅
노사발전재단 일터혁신 컨설팅 컨설턴트
중앙노동위원회 지방노동위원회 국선노무사

강의 내역

노동법 및 집단적 노사관계, 단체교섭 및 단체협약
노무관리, 노동법 개정사항, 사내 조직문화 확립
신입사원 · 중간관리자 역량강화

주요 출강처

서울대병원, 보라매병원, 분당 서울대병원, 한전산업개발
솔브레인, 대덕전자, 엡손, 한국시설안전공단, 원자력의학원
광운대학교 등

저 서

올 댓 인사노무(공저)(중앙경제,`13)

이 상 익 (李商益)

국제인사노무법인 파트너 공인노무사

Mobile	010-8324-9165
E-Mail	labor88@naver.com
Homepage	blog.naver.com/labor88

학 력	전문 분야
성균관대학교 경상대학 산업심리학과 졸업('95) 고려대학교 노동대학원 노동법학과 졸업('08) 고려대학교 대학원 법학과(사회법 전공) 박사('22)	개별적 근로관계법, 근로기준법, 집단적 노사관계법 노동조합

경 력 / 자 격	강의 내역
한라중공업 근무, 만도기계 근무 인사혁신처 공무원노사관계발전협의회 위원 금융감독원 직장 내 성희롱 고충심의위원회 위원(現) 한국철도공사 직장 내 괴롭힘 성희롱 심의위원회 위원(現) (사)노동법이론실무학회 이사(現) 한국노동연구소 연구위원(現)	근로기준법 실무 해설, 채용에서 퇴직까지 법률문제 비정규직 노무관리대책, 단체교섭, 쟁의행위 노사관계와 노동법, 노동법핵심 해설 기업의 통상임금 및 임금관리 대책, 노무관리 전문가과정 취업규칙관리, 근로기준법

주요 출강처	저 서
고려대학교 노동대학원, 한국생산성본부, 중앙경제사 한국사학진흥재단 등	통상임금의 이해(공저)(신조사,'13) 새 기준에 따른 통상임금 산정실무(중앙경제,'14)

이 현 우 (李顯雨)

커넥트노무법인 공인노무사

Mobile	010-2557-0527
E-Mail	dure1974@hanmail.net
Homepage	connecthr.co.kr

학 력

고려대학교 경제학과 졸업('02)
고려대학교 노동대학원 노동법학과 졸업('15)

전문 분야

노동법, 노무관리, 노사관계, 인사관리

경 력 / 자 격

삼양홀딩스 인사팀장('18~'19)
조인인사노무컨설팅 책임노무사('20)
경영혁신중소기업협회 자문위원('21,'23)
한국공인노무사회 일터혁신컨설턴트('21~'24)
고용노동부 공기업자회사 운영실태 평가위원('22~'24)
항공안전기술원, 한국지역난방공사 자회사 등 인사위원

강의 내역

근로기준법 및 노동조합법, 단체교섭 절차 및 노사관계
채용절차법, 유연근무제 도입방안, CDP 설계 방안
직무급제 도입방안 및 사례, 직무분석 실시 및 활용

주요 출강처

한국인사관리협회, 한국공인노무사회, 한국자산관리공사
김포장애인자립생활센터, 한국전력거래소
한국노총, 민주노총내 공공기관 자회사 노동조합

저 서

인사노무관리의 맥(법학사,'15)

이 희 진

HR디자인연구소 대표, 노무법인 정론 대표
공인노무사

Mobile	010-9431-7582
E-Mail	hjin4118@gmail.com
Homepage	blog.naver.com/heejinli

학 력

서강대학교 경제대학원 노동경제 석사('12)

전문 분야

갈등해결, 노사관계, 단체교섭 지원
인사제도 설계(평가, 보상, 직무급 설계), 직장 내 괴롭힘

경 력 / 자 격

한국갈등해결센터 공동대표
법무부, 서울시, 경기도, 경기도, 수원시, 용인시
갈등관리심의위원, 소방청 정책자문위원
서대문구 생활임금심의위원, 군포시 사회적경제육성위원
캐나다 York Univ. 갈등조정전문가 자격 취득('07)

강의 내역

조직갈등과 의사소통교육
노사관계 및 통합적 노사협상교육, 노사협의회 운영교육
인사제도 설계(평가, 보상설계, 직무급 설계 등)
직장 내 고충처리기법과 제도운영 교육
현장관리자 고충 및 리더십 교육
공론화와 숙의민주주의 등

주요 출강처

국가인재개발원, 한국기술교육대학교, 전라북도 교육청
법무부 인재개발원, 서울시교육청, 포스코, 안랩, 백병원
새만금청, 카카오, 국립공원공단, 경기도 인재개발원
지방자치인재개발원

저 서

장 명 현

노무법인 아이앤컴퍼니 부대표
공인노무사

Mobile	010-8345-1323
E-Mail	jmhnomusa@iandcompany.co.kr
Homepage	blog.naver.com/jmhnomu i-labor.co.kr

학 력

성균관대학교 경영학과 졸업(`03)
성균관대학교 경영대학원 EMBA 졸업(`17)

전문 분야

임금체계, 인사제도 설계, 노동법, 노무관리, 노사관계
노무자문, 직장 내 괴롭힘 조사

경 력 / 자 격

LG디스플레이 노경협력팀, 인사팀 사내 노무사(`03~`07)
미래부 기타공공기관 경영평가위원(`16)
공공기관 인사위원회 외부위원(`17~現)
다수의 공공기관 · 대기업 · 중견기업 자문 노무사

강의 내역

임금관리 실무 집중 특강, 근로시간 단축 특강
고충 처리 및 직장 내 괴롭힘 사건 발생 시 조치방안
노무담당자 집단적 노사관계법, 징계 및 해고의 정당성
성과연봉제 설계 특강, 저성과자 관리 워크숍
비정규직의 정규직 전환을 위한 기업의 인사노무 고려사항
고용(노사)관계론 특강, 복수노조 관련 노조법 강의

주요 출강처

한국무역협회, 경기섬유산업협회, 인천국제공항공사
현대모비스, 포스코인터내셔널, 교보문고, 대원제약
엔씨소프트, SH서울주택도시공사, 한국인터넷진흥원
축산물안전인증관리원, 한화그룹, 한국로슈, 케이뱅크, KTis
신세계푸드, LS오토모티브, 성균관대학교, 호서대학교 등

저 서

통합 임금관리(중앙경제,`20)
통합 임금관리 개정판(중앙경제,`24)

장 인 기 (張仁基)

노무법인 지안 대표노무사

Mobile	010-4300-0724
E-Mail	igzzang@hanmail.net
Homepage	www.jianlabor.com

학 력

고려대학교 사회학과 졸업('05)
고려대학교 노동대학원 노동법학과 졸업('17)
서울시립대학교 일반대학원 법학과 박사과정 재학 中

전문 분야

인사관리, 노사관계, 노동법

경 력 / 자 격

동부제철 노경기획팀('05~'07), LG디스플레이 노경팀('08~'08)
서울특별시 강동구 노동상담 위원('17~'21)
서울특별시 시민명예노동옴부즈만('18~'20)
고용노동연수원 객원교수('19~'20)
국립박물관문화재단 인권경영위원('22~現)
대한민국역사박물관 고충심의위원('24~現)

강의 내역

근로계약 관리, 노사관계 관리, 임금 관련 이슈
유연근로시간제, 채용 관련 법률, 비정규직 인사노무관리
노동법 및 노동인권, 청소년 노동인권
직장 내 괴롭힘/성희롱 예방, 공공기관 신임 기관장 교육
채용 관련 법률의 이해 및 적용방안, 정년 관련 이슈
스타트업 임원의 역할, 학원 인사노무관리

주요 출강처

한국인사관리협회, 서울고용노동청, 서울노동권익센터
서울시50플러스재단, 경제인문사회연구회, 국가유산청
중소벤처기업진흥공단, 국립박물관문화재단
서울여성가족재단, 전국국공립어린이집연합회, 한국철도공사 등

저 서

전 경 국 (全慶國)

여의도 노무법인 대표노무사

Mobile	010-2472-2982
E-Mail	jkk2982@naver.com
Homepage	www.nosaro.co.kr

학 력

동아대학교 법학과 졸업('96)
고려대학교 노동대학원 노사관계학과 졸업('22)

전문 분야

인사관리, 산재사건, 임금체불사건, 단체교섭

경 력 / 자 격

근로복지공단 서울업무상질병판정위원회 판정위원('14~現)
의정부지방검찰청 고양지청 형사조정위원('18~現)
건강보험공단 감사위원회 위원('20~現)

강의 내역

산업재해의 기초이론, 산업안전보건법, 중대재해처벌법
근로기준법 핵심 이론

주요 출강처

삼성전자 수원공장, 삼성전자 계열사, GS건설, 현대산업개발
코오롱건설, 대림산업, 한화건설 등

저 서

전 병 옥 (全炳玉)

노무법인 스피로 대표 노무사
스피로 인사조직 연구소장

Mobile	010-8579-5604
E-Mail	spiro@spiro.co.kr
Homepage	www.spiro.co.kr

학 력

서강대학교 철학과 학사('96)
서강대학교 경영대학원 경영학 석사('11)

전문 분야

경영전략, 성과관리, 조직개발, 커뮤니케이션, 직무분석
평가 · 보상 제도 설계, 위험성 평가

경 력 / 자 격

안전보건경영경영시스템(ISO45001) 인증심사원 (GPC인증원)
품질경영시스템(ISO9001) 인증심사원 (GPC인증원)
스타벅스커피 코리아 파트너 행복추진 파트장
BCN Academic Consulting USA 사업부문장
동국제강그룹 경영기획실, Merck HRD 매니저, 삼성코닝 인사기획
Otis Korea & Sigma Asia Pacific 핵심 인력관리팀장

강의 내역

노동관계법, 인사관리제도 관련
(평가보상 · 조직개발 · 경력개발 등)
리더십(컬러로 보는 대인관계 리더십)
목표설정 워크숍
조직진단 및 Vision 수립 워크숍
Win-Win 단체교섭 실무

주요 출강처

중앙대학교, 한국인사관리협회, ALand, 한국노인인력개발원
이패스코리아, 스타벅스커피코리아, 한양대학교, 건국대학교
이화여자대학교 등

저 서

노무사 인사노무관리론(이패스코리아,'19)
한권으로 끝내는 경영학(이패스코리아,'19)
인사노무관리론 핵심암기 60제(이패스코리아,'20)
김약사와 팜택스의 약국 개국세무(삼일인포마인,'25)

정 광 일 (鄭光日)

FAIR인사노무컨설팅
선함 노동상담실 대표 공인노무사

Mobile	010-2432-5318
E-Mail	fairhr@nate.com
Homepage	www.fairhr.net

학 력

한양대학교 법학과 졸업('00)
연세대학교 경영대학원 석사('07)

전문 분야

노동법, 노무관리, 리더십

경 력 / 자 격

김&장 법률사무소 책임 공인노무사('00~'03)
서울상공회의소(은평구/마포구) 경영상담역('06~'20)
경기도 경제과학진흥원 전문위원('16~現)
서울기업지원센터 전문위원('18~'20)
중소벤처기업부 비즈니스지원단 전문위원('19~'20)
한국노동연구원 고위지도자과정 수료

강의 내역

채용부터 퇴직까지의 노무관리 방안, 단체교섭 및 협상 실무
노사관리 리더십, 근무성적 불량자에 대한 관리방안
경영합리화를 위한 인사노무 프로젝트
노사관리 리더십 프로그램

주요 출강처

서울상공회의소, 인천상공회의소, 경기도경제과학진흥원
양평군청, 여성기업인협회, 삼성그룹, LG그룹, SK그룹 등

저 서

복수노조와 노사전략컨설팅 프로세스(박영사,'11)
회사의 속마음(랜덤하우스코리아,'11)
교회가 노동법에게 묻다(선함,'20)
노동법의 달인이 된 왕초보 유쾌한 대리(선함,'20)

정 민 환 (丁敏煥)

동화노무법인 공인노무사

Mobile	010-8902-8072
E-Mail	jmh@humanlabor.com
Homepage	www.humanlabor.com

학 력

경희대학교 법학과 졸업('08)
서울대학교 경영대학원 I-MBA 수료('19)

전문 분야

노사관계, 노동사건, 산업안전 등

경 력 / 자 격

공인노무사 자격 취득('08)
삼성물산 노사팀('12~'20)
노무법인 서린 대표노무사('21~'22)
중대재해처벌법 전문가 과정 수료('23)
한국생산성본부 컨설턴트

강의 내역

삼성전자 채용담당자 교육(채용절차 공정화에 따른 법률 등)
넷마블 인사역량 향상 교육(근로시간, 징계, 적법도급 등)
삼성물산 노동조합 및 부당노동행위 이해
KT 합리적 사내하도급 운영방안 강의
한국공항공사 현장관리자 강의
대한상공회의소 집단적 노사관계 강의 등

주요 출강처

삼성전자, 삼성물산, 넷마블, 대한상공회의소 등

저 서

정 보 람

노무법인 이산 경인지사장
공인노무사

Mobile 010-5129-2334

E-Mail jbr@isanhr.com

Homepage

학 력

인하대학교 생활과학부 졸업('11)

전문 분야

노동법률, 인사제도 설계, 전략적 인사관리

경 력 / 자 격

인천시 노사민정협의회 전문위원
인천 계양구 건강다문화지원센터 운영위원
서울문화재단 인사위원회 외부위원
윤리경영위원회 외부위원
중소기업 비즈니스 지원단 수행컨설턴트('14~現)
노사발전재단 수행컨설턴트('15~現)

강의 내역

기초 근로기준법, 근로기준법 실무, 전략적 인사관리
협력적 노사관계

주요 출강처

인천광역시 인재개발원, 한국경제신문 한경아카데미
인천 서구청, 여성 일자리지원센터(인천계양센터)

저 서

정 예 지 (丁叡智)

비에프(BF)노동법률사무소 책임 공인노무사

Mobile	010-9206-2756
E-Mail	pandel@naver.com
Homepage	blog.naver.com/pandel

학 력

동국대학교 법학과 졸업('18)
고려대학교 경영전문대학원 KMBA 졸업 예정('26)

전문 분야

노동법, 인사 · 노무 자문, 임금체계 진단, 사내 인사 · 징계
노동위원회 및 노동청 사건, 직장 내 괴롭힘 · 성희롱 조사/재발방지
파견 · 도급 점검, ER/조직문화 개선

경 력 / 자 격

직업상담사 2급 자격증('18), 공인노무사 자격증('19)
노무법인 더플러스 노무사('20~'21)
노무법인 유앤(U&) 노무사('21~'23)
SPC그룹 사내 노무사('23~'25)
서울교통공사 성희롱 · 성폭력 및 직장 내 괴롭힘 고충심의위원
외교부 재외공관담당관실 노무사(연구원, 6급 상당)

강의 주제

직장 내 성희롱 예방(법정), 직장 내 괴롭힘 예방 · 조사 · 대응
기본 노무법(근로시간 · 휴가 · 징계 · 근로계약)
직장 내 장애인 인식개선 법정의무교육 전문강사
HR · 복무관리, 고충 · 징계 · 성희롱 · 괴롭힘 사건 대응 교육
인사 · 노무/ER 실무, 가맹점주 노동법 · 인사노무 정기 교육

주요 출강처

외교부, SPC그룹 계열사

저 서

조 태 호 (趙泰鎬)

노무법인 I&Company 대표 공인노무사

Mobile	010-3727-4310
E-Mail	cho@iandcompany.co.kr
Homepage	iandcompany.co.kr

학 력

충북대학교 사회학과 졸업('92)
고려대학교 노동대학원 졸업

전문 분야

산재보상실무, 개별적 근로관계, 노사협상, 노사분쟁, 비정규직

경 력 / 자 격

제5회 공인노무사 합격('95)
노무법인 광장 대표 공인노무사('00~'02)
아이앤에스비즈니스 컨설팅그룹 운영위원('02~'08)
소망재활원 운영위원

강의 내역

인사전문가과정 노동법, 산업재해보상보험법
안전관리자 직무교육, 저성과자 직무능력 향상 프로그램
파견과 도급직원 관리방안 개선 프로그램

주요 출강처

병무청, 코스콤 등

저 서

최 영 우 (催鏍友)

중앙경제HR교육원 원장 · 교수

Mobile	010-6341-0002
E-Mail	koreacko@hanmail.net
Homepage	www.elaborlaw.net

학 력
단국대 대학원(노동법· 노동정책 전공) 노동행정학 박사('97)

전문 분야
노동법, 인사노무관리, 노사협상, 노사관계, 노사협상과 분쟁조정

경 력 / 자 격
서울지방노동위원회 공익위원('10~現)
아주대 경영대학원 MBA과정 교수('19~現)
한국인사관리학회 이사('20~現)
한국고용노동교육원 교수
노동분야 최우수 강사 선정(고용노동부장관)('22)
EBS 노동법 강사

강의 내역
채용에서 퇴직까지 법률관계
개별 노동법, 집단 노동법
관리자가 알아야 할 노동법
생산적 노사관계와 노무관리 방안
정부 노동정책 이해
윈윈 노사협상 기법 등

주요 출강처
현대자동차, 현대제철, 삼성인력개발원, 포스코
롯데인재개발원, LG인화원, 국가인재개발원 등

저 서
도급과 근로자 파견(중앙경제,'21)
고용노사관계론(공저)(개정3판)(한경사,'23)
집단 노동법 실무(개정9판)(중앙경제,'24)
개별 노동법 실무(개정13판)(중앙경제,'24)
ADR, 대체적 분쟁해결제도(공저)(박영사,'24)

홍 수 경 (洪秀璟)

노무법인 더원인사노무컨설팅 강남지사장

Mobile	010-2313-0757
E-Mail	h2ofree@daum.net
Homepage	www.tohr.co.kr

학 력

이화여자대학교 졸업('92)
고려대학교 경영대학원 수료('07)

전문 분야

임금관리, 노사관계

경 력 / 자 격

한국노동연구원 노동법 객원교수
경기중소기업종합지원센터 노동법 강사
노동부 주40시간제, 작업장 혁신, 임금직무체계 교육 강사
한국공인노무사회 갈등조정전문가과정 코치 및 강사
서울중소기업청 비즈니스지원단 인사노무 전문 상담위원
고용노동부 발간 월간 내일 畵로 보는 노동법 필진 및 감수

강의 내역

임금관리 및 법률실무, 임금피크제와 인사관리
채용에서 퇴직까지 노동법 해설, 노사협의회 설치 및 운영
노사관계 갈등관리와 윈윈협상, 성희롱 예방교육
복수노조와 노사관계, 재기기업의 인사노무관리 쟁점
재창업 전문가 양성과정

주요 출강처

중소기업청, 산림조합중앙회, 카이스트, 기업가정신연구센터
창업진흥원, 중소기업 종합지원센터, 노동행정연수원
중소기업연수원, 한국경제신문, 한전연수원 등

저 서

AI · IT

고 일 화 (高一花)

고유파트너즈 대표
한국 HRD교육센터 대표강사

Mobile	010-9038-1291
E-Mail	cloudy88@naver.com
Homepage	

학 력

한국기술교육대학교 컴퓨터공학 석사 수료

전문 분야

ChatGPT, 생성형AI, 생성형AI 활용 엑셀, 파워포인트
다빈치리졸브, 개인정보보호, 포토샵, 일러스트레이션, AutoCAD

경 력 / 자 격

구성그레스컴퓨터학원 학원장(`01~`07)
SK하이닉스 강의전담 강사(`07~23)
한국산업인력공단 심사위원/감독위원(`18~現)
농식품공무원교육원 엑셀전담강사(`21~現)
농림축산식품부장관 우수강사 표창(`22)
한국기술교육대학교 능력개발교육원 파워포인트 전담강사(`24~現)

강의 내역

생성형 AI를 활용한 업무효율화
비즈니스 메일, AI로 빠르고 정확하게 쓰기 위한 ChatGPT
맞춤 프롬프트 작성법, 직장인을 위한 ChatGPT 실무 시리즈
Excel을 활용한 업무능력강화
교육받고 바로쓰는 Excel 실무테크닉
다빈치리졸브를 활용한 동영상 편집 Skill

출강처

경찰대학교, 중앙경찰학교, 고려대학교, 공주대학교, 과천정부청사
농식품공무원교육원, 충남공무원교육원, SK하이닉스, 심텍, 기아
삼성전자, LS엠트론, 한국IBM, 교보생명, 한화투자증권, 우리카드
ABL생명, 한국표준협회, 중소기업연수원, 한국HRD교육센터 등

저 서

할 수 있다! 하루 30분 파워포인트 2007 쉽게 배우기
(영진출판,`09)
프레젠테이션 성공전략 기획 + 실전(웰북,`09)
할 수 있다! 하루 30분 드림위버 CS5 쉽게 배우기
(영진출판,`11)

김 성 태 (金晟台)

고려대학교 미디어대학 교수
국가 AI위원회 초대위원

Mobile	010-7770-3163
E-Mail	sutkim@korea.ac.kr
Homepage	

학 력

고려대학교 신문방송학과 졸업('93)
미국 인디애나대학교 박사('00)

전문 분야

(빅)데이터 인문학 · 데이톨로지
빅데이터 기반 사회문제 솔루션 모델링
메타필링: 인공지능과 감성지능 · AI 산업과 융합적 이해, 감정철학

경 력 / 자 격

미국 인디애나대학교 로이호워드 연구원('97~'00)
미국 드폴대학교 커뮤니케이션대학/뉴미디어 교수('00~'04)
미국 캘리포니아대학교(UCSD) 객원교수('10~'12)
롯데컬쳐웍스 사외이사('19~23), KISTI 디지털경제포럼 위원(現)
고려대 빅데이터 사회문제 연구센터장('12~現)
국가 과학기술자문회의 AI/ICT 전문위원(現)

강의 내역

데이톨로지: 데이터 인문학
빅데이터 시대의 사상 · 철학 · 인문학적 논쟁
메타필링: '딥러닝'에서 '딥필링'으로의 패러다임 전환
감정철학 · 인공감정지능 · 뇌와 마음
인문학과 공학의 접점에서 미래 트렌드를 진단하다
인간의 뇌와 소통의 미학, 감성 커뮤니케이션과 전략적 사고

주요 출강처

KAIST, 한국인사관리협회, 한국언론진흥재단, YTN/중앙일보
DYB, 롯데그룹, 토지주택공사, 중앙미디어그룹, DYB 최선어학원
KISTI, UST 등

저 서

빅데이터시대의 커뮤니케이션 연구(율곡,'15)
데이톨로지: AI/메타버스 시대를 읽는 데이터인문학(이른비,'22)
메타필링: AI시대 성장과 성공을 위한 인간감정 지침서
(한국경제,'25)

김 정 룡 (金禎龍)

한양대학교 소프트웨어융합대학 ICT융합학부

Mobile	010-4702-5266
E-Mail	jungkim@hanyang.ac.kr
Homepage	eml.hanyang.ac.kr

학 력

한양대학교 기계공학과 졸업('81)

미국 Ohio State University 산업공학 석 · 박사('86 · '95)

전문 분야

인간공학, 감성공학, 산업공학, UI/UX

경 력 / 자 격

대한인간공학회 부회장('10~'11), 대한인간공학 회장('12~'13)

ACED 아시아인간공학회 대회장('14)

국토부 자율주행자동차 미래포럼 인문사회분과장('16~現)

인체공학연구센터장(現)

IJIE(International Journal of Industrial Ergonomics)

논문 심사위원(現)

강의 내역

인간공학, 자율주행 운전자 행태분석, 감성공학 접근방법

PUI(Physical User Interface) 근골격계질환 예방 및 관리

생리신호 측정 및 분석, 인간기계시스템 분석 및 설계

인간공학 제품 개발 방법론, UI / UX 어떻게 사용할까?

근골격계 질환의 평가와 예방의 새로운 패러다임

인간오류(휴먼에러) 과연 인재인가?

주요 출강처

저 서

작업관련성 근골격계질환 예방을 위한 인간공학(민영사,'04)

인간공학 제2판(공역)(시그마프레스,'08)

공학의 마에스트로 산업공합(공저)(한승출판,'10)

김 정 욱 (金鼎郁)

세종대학교 경영학과 교수

Mobile	010-5013-0319
E-Mail	jukim@sejong.ac.kr
Homepage	

학 력

서강대학교 전자공학과 졸업('80)
한국과학기술원 경영과학 석사('82)
한국과학기술원 경영정보학 박사('98)

전문 분야

임원경영 코칭, 경영혁신, 글로벌 e-비즈니스

경 력 / 자 격

동양미래대학 경영정보과 조교수
KTI 정보시스템 개발실 부장, 美 AT&T 선임연구원
KT 사업개발단 전임연구원, KDI 전임연구원
통일부 IT자문위원, 산업자원부 전자상거래 WG 운영위원
한국전력공사 정보기술 아키텍처 기술자문
국세청 정보시스템 개발 감리

강의 내역

중소기업의 임원 혁신 및 코칭
글로벌 e-비즈니스 현재와 미래
빅데이터의 현황과 미래
소셜미디어의 미래

주요 출강처

한국외국어대학교, 서강대학교 등

저 서

정보기술 영어(동현출판사,'99)
엑세스를 이용한 데이터 베이스 응용(동현출판사,'99)

문 송 천 (文松天)

카이스트 교수
한국전산학박사1호

Mobile	010-2111-6811
E-Mail	moon@kaist.edu
Homepage	www.business.kaist.edu/faculty/moon

학 력

KAIST 수학 및 물리학과 석사('77)
미국 일리노이대학교(UIUC) 전산학 박사('84)

전문 분야

OS, DB, AI
정보시스템 설계방법론, 데이터 리모델링
정보보호/프라이버시, 빅데이터, 블록체인

경 력 / 자 격

한국전산학박사1호
DB엔진'IM'및 블록체인DB엔진'DIME'아시아권최초개발
CLOUD 용어 세계 최초 창시자('82)
데이터 비만도 개념 세계 최초 창시자('97)
영국 케임브리지대 · 에딘버러대 교수
유럽IT학회 아시아 대표이사, Y2K한국대표

강의 내역

데이터 품질 제고방법론
데이터인프라 설계방법론
AI 학습데이터 정제방법론
사이버보안/정보보호
기업 AI 경영방법론
조직 AI 적용방법론

주요 출강처

국가 · 지방자치 · 단체/지역인재개발원

저 서

데이터 아키텍처(형설출판사,'17) 포함 22권

박 성 준

태재대학교 데이터과학과 인공지능학부
부교수 · 태재 인간 중심 AI 센터 센터장

Mobile	010-3639-8203
E-Mail	spica7601@gmail.com
Homepage	wintermute.pe.kr

학 력

고려대학교 심리학과 졸업('01)
미국 미시간대학교 HCI 석사('03)
미국 조지아공대 공학 심리학 박사('09)

전문 분야

AI 사용자경험 디자인, 감성 인공지능
VUX Design(음성/대화 경험 기획 및 설계)
가상인간 연구

경 력 / 자 격

삼성전자 UX디자이너 및 그룹장('09~'14)
SK텔레콤 수석 UX디자이너('15~'18)
도쿄 공업대 Research Fellow('18)
미국 SCAD(Savannah College of Art and Design) 교수 ('19~'21)
상명대학교 AI+X융합센터 센터장('24)

강의 내역

인공지능 UX 개발 및 디자인
감성 공학, 감성 인공지능
생성형 AI 경험

주요 출강처

삼성전자 무선사업부, 삼성리서치, LG AI Research, NHN SK텔레콤, SK C&C, SK플래닛, 현대자동차, ETRI, 서울대 KAIST, GIST, 연세대, 단국대, 한림대, 도쿄 공업대, 게이오대 Procter & Gamble, 차병원, 교양교육협회, 경남교육청 뉴트리원, 비나텍 등

저 서

사용성 테스트 가이드 북(공역)(한솜미디어,'04)
다빈치 미래노트(공역)(한솜미디어,'05)

변 형 균 (邊烔均)

퓨처웨이브 대표이사

Mobile	010-3010-1314
E-Mail	futurewaveceo@gmail.com
Homepage	linkedin.com/in/ hyung-gyoun-harris-byun-3a99546

학 력

미국 노스웨스턴대학교 Kellogg 경영대학원 MBA('08)
연세대학교 경영학(Management of Technology) 박사('23)

전문 분야

AI, 빅데이터, IT트렌드, 비즈니스, 경영, 리더십, 코칭 및 명상

경 력 / 자 격

MIT Technology Review Korea 편집위원
차 의과학대학교 AI헬스케어융합학과 겸임교수
한국상품학회 부회장, BC카드 AI빅데이터 · 데이터사업본부장
KT 데이터거버넌스 · BigData기획, DT · AI서비스 상무
WEF(World Economic Forum) AI 위원
CPCC · KPC · LCP 인증코치, HST 명상 지도자

강의 내역

AI 시대, 새로운 경영 리더십 패러다임
초인공지능(ASI) 시대의 기업환경 변화와 대응방향
AI 시대, 경영의 미래와 미래의 인재
변혁과 성찰을 위한 경험적 리더십 프로그램
자기인식과 개인 성찰을 위한 명상 프로그램

주요 출강처

삼성전자, 삼상화재, 현대그룹 MBA, 현대경제연구원, KT
메가존 클라우드, 숙명여자대학교, 경북대학교 MBA, 신용정보원
충북대학교 대학원, DMS 2024, 기획재정부, 서울시, 대한약사회
한국섬유산업연합회, 대한사립학교장회, 한국코치협회, 다쏘시스템
World Bank, WEF(World Economic Forum), Kantar Korea

저 서

테크노 사피엔스(중앙북스,'20)
기술경영(박영사,'22)
통찰하는 기계 질문하는 리더(한빛비즈,'24)
멀티모달 생성 AI 인사이드(한빛미디어,'24)

서 덕 화

문화컨텐츠기술연구소 대표
(주)인키움넷 부사장

Mobile	010-9198-1542
E-Mail	sirthecar@naver.com
Homepage	inkiumnet.kr

학 력

전북대학교 전산통계학과 졸업
숭실대학교 정보과학대학원 정보산업전공 공학 석사
호서대학교 벤처대학원 정보경영전공 박사과정 中

전문 분야

미래기술과 창업, 진로지도, 정보기술, SNS, 소셜마케팅

경 력 / 자 격

(주)해태제과 CIO · 비서실장 · 문화콘텐츠연구소장('86~'12)
해태그룹 인력개발원 전임교수('91~'97)
동서울대학 전자통신과 겸임교수('97~'02)
로보빌더(주) 부사장('12~'15)

강의 내역

일상으로 다가오는 미래기술과 트렌드
3D 프린팅! 나만의 작품 만들기
정신건강에 좋은 시니어 코딩교실
드론+로봇+iOT+소프트웨어 융합

주요 출강처

LG그룹, 서울도심권이모작센터, 도심권50+센터, 상명대학교
서울시립대학교 등

저 서

신 동 형 (申東亨)

알서포트 CSO

Mobile	010-2202-8761
E-Mail	donghyung.shin@gmail.com
Homepage	donghyungshin.notion.site

학 력

연세대학교 경영학과 학사 졸업('03)
서울대학교 경영학과 석사 졸업('08)

전문 분야

5G, 6G, XR, IoT, MR, AI, 공간 컴퓨팅, WEB 3.0, 메타버스 스마트 로컬 등

경 력 / 자 격

삼성전자 무선사업부 지원그룹('03~'06)
LG경제연구원 산업부문('08~'15)
게임덕 대표이사('15~'17)

강의 내역

5G가 가져올 새로운 세상, 6G가 가져올 새로운 세상
스마트폰/메타버스 너머 2040년까지의 기술혁신
XIA 변화 너머, 메타버스 세상, 공간 컴퓨팅, AI 2.0 트렌드
WEB 3.0이 가져올 새로운 세상, IoT가 가져올 새로운 변화
AI로 전문가처럼 보고서 작성하기, CES / MWC 트렌드

주요 출강처

3PRO TV, SK 유니버시티, 포스코, LG사이언스파크, 실리콘웍스 한국경제신문, 울산시, 전주시, 부산시, 기획재정부, 충남대, KAIST 한양대, SBS BIZ, KBS, 패스트캠퍼스

저 서

이노베이션 3.0(공저)(알키,'11), 변화 너머(메디치미디어,'21)
스마트 팩토리(공저)(율곡출판사,'21)
2022 한국경제 대전망(공저)(21세기북스,'21)
한경무크 한권으로 마스터하는 메타버스(공저)(한국경제신문,'21)

유 성 민 (劉星民)

교육전문기업 지식나무 대표

Mobile	010-2876-6242
E-Mail	simi@zisiknamu.com
Homepage	www.zisiknamu.com

학 력

인천대학교 경영학과 졸업('07)

전문 분야

엑셀, PT(파워포인트, 프레지, 키노트)
보고서 · 기획서 작성 실무
구글 애널리틱스, SNS, 온라인 트래픽

경 력 / 자 격

한겨레교육문화센터 신촌 · 분당 One Day특강 상임강사
이나우스아카데미 엑셀·프레젠테이션 제작실무 상임강사
한국생산성본부 직무능력향상 온라인강의 엑셀 전임강사
공무원정보지식인대회 모의대회 출제 · 채점위원
네이버 카페 FreeCS 파트너강사

강의 내역

기획자·마케터의 업무에 날개를 달아주는 엑셀 필살기
빅데이터를 활용한 마케팅 엑셀, 인포그래픽 프레젠테이션
구글 애널리틱스를 활용한 웹/모바일 데이터분석 실무 양성
불필요한 업무를 반으로 줄이는 스마트워크
상사를 설득하는 보고서 작성기법
4차 산업혁명과 최신 IT트렌드 강연(드론, 코딩 실습 포함)

주요 출강처

국회, 대한체육회, 한국문화예술위원회, SK네트워크
CJ오쇼핑, 강남구청, 서울중부교육청, 한국외국어대학교
중앙대학교, 가톨릭대학교, 인하공업전문대학, 한국거래소
한겨레교육문화센터, 이나우스아카데미, 러닝웨이코리아
삼성전자, 한국생산성본부, 국립농산물품질관리원 등

저 서

유 제 성 (柳濟晟)

리비전컨설팅 HR분석연구소 소장

Mobile	010-9417-2025
E-Mail	hrd04@naver.com
Homepage	www.hr04.co.kr

학 력

동아대학교 전자공학과 졸업

전문 분야

HR Analytics, HR 데이터, 빅데이터, R프로그램, HR 분석

경 력 / 자 격

삼성SDI 인사교육 담당

강의 내역

HR Analytics, 빅데이터 분석, HR데이터 분석, 스마트팩토리
빅데이터를 활용한 HR전략, R을 활용한 실무 HR 분석
비즈니스 실무자를 위한 데이터 탐색분석·해석
데이터 과학 기반의 HR분석 방법과 활용
조직문화 개발을 위한 데이터 분석 실무
우수인재 채용 · 이탈 방지를 위한 데이터 분석

주요 출강처

LG인화원, 롯데중앙연수원, 아모레퍼시픽 인재개발원
국회사무처, 경북창조경제센터, LG화학, LG리더십센터, 한전
멀티캠퍼스, 데이터솔루션, 한국인사관리협회 등

저 서

CEO를 위한 빅데이터(공저)(아이티데일리,`15)
4차 산업혁명과 인재경영(온크,`19)

유 채 린 (柳綵潾)

코어에이아이연구소 대표

Mobile	010-3423-3527
E-Mail	hsk_nk@naver.com
Homepage	aitalker.co.kr/aitutor

학 력

한밭대학교 경제학 전공 졸업 ('10)
숭실대학교 중소기업대학원 재학 中

전문 분야

AI 마케팅, AI 업무효율화, M365 코파일럿, AI 크리에이트
프롬프트 엔지니어링

경 력 / 자 격

인공지능콘텐츠 강사, 프롬프트 엔지니어
AI 마케팅지도사, AI 크리에이터
디지털융합교육원 선임연구원/지도교수
한국AINFT협회 이사/사무총장
한국AI마케팅연구소 교육이사/책임연구원
한국AI리터러시강사협회 지부장

강의 내역

AI 자격과정, AI 웹툰과정, AI 심화과정, AI 마케팅과정
코파일럿 심화 과정, 업무효율화 과정, 프롬프트 엔지니어 과정
중소기업 AI 마케팅, AI영화제작, AI리터러시 등

주요 출강처

한국은행 인재개발원, 한화자산운용, 중앙사이버평생교육원
중소기업유통센터, 포레스트그룹, 에디스교육, SKtelink, 관세청
지방자치 인재개발원, 전북대학교, 창신INC, 코파스코리아, 대상
동두천시미래교육진흥원평생학습관, 의정부시도시교육재단
항공기상청, 한국전력 인재개발원, 국무조정실, 강원도농업기술원 등

저 서

이것이 AI활용 업무혁신이다(미디어북,'24)
프롬프트, 플라톤의 대화처럼(디즈비즈북스,'24)
직장인을 위한 ChatGPT 300% 활용 비법 노트(두온교육,'24)
나만알고싶은AI활용교과서_시니어편(박영사,'25)
나만알고싶은AI활용교과서_대학생/청년편(박영사,'25)

은 서 기 (殷瑞璣)	Mobile 010-7158-1442
	E-Mail feelpeople@hanmail.net
삼성SDS 수석 컨설턴트	Homepage blog.naver.com/eunpm

학 력

홍익대학교 경영학 석사
서울시립대학교 경영학 박사

전문 분야

협업, 소통, 프레젠테이션, 4차 산업혁명, 디지털트렌스포메이션

경 력 / 자 격

대우전자 근무('89~'90), 대우정보시스템 근무('91~'00)
삼성SDS Best Presenter 자격 심사위원
법무부, 문화체육관광부, 교육과학기술부 프로젝트 매니저
삼성전자, 에버랜드, 대우전자, 대우자동차 컨설턴트/PM
화웨이, TCL, 메이디, 하이얼, 창홍 BDM/프로젝트 매니저

강의 내역

4차 산업혁명과 디지털 트랜스포메이션
4차 산업혁명 시대의 리더십
언어가 당신을 리더로 만든다
프레젠테이션 기획과 디자인, 프레젠테이션 전략
1등의 프레젠테이션 기술 · 이기는 제안

주요 출강처

법무부, 소방방재청, 인천시, 가천대, 한국표준협회, KCA 등

저 서

1등 프레젠테이션 비법(푸른영토,`16)
4차 산업혁명 시대의 언어품격(넥서스,`17)
삼성 은부장의 프레젠테이션(푸른영토,`18)
이제 개인의 시대다(피톤치드,`20)

이 나 혜 (李娜惠)

프리랜서 강사

Mobile	010-7245-0629
E-Mail	nh0629@gmail.com
Homepage	

학 력

중앙대학교 도시공학과 졸업(`11)
중앙대학교 GHRD대학원 인적자원개발학 석사(`20)

전문 분야

데이터 분석 실무 교육, 비즈니스 보고서 작성 교육

경 력 / 자 격

삼성전기 수원사업장 정보화강사(`12~`14)
한양대학교 에리카 사회교육원 정보화강사(`15)
RALZE GLS 객원 강사(`17~現)
IMI 전경련국제경영원 OA 전임강사(`19~現)

강의 내역

직장인을 위한 엑셀 실무 스킬
엑셀 데이터 분석 및 시각화 과정
직장인을 위한 파워포인트 실무 스킬
파워포인트 제안서 디자인 과정
워드, 한글 문서 작성 실무 스킬

주요 출강처

SK하이닉스, 서울시, 한국토지주택공사, 서울도시공사
화성도시공사, 전경련국제경영원, OCI, 매일유업, 코위버
신한카드, 관세법인 한주, 한화시스템, 벤처기업협회
경기남부경찰청, 성남시, 인천소방학교, 대전대학교, 명지대학교
인하대학교 등

저 서

이 상 완 (李尙䓛)

KAIST 신경과학-인공지능 융합연구센터장

Mobile	010-4703-3172
E-Mail	sangwan@kaist.ac.kr
Homepage	aibrain.kaist.ac.kr

학 력

KAIST 전기전자공학 박사('00)

전문 분야

인공지능, 뇌과학, 뉴로모픽 컨퓨팅

경 력 / 자 격

Google 교수 연구상('17) KAIST AI 연구소 융합연구상('19)
IBM 학술상('21) KAIST 국제 협력상('22)
KAIST 글로벌 연구 협력상('23)
KAIST 뇌인지과학과 부교수(現)
AI대학원 · 데이터사이언스대학원 · 바이오 및 뇌공학과 겸임교수(現)

강의 내역

인공지능 트렌드, 기술 인사이트, 디지털 헬스케어
인공지능 및 뇌, Chat GPT/GPT4

주요 출강처

삼성전자 DS, 삼섬인력개발원, 한국로봇융합연구원, 세브란스병원
한화에어로스페이스, 한국3M, LG전자, 국립과천과학관
네이버재단 NC컨퍼런스, 한국은행, 우리은행

저 서

인공지능과 뇌는 어떻게 생각하는가(솔출판사,'22)

이 재 범

서강대학교 경영대학 경영학과(MIS) 교수

Mobile	010-5351-5053
E-Mail	jblee@sogang.ac.kr
Homepage	gbiz.sogang.ac.kr/jblee

학 력

서강대학교 경영학과 졸업('78)
미국 Indiana University 경영대학원 MBA('82)
미국 NewYork University 경영대학원 경영정보학 석 · 박사

전문 분야

정보시스템(MIS), 경영전략, 정보전략, 혁신과 비즈니스 모델

경 력 / 자 격

미국 뉴욕대학교 경영대학원 전임대우 강사
SIM International Korea Commitee 의장
삼성그룹, 현대자동차 등 자문교수
농협중앙회 자문교수, CIO학회장

강의 내역

정보화 투자와 전략적 의사결정, 정보기술과 경영혁신
정보기술과 비즈니스 모델, 정보화시대의 기업경영과 혁신
경영정보시스템

주요 출강처

저 서

Rapid Application Development(역서)(영한출판사,'99)
유비쿼터스 컴퓨팅을 위한 인터넷 기술과 응용
(공저)(사이텍미디어,'05)
경영정보시스템(공저)(박영사,'07)
IT Governance(공저)(생능출판사,'09)

정 순 인 (鄭淳仁)

LG전자 Vehicle Solution사업본부
책임연구원

Mobile	010-8979-0426
E-Mail	shsnovel@daum.net
Homepage	

학 력

이화여자대학교 법학과 졸업('02)

전문 분야

모빌리티 IT트렌드, 프레젠테이션 기법
Automotive SPICE Principal Assessor 자격
Project Management Professional 자격

경 력 / 자 격

한국경제 매거진 비즈니스 IT트렌드, 론리플래닛, DBR
미래에셋증권사보 특별칼럼 등 전문잡지 기고
LG전자 사내 최우수 강사상 수상('17,'16)
현대자동차 open innovation lounge 스타트업 전시회 외부심사원
Korean ASPICE Network 컨퍼런스 연사 발표

강의 주제

모빌리티 IT트렌드, 기술 문서작성, 프레젠테이션 스킬 강의

주요 출강처

성신여자대학교, 한국외식산업경영연구원, 한국무역협회
한국경제 PB포럼, 한국정보산업연합회

저 서

당신이 잊지 못할 강의(한울,'17)

최 창 석 (崔昌石)

명지대학교 정보통신공학과 교수

Mobile	010-3711-6481
E-Mail	dol0715@naver.com
Homepage	

학 력

홍익대학교 전자공학과 졸업('78)
일본 가나자와대학 전기정보공학과 석 · 박사('91)

전문 분야

정보통신, 산업기술

경 력 / 자 격

한국산업기술정보연구원 책임연구원('84~'92)
일본전자정보통신학회 우수논문상('91)
몽타주 작성 프로그램 개발(현재 경찰청 사용)
대구 개구리소년 미래 얼굴 예측
일본 동경대학 교환교수('07)

강의 내역

얼굴에 숨어있는 경영재능, 얼굴에 숨어있는 마케팅 재능
CEO 얼굴과 제품의 궁합
얼굴에 숨어있는 꼴찌들의 재능과 성공

주요 출강처

전국경제인연합회, 한국정보화진흥원, LG전자 등

저 서

얼굴은 답을 알고 있다(21세기북스,'13)

경제(미시/거시) · 금융(외환)

김 상 훈 (金相勳)

(주)스타트컨설팅 대표이사/대표컨설턴트

Mobile	010-3260-4223
E-Mail	startceo@naver.com
Homepage	www.startok.co.kr

학 력

중앙대학교 창업경영대학원 창업학 석사('09)

전문 분야

소상공인 컨설팅, 온오프라인 창업 콘텐츠 및 마케팅 실행
프랜차이즈 인큐베이팅 컨설팅, 캘리그라피 브랜딩컨설팅

경 력 / 자 격

부동산뱅크 취재팀장('92~'97)
현대자동차그룹 기프트카 대표컨설턴트
중소기업청 소상공인진흥원 프랜차이즈 평가위원
아름다운재단 희망가게 창업전문위원
세종사이버대학교 외식창업프랜차이즈학과 겸임교수(現)
유튜브 채널 〈창업통TV〉, 네이버블로그 〈창업통〉 운영자

강의 내역

퇴직 후 인생 2막 두 번째 잡 및 창직 전략
창업시장 환경 및 업종별 창업시장 분석
내게 맞는 창업아이템 선정법
내 가게 입지개발 및 상권입지분석법
소상공인 컨설팅 방법론 및 컨설팅스킬
성과창출을 위한 온오프라인 마케팅전략

주요 출강처

금융연수원, 노사발전재단, 삼성경력컨설팅센터, 현대카드
KT인재개발원, 미소금융중앙재단, 농업기술실용화재단
소상공인시장진흥공단, 대구가톨릭대학교, 인제대학교
두산그룹, 서울시자영업지원센터 등

저 서

창업길라잡이 북 두 번째 잡(책장,'07)
창업고수들이 알려주는 창업성공 포인트(공저)(중앙경제평론사,'07)
두 번째 잡으로 부자되기(책장,'09)
그래도 누군가는 대박가게를 만든다(좋은날들,'15)
코로나시대 자영업의 미래 (아이콤마,'21)

김 영 곤 (金永坤)

(주)한미기술 상무

Mobile	010-2255-9157
E-Mail	yg4006.kim@hanmail.net
Homepage	

학 력

세종사이버대학교(부동산 · 경영학 전공) 졸업('13)

전문 분야

기업부동산 자산관리, 수익형 자산관리, 빌딩 임대차 마케팅 관리

경 력 / 자 격

삼성에버랜드 빌딩, 건물자산관리 담당('92~'10)
삼성그룹연수원 건립시 운영부문 컨설팅('05~'07)
대경이앤에스 경영임원('11~'15)
동우공영 자산운영 1본부장 상무('17~'19)
외국계자산운용사 Acendas의 수익형 자산(PM)관리
(주)지엘에스엠 대표이사

강의 내역

기업 부동산 자산관리(PM/FM 상생협력방안 및 임대차관리)

주요 출강처

한국생산성본부, 한국인사관리협회

저 서

김 익 래 (金翼來)

성균관대학교 초빙교수
선명회계법인 회장

Mobile	010-5222-3651
E-Mail	iklaekim@naver.com
Homepage	

학 력

성균관대학교 경영대학 졸업('68)
성균관대학교 경영대학원 졸업('76)
성균관대학교 대학원 경영학 박사('01)

전문 분야

세무회계, 회계학

경 력 / 자 격

딜로이트 안진회계법인 회장, 재무부 세제발전연구위원
한국공인회계사회 연구이사 부회장, 기초기술연구회 감사
해운항만청 해운산업합리화 심의위원, 국세법령 심사위원
건설교통부 사회간접자본 민간투자 심의위원
한국회계학회, 한국세무학회 부회장
국세청 국세행정개혁위원, 국세정보공개심의위원회 회장

강의 내역

세무회계 실무, 세법총론, 조세의 중요성, 결산대책
세무전략, 법인세법 해설, 절세 대책

주요 출강처

성균관대학교 경영대학원, 선진미래포럼, 선명AG

저 서

2001 세무회계 실무(공저)(세무경리협회,'01)

김 중 근 (金重根)

Macro Hedge(Korea) 대표

Mobile	010-4277-4855
E-Mail	dollar@kita.net
Homepage	

학 력

서울대학교 경영학과 졸업('80)
서울대학교 대학원 경영학 석사('82)

전문 분야

외환리스크 관리, 재테크, 주식, 펀드, 자산관리

경 력 / 자 격

LG그룹 회장실 국제부('79)
Chase Manhattan Bank('87)
Banque Paribas('94)
한솔종합금융('98)
한국경제신문 전문위원('03)

강의 내역

국제 금융시장 변화, 환율전망, 선물, 옵션, 파생상품 거래
외환실무

주요 출강처

한국금융연수원, 한국무역협회 무역아카데미
한국증권사협회 등

저 서

일목균형표(청아출판사,'03)
외환 환위험 관리(무역아카데미,'07)
머니게임 승부의 법칙(에디터,'11)
포트폴리오 선택과 금융시장(열린책들,'11)

김 지 홍 (金志鴻)

한국뉴욕주립대학교 경영학과장 · 교수

Mobile	010-9153-2517
E-Mail	jeehong.kim@sunykorea.ac.kr
Homepage	

학 력

연세대학교 경영학과 졸업('77)
미국 Indiana University 경영학 석사('82)
미국 University of California 경영학 박사('87)

전문 분야

재무제표, 가치평가, IFRS

경 력 / 자 격

연세대학교 경영대학 경영학과 명예교수
미국 New York University 경영대학 교수
금융감독원 회계서비스 본부장, 한국회계학회 회장
정부투자기관 평가교수, 행정고시, 세무사시험 출제위원
국세청 부기검정고시 출제위원, 한국회계연구원 자문교수
한국회계정보학회 회장, 한국공인회계사회 자문위원

강의 내역

재무정보의 이해와 분석, IFRS 회계기준과 재무분석
파생상품 및 금융상품 회계, 외화환산 회계

주요 출강처

저 서

자본시장과 회계정보(공저)(양영각,'93)
정보화 사회와 우리(공저)(도서출판소화,'95)
중급회계(법문사,'97)
IFRS 중급회계(지혜의샘,'10)

김 진 원 (金珍元)

미국 오리건주정부 주한대표부 대표

Mobile	010-7546-0052
E-Mail	jimwkim33@gmail.com
Homepage	www.oregonkorea.org

학 력

고려대학교 사회학과 졸업('68)
미국 메릴랜드대학교 사회학 수학('79)
인하대학교 대학원 경제학(국제통상학 전공) 박사('02)

전문 분야

김영란법, 로비스트, 자기경영

경 력 / 자 격

미국 주정부 대표자협회 회장
중부대학교 국제통상학부 부교수
미국 Jason Boe&Associates(로비회사) 이사
미국 알래스카주 발디즈시 한국 주재 담당관
키르키즈 공화국 주한대사관 대표 자문역
인하대학교 아태물류학부 겸임교수

강의 내역

공정사회를 위한 로비스트의 역할(김영란법과 로비제도)
변화하는 세상과 자기경영
Changing World & Self-Management
해봤어 ? Just Do It !
지방화 시대의 국제화

주요 출강처

서울상공회의소 고려대학교, 인천시 인재개발원, 충남도청
서산시청, 인천경영자협회 등

저 서

로비 & 로비스트(어드북스,'05)
로비스트에 도전하라(생각나눔,'17)

김 진 홍 (金鎭鴻)

이노센스(InnoSense) 대표 컨설턴트

Mobile	010-5039-7817
E-Mail	pio17thh@gmail.com
Homepage	

학 력

성균관대학교 경영학과 졸업('82)

전문 분야

재무설계, 은퇴설계, 노후설계, 자산관리

경 력 / 자 격

우리은행 NY 미국법인 본부장, 지점장, 본점 CRM팀장(~'14)
공무원연금공단 · 소상공인시장진흥공단 · 금융감독원 담당강사(現)

강의 내역

빛나는 후반부를 위한 나만의 투자설계
성공적 은퇴와 미래설계
중장년을 위한 通하는 재무설계
商人의식혁신, 고객관리 등

주요 출강처

공무원연금공단, 새마을금고중앙회, 강동구청, 중장년일자리센터
NH농협은행, 강동50플러스센터, 노원50플러스센터
한양대평생교육원, 소상공인시장진흥공단

저 서

잘 살고(Well-living), 잘 죽기(Well-dying)위한 리스크 관리
(공저)(행복에너지,'15)

김 형 환 (金亨煥)

중국전략경영아카데미 대표
한국경영리더십컨설팅 대표

Mobile	010-8410-2199
E-Mail	kimhhcn@naver.com
Homepage	www.chinamba.co.kr

학 력

단국대학교 중어중문학과 졸업
북경어언문화대학 수료

전문 분야

중국 경제경영, 마케팅 현지화, 글로벌 전략, CEO 경영리더십

경 력 / 자 격

한국불티나종합상사 해외법인장('93)
중국신한컨설팅 대표('98)
KIKA(주) 중국서부지역 대표
한국능률협회컨설팅 교수
한국무역협회무역아카데미 중소기업연수원 교수

강의 내역

글로벌 경영환경 변화, 글로벌 리더십
글로벌 인재의 성과리더십
중국인 관리전략리더십(중국내수 마케팅전략), 셀프리더십
보직자의 멘토링 리더십, 중국경제 및 경영, 마케팅

주요 출강처

삼성전자, LG화학, 포스코, 현대모비스, 현대중공업, 삼성SDI
KT, KB금융, 유한킴벌리, 신세계, 고려제강, 제주인재개발원
국가과학기술인력개발원

저 서

CEO 위기보다 강해져라(팜파스,'09)
1인기업과 미래 트렌드(엔타임,'10)
죽어도 사장이 되어라(엔타임,'11)
삶을 바꾸는 10분 자기경영(책이있는풍경,'15)

박 영 섭 (朴永燮)

금융감독원 수석조사역, Ph.D.
국제공인내부감사사(CIA)

Mobile	010-7170-4329
E-Mail	ampmall@naver.com
Homepage	blog.naver.com/ampmall

학 력

연세대학교 경제대학원 졸업('02)
한국방송통신대학교 법학과 졸업('16)
한국항공대학교 대학원 경영학부 졸업('19)

전문 분야

경제, 금융, 재무, 재테크, 자립준비청년 금융교육, 자기계발
동기부여

경 력 / 자 격

법무부 파견근무('14~'16), 서울중앙지방검찰청 파견근무('16~'17)
금융위원회 파견근무('08), 대한민국문화교육대상 대상('20)
한국교육강사연합회 특임강사
중앙대학교 최고위정책과정 졸업('25)
한국금융연수원 강사, 금융감독원 금융교육 전문강사(現)

강의 내역

금융교육(금전관리, 저축과 투자, 부채와 신용관리, 보험
인생설계와 자산관리, 금융소비자보호, 금융사기 피해예방)
MZ세대 재테크 전략, NCS기반 면접전문 강사 및 전문 면접위원

주요 출강처

금융감독원, 한국금융투자협회, 한국교원연수원, 한국감사협회
전주대학교, 전남교육청 화순도서관, 신용회복위원회
서울북부고용복지센터, 한국지도자아카데미, 고려대학교 평생교육원
파주자운학교, 한국교육강사연합회, 옥수종합복지관

저 서

메타버스를 타다(브레인플렛폼,'21)
고려대 명강사 25시(휴먼더보이스,'21)
미래 유망 기술과 경영(브레인플렛폼,'21)
N잡러 시대, N잡러 무작정 따라하기(브레인플렛폼,'21)
금융전문가가 알려주는 MZ세대 재테크 전략(행복에너지,'22)

박 호 경 (朴昊景)

(주)조은시스템 부회장

Mobile	010-2435-6112
E-Mail	kj3c@hotmail.com
Homepage	

학 력

부산대학교 상경대학 무역학과 졸업('72)

전문 분야

영업력, 영업 전문강사, 이순신 다이아몬드 리더십

경 력 / 자 격

LG생활건강 영업총괄 상무이사('00)
컨설팅 전문기업 국제프로솔컨펌(주) 대표이사
중소기업청 소상공인시장진흥공단 상인정신 위촉강사
소상공인 시장진흥공단 전문 컨설턴트('13~'16)

강의 내역

영업달인 전략! 고객이 먼저 다가오게 하는 파워셀러십
지속적 목표완승과 위기관리, 이순신 다이아몬드 리더십

주요 출강처

소상공인진흥원, 고양상공회의소, LG생활건강, LX하우시스

저 서

신 세 돈 (申世敦)

숙명여자대학교 경제학부 교수

Mobile	010-5217-1279
E-Mail	seshin@sm.ac.kr
Homepage	sookmyung.ac.kr/~seshin

학 력

미국 UCLA 경제학과 졸업('78)
미국 UCLA 경제학 석 · 박사('80 · '84)

전문 분야

국제금융, 국내금융, 환율, 국제수지, 재테크

경 력 / 자 격

한국은행 조사 제1부 특수연구실 전문연구위원('84~'87)
삼성경제연구소 금융 · 보험실장('87~'89)
숙명여자대학교 연구교류실장
금융감독원 국민검사청구심의위원회 위원('13~'16)
숙명여자대학교 경상대학 학장('15~'16)
KBS 1라디오 공감토론 고정패널('17~現)

강의 내역

경제전망과 기업대응 과제, 글로벌 금융위기와 경영전략
국제화 기업전략, 환율전쟁과 국가적 경영전략
위기경영과 경영혁신, 세종대왕의 리더십

주요 출강처

저 서

경제학 원론(길안사,'93)
20억의 국난과 40억의 극복(세창미디어,'98)
국제수지론(세창미디어,'01)

양 보 석 (梁寶錫)

충전스쿨 대표강사

Mobile	010-5670-4030
E-Mail	yangboseok@naver.com
Homepage	www.cjschool.kr

학 력

전문 분야

자산관리, 재테크, 월급관리, 금융교육, 노후(은퇴)설계

경 력 / 자 격

서울대학교 교육행정연수원 강사, 삼성 멀티캠퍼스 강사
한국생산성본부 · 한국능률협회 · 한국표준협회 전문강사
금융감독원 금융교육 전문강사
금융투자협회 전국투자자교육협의회 전문강사
정보통신산업진흥원 이러닝 콘텐츠(금융경제) 평가위원
삼성화재 기업전문 컨설턴트, 삼성생명 기업재무 컨설턴트

강의 내역

자산관리, 재테크, 월급관리, 금융교육, 노후(은퇴)설계

주요 출강처

삼성전자, 삼성SDI, 삼성디스플레이, 현대자동차, 현대모비스
LG전자, LG화학, LG디스플레이, SK하이닉스, SK케미칼
롯데제과, 아모레퍼시픽, 한국전력공사, KT, KT&G, 한국석유공사
한국수자원공사 등

저 서

고슴도치 성공전략(랜덤하우스,'08)
꿀독(생각의나무,'11)
충전수업-쩐의 흐름(아라크네,'18)
충전수업-부의 증식(아라크네,'18)
재테크 트렌드 2020(아라크네,'19)

연 영 철 (延泳哲)

단국대학교 국제학부 국제경영 초빙교수

Mobile	010-3132-7580
E-Mail	yycyeon@hanmail.net
Homepage	

학 력

성균관대학교 경제학과 졸업('78)
미국 Thunderbird 국제경영대학원(국제경영학) 석사('89)
단국대학교 대학원 경영학 박사('09)

전문 분야

중동 비즈니스, 중동문화, 국제전시회 마케팅
외국인 투자 유치전략

경 력 / 자 격

KOTRA 아카데미 원장, KOTRA 외국인투자유치자문관
KOTRA 중동·아프리카 지역본부장
시카고, 오슬로 무역관장
지식경제부 전시산업민관합동 T/F 자문위원
한국무역학회 이사

강의 내역

중소기업 명품 CEO 과정, 간부직원 세계화 역량 양성과정
중동 비즈니스 문화, 글로벌 비즈니스 다문화 및 진출전략
국제전시회 마케팅, 다문화 이해를 통한 세계시장 진출
미국시장, 중동 아프리카시장 진출 전략
국제 비즈니스 협상 및 비즈니스 매너

주요 출강처

중소기업연수원, 퓨처리더십센터, 한국전시산업진흥회
한중동협회, 단국대학교, ASSIST, 현대중공업, 대한항공 등

저 서

미국 대형유통망 진출방안(시카고무역관,'91)
세계 주요국의 전시산업 동향(KOTRA,'04)
중동·아프리카지역 진출방안(KOTRA,'07)

오 종 윤 (吳宗倫)

한국재무설계(주) 대표
한국재무설계연구소 소장

Mobile	010-5447-1233
E-Mail	ohcfp@hanmail.net
Homepage	www.koreafp.co.kr

학 력

서강대학교 경영학과 졸업('93)
서강대학교 경제학 석사('99)
서울대학교 소비자 재무학 박사('11)

전문 분야

자산관리, 은퇴설계

경 력 / 자 격

신한은행 근무('93~'00)
푸르덴셜생명 컨설팅 LP('01~'05)
한국재무설계(주) 이사('05~'10)
한국FP협회 이사('08~現)

강의 내역

재무설계 6가지 전문 분야, 금융소비자 교육, 자산관리, 은퇴설계

주요 출강처

국정원, 신한은행, G밸리포럼, LH공사, 삼성전자, 메리츠화재
포스코, 한국전력, 금융감독원, 성균관대학교, 건국대학교 등

저 서

5년만 실천하면 50년 든든한 자산설계(더난출판사,'05)
서른 이후 50년(더난출판사,'07)
남보다 10년 먼저 당당한 노후설계(공저)(동아일보사,'07)
인생의 절반은 부자로 살자(끌리는책,'11)
현금으로 정면돌파(끌리는책,'16)

이 승 현 (李勝現)

글로벌세무그룹 대양 대표 회계사
한국 · 미국세무사

Mobile	010-6229-2523
E-Mail	sh.lee@dytaxgroup.com
Homepage	www.dytaxgroup.com

학 력

경희대학교 경영학과 졸업('01)
고려대학교 경영대학원 MBA 95기('16)
건국대학교 부동산대학원 졸업('21)

전문 분야

부동산 세무(상속세/증여세/양도세)
미국 세무(시민권자/영주권자), 국제조세
가업승계 및 법인/개인 절세 컨설팅

경 력 / 자 격

삼정회계법인(KPMG), Tax Manager(법인세, 국제조세)
AIG Group, Tax Manager, 데상트코리아 회계/세무총괄 팀장
Calvin Klein 회계 팀장, 글로벌사이버대학교 특임교수
KBS스포츠과학예술원 교수협의회 부회장
중소기업경영자협회 이사, 재단법인 동서재단 감사
서울시 마포구청장 표창장

강의 내역

상속/증여/양도세 절세전략
한미 세금, 미국 진출 및 법인설립
국내 및 해외자산 포트폴리오 관리
중소기업 가업승계(주식, 부동산)

주요 출강처

건국대 부동산대학원 부동산최고위과정
MetLife / 삼성생명 VIP 센터 자문위원

저 서

이 충 호 (李忠浩)

(주)비아이경영컨설팅 대표
코아채권관리연구소 소장

Mobile	010-5323-6235
E-Mail	lch6235@naver.com
Homepage	www.corera.co.kr

학 력

서울시립대학교 경영대학원 졸업(`12)

전문 분야

채권 관리/회수, 신용조사, 여신관리, 계약관리, 담보관리
회생/파산, 예산편성, 재무제표, 원가계산, 관리회계
사업타당성, 내부통제/감사, 부동산 경매와 권리분석

경 력 / 자 격

고려시멘트그룹 근무(6年), 한라그룹 근무(이사, 지배인)(16年)
한국표준협회 수석전문위원, 한국능률협회 Expert Consultant
한국생산성본부, 중소기업연수원, 금융연수원 교수
새마을금고연구원, 삼일아카데미, CFO아카데미 교수
창업지도사, 신용관리사, 금융채권관리사, 채권관리지도사
부동산(공)경매권리분석사, 채권관리사, M&A거래사

강의 내역

상황별 사례별 매출채권 관리 및 회수 실무
거래처 신용조사 및 여신관리 실무
영업사원을 위한 회계 및 손익관리 기법
신사업 타당성 분석, 경영 사업계획 및 예산편성 실무
재무제표 및 관리원가 분석, 부동산 경매와 권리분석

주요 출강처

삼성그룹, 현대자동차그룹, SK그룹, LG그룹, 롯데그룹
GS그룹, KT, 포스코그룹, 한화그룹, 현대중공업, 신세계그룹
현대오일뱅크, 현대시멘트, 효성그룹, 넥센타이어, 삼양그룹
인천항만공사, 한일시멘트, 성우하이텍, 한국카본, 예금보험공사
새마을금고연수원, 중소기업진흥공단 등

저 서

실전 A~Z 매출채권 관리 및 회수 이렇게 하라(법률출판,`16)
부동산 경매와 권리분석 완전정복(마지원,`23)
(개정증보판)상황별 채권관리와 회수 실무(삼일인포마인,`23)
거래처리스크 관리를 위한 회계 및 손익관리 기법
(법률출판사,`24)

정 현 호 (鄭鉉浩)

한국채권관리연구소 소장

Mobile	010-2363-8710
E-Mail	canc50@naver.com
Homepage	www.kcmri.co.kr www.edukcmri.co.kr

학 력

인하대학교 경상대학 회계학과 졸업('88)
건국대학교 부동산대학원 졸업('98)
건국대학교 대학원 경영공학 박사('13)

전문 분야

채권관리, 법원경매, 창업

경 력 / 자 격

LG그룹 채권관리팀장, 건국대학교 겸임교수
한국기업구조조정원 원장(現), 한국금융연수원 교수(現)
상공회의소 채권부문 전임교수(現), 로앤비 교수(現)
새마을금고연수원 교수(現), 농협연수원교수(現)
삼일회계법인 채권관리과정 전임교수(現)
한국산업인력공단 채권관리 NCS전문가 위원(現)

강의 내역

신입사원 채권관리 과정, 영업채권관리 기초 과정
영업채권관리 심화 과정, 영업현장에서 조심할 거래선25
채권추심회수 담당자 과정, 채권관리 Case Study 과정
채권관리 클리닉 과정, 알기쉬운 법원경매 카운셀러
채권관리 MBA 과정 시리즈

주요 출강처

삼일회계법인, 한국금융연수원, 로앤비, 농협연수원, 한화
신용보증기금, 상공회의소, 새마을금고연수원, 포스코, 삼성
SK그룹 등

저 서

채권관리실무(영화조세통람,'09)
매출채권관리실무(삼일회계법인,'10)
사례중심의 채권리스트(삼일회계법인,'13)
채권관리클리닉(언더비즈,'14)
"부실채권제로"채권관리실무(조세통람,'21)

조 윤 제 (趙尹祭)

가정경제주치의협동조합 이사장

Mobile	010-3138-7638
E-Mail	yjcho0408@naver.com
Homepage	

학 력

서강대경제대학원 경제학과 석사 졸업(금융경제학)(`02)
성균관대경영대학원 경영학과 박사 수료(재무관리)(`07)
호서대벤처대학원 경영학학과 박사 졸업(벤처금융)(`20)

전문 분야

부동산 트렌드, 부동산 재테크전략, 재무관리, 마케팅전략
사업계획서 작성, 상권분석

경 력 / 자 격

기업은행 및 우리은행 등 금융권 근무(37年)
성공회대학교 사회융합학과 경제학 강사(`21~`22)
유한대학교 기초융합교육원 재무금융 강사(`21~現)
한경국립대학교 법경영학과 경영진단 강사(`22~`23)
청운대학교 부동산경영학과 투자론 강사(`22~現)
서울사이버대학교 금융보험학과 교수(現)

강의 내역

거시경제학, 재무관리, 부동산 금융론, 부동산 투자론
부동산중개론, 상권분석론, 경영진단, 재무관리, 경제정책
금융시장론, 블록체인과 가상화폐, 핀테크경영
신용 및 부채관리 등

주요 출강처

영등포구청, 충남일자리경제진흥원, 유한대학교 평생교육원

저 서

소상공인&중소기업 컨설팅(브레인플렛폼,`20)
미래유망기술과 경영(브레인플렛폼,`21)
100세시대의 평생교육,평생현역(브레인플렛폼,`23)

최 흥 식 (崔興植)

3S컨설팅 대표
마이다스아이티(주) 감사

Mobile	010-4653-7311
E-Mail	3sconsulting@hanmail.net
Homepage	3sconsulting.co.kr

학 력
한양대학교 경제학과 졸업('84)

전문 분야
매출채권, 신용평가와 여신관리, 경영분식

경 력 / 자 격
LS전선(舊 LG전선) 감사실장('83~'99)
한국생산성본부 지도교수('00~現)
한국능률협회 컨설팅 주임교수('00~現)
중소기업희망포럼 전임교수('00~現)
마이다스아이티(주) 감사(現)

강의 내역
매출채권 관리실무, 신용평가와 여신관리, 경영분석

주요 출강처
한국생산성본부, 포스코인터내셔날, 대한상공회의소, 한국NSK
LS일렉트릭, 중소기업중앙회, 로앤비, 현대경제연구원, 우리은행
고려신용정보. HRD교육센터, LS메탈, LG이노텍, LS전선, 포스코
고려제강, 원일철강, 포스코스틸리온 현대제철, 현대카드, 리노공업
JC인터네셔날, 한화솔루션 등

저 서
한권으로 끝내는 채권관리와 회수(새로운 제안,'11)
채권관리와 회수를 위해 꼭 알아야 할 것들(새로운 제안,'17)
초보자도 쉽게 배우는 채권실무(중앙경제평론사,'21)
현장에서 바로 써 먹는 채권관리 100문 100답
(중앙경제평론사,'23)

한 만 용 (韓萬龍)

서일대학교 세무회계학과 교수
DK동국산업 사외이사(감사위원장)

Mobile	010-6347-5059
E-Mail	hmdragon@naver.com
Homepage	www.seoil.ac.kr

학 력

경희대학교 경영학 석사('02)
충북대학교 회계학 박사('09)

전문 분야

회계, 세무회계, 원가관리회계, 사업계획, 경영전략
공공기관 채용 평가 출제(회계학, 경영학, 사무행정)
공공기관 채용 면접관

경 력 / 자 격

경영지도사(재무관리,'94)
덕신하우징 경영지원이사, 자화전자 경영전략팀장
CJ씨푸드 전략기획, 영업관리부장, 벽산그룹 비서실(차장)
한국경영컨설팅학회 이사, 한국세무회계학회 부회장
한국상업교육학회 · 한국조세사학회 · 한국조세포럼학회 이사
산업인력관리공단 NCS 자산관리 · 학습모듈 개발위원

강의 내역

성과분석 회계원리, 원가관리회계, 세무회계, 경영분석
게임으로 배우는 전략적 의사결정 기획
경리회계원무와 세무
최근 채용시장의 변화와 삽서치 방법
사회적기업의 재무제표 분석

주요 출강처

서강대학교, 숭실글로벌미래교육원, 중소기업연수원, 크레듀
인천광역자활센터, 대구도시철도공사, 외식업중앙회
중소기업청 소상공인진흥원 등

저 서

관리회계와 재무예산 비법노트(지식만들기,'11)
경리, 인사노무 엑셀 자동계산(혜지원,'21)
스마트팩토리바이블(공저)(홍릉,'22)
생활과 세무실무(세학사,'24)
알기 쉬운 원가회계실무(세학사,'24)

황 동 룡 (黃東龍)

한국경영법무연구소 대표이사

Mobile	010-7710-3700
E-Mail	josiah33@hanmail.net
Homepage	www.businesslaw.co.kr

학 력

성균관대학교 법과대학 법학과 졸업('89)
성균관대학교 대학원 법학 석사 수료('01)
베리아국제대학원 대학교 졸업('08)

전문 분야

채권관리, 담보설정 및 관리, 부실채권 회수, 부동산 경매
채권보전실무, 회생 파산, 강제집행 실무

경 력 / 자 격

서울대학교 사법발전연구과정 수료('92)
월간 경영법무 발행인('94~現)
동부그룹 법제팀 근무, 대우건설 경영고문('98~'99)
월간 경영법무 발행인, 고려신용정보 사외이사('02~'04)
현대스위스저축은행 경영고문('09~'13)

강의 내역

영업사원을 위한 채권관리 기초 과정
채권관리 전문가/기본 과정
부동산 경매 과정, 담보설정 및 관리 과정
채권보전 및 공탁 실무 과정
회생 파산 실무 과정

주요 출강처

국민은행, 농협은행, 부산은행, LG인화원, 대한생명, 교보생명
삼성생명, 주택도시보증공사, 주택금융공사, 대우건설, 신용보증기금
서울보증보험, 서울보증재단, 금융연수원, 전국보증재단연합회
새마을금고중앙회, 신협중앙회, 저축은행중앙회, 수협중앙회
농협중앙회, 포스코건설, 롯데케미칼 농어촌공사, A&D신용정보 등

저 서

채권관리매뉴얼(한국경영법무연구소,'24)
채권관리실무 상 · 하(한국경영법무연구소,'24)
채권보전 및 공탁실무(한국경영법무연구소,'24)
회생, 파산실무(한국경영법무연구소,'25)
부동산경매실무(한국경영법무연구소,'25)

생산 · 품질(엔지니어링)

권 혁 구 (權赫九)

(주)드림힐 교육컨설팅/스마트공장 전문가

Mobile	010-3386-2498
E-Mail	kwonhg21@hanmail.net
Homepage	

학 력

한양대학교 기계설계학과 졸업('85)

전문 분야

품질경영시스템 및 Process 구축, 자동차 Global Process
스마트공장 구축, 제조, 품질, 기술/개발, 경영혁신

경 력 / 자 격

대우자동차, 한국GM, 협력업체/품질관리/혁신팀장('85~'14)
동보 혁신담당 임원(생산/품질/경영혁심)('14~'18)
한국스마트컨설팅협회 전문위원: 스마트마이스터('18~'22)
한국표준협회 스마트혁신센터 수석전문위원('19~現)
국제 품질경영시스템 인증심사원
(ISO 9001 품질, 자동차 IATF, ISO 45001 안전노건경영)

강의 내역

자동차 개발 및 품질, Process 및 Core tool 강의
(IATF, ISO, APQP, FMEA, PPAP, BIQS, CQI-)
자동차 글로벌 품질경영 혁신, 국제 품질 시스템
스마트공장 구축, 스마트공장 구축전문가 양성
글로벌 자동차사 심사 준비 및 대응
(CQI, PSA, PCPA, BIQS, SQ, TASL 등)

주요 출강처

한국GM, 한국표준협회, 한국자동차연구원, LG전자, 만도, 코트라
경북테크노파크, 인천ITP, 보그워너, 평화발레오

저 서

김 승 범 (金承範)

아주대학교 명예교수

Mobile	010-7332-0408
E-Mail	kimsb@ajou.ac.kr
Homepage	madang.ajou.ac.kr/~kimsb

학 력

연세대학교 상경대학 졸업('75)
미국 Washington University 경영학 석사('79)
미국 University of Illinois 경영학 박사('86)

전문 분야

생산관리(JIT, MRP, 재고관리), 전략경영, 비즈니스 관리

경 력 / 자 격

한국리서치 자문교수, 태평양그룹 장기전략 자문교수
중국 대외경제무역대학 교환교수
아주대 경영대학원 MBA 주임교수
한국프로젝트관리기술회 기술분과위원
중소벤처 경영지도위원, 국제무역경영연구원 연구위원
한국경영연구원 연구위원

강의 내역

프로젝트 관리, 신제품 개발관리, 고객만족 경영
6시그마, 시간 관리와 생산성(워크숍), 프로젝트 관리

주요 출강처

삼성종합기술원, LG전자, 포스코, 충북테크노파크 등

저 서

생각하는 경영(에이포미디어,'04)
서비스 기업의 경영(에이포미디어,'04)
서비스 경영(청암,'05)
비즈니스 프로세스 경영(석정,'06)

김 용 대 (金容大)

한국표준협회 수석전문위원

Mobile	010-5273-9006
E-Mail	kyd1010@hanmail.net
Homepage	

학 력
고려대학교 공과대학 전자공학과 졸업('77)
고려대학교 경영대학원 경영학 석사('91)

전문 분야
품질경영, 생산관리, 고객만족

경 력 / 자 격
화신 SONY 품질보증과장, 한국공업표준협회(KSA)
한국품질경영연구원 부원장, 품질관리기사 1급
품질관리기술사, 국가품질상 심사위원, 품질경쟁력 심사위원
세계표준의날 포상심사위원, 국가기술자격시험 출제위원
ISO 9001 · TL 9000 · IMS 심사원, ISO 37001 기술자문위원
한국품질경영학회 부회장

강의 내역
전략적 방침관리, Q-COST(COPQ), 품질 분임조
협력회사 품질관리, 통계적 품질공정관리, 현장 품질관리
품질경영기법, 품질 전략수립, 스마트 팩토리, 제품안전품질
현장개선기법, QFCD 프로그램 개발, NPD 프로그램 개발
DXQM[디지털 품질경영]

주요 출강처
한국표준협회, 포스코인재개발원, 중소기업진흥공단연수원
충남테크노파크, 대동훈련원

저 서
중요한 것은 고객만족이다(갑진출판사,'91)
SCQM 공급망 품질경영(한국표준협회미디어,'06)
안전품질 매뉴얼(기술표준원,'10)

김 원 중 (金原中)

아주대학교 산업공학과 특임교수

Mobile	010-9055-3326
E-Mail	wjkim@ajou.ac.kr
Homepage	

학 력

한양대학교 산업공학과 졸업('65)
한양대학교 대학원 공학 석사('69)
한양대학교 대학원 공학 박사('87)

전문 분야

품질관리, 품질경영, 표준화, 소집단 활동

경 력 / 자 격

한국산업경영시스템학회 회장('94~'02)
현대그룹 품질경영 자문교수, 경기도 정책자문위원
(사)한국품질경영학회 부회장, 한국심사자격인증원(KAR) 회장
한국경영인협회 부회장, 한국산업경영시스템학회 이사/고문
산업표준심의회 위원, 한국건설품질협회 자문위원장
ISO, KS, JIS, EQ, 단체표준 인증심사 및 심의위원

강의 내역

사회변화와 품질경영, 품질혁신 소그룹 활동
표준화와 품질시스템, 공정관리와 작업표준
고객만족과 품질보증

주요 출강처

삼성그룹, 현대자동차그룹, LG그룹, 두산그룹
대한상공회의소 등

저 서

경쟁력 강화를 위한 품질경영 추진론(동현출판사,'00)
표준화와 품질인증 실무(한올출판사,'05)
품질혁신 소그룹활동 추진매뉴얼(대한상공회의소,'14)
공정효율 향상을 위한 작업표준화 추진요령
(대한상공회의소,'14)

김 응 석 (金應錫)

울랄라랩 CDO

Mobile	010-7518-7086
E-Mail	eungseok@hanmail.net
Homepage	brunch.co.kr/@eungseok

학 력

중앙대학교 응용통계학과 졸업('92)
중앙대학교(재무 전공) MBA('12)
공주대학교 산업시스템 공학 박사('25)

전문 분야

생산관리, 품질관리, 품질교육, Data Science

경 력 / 자 격

LG전자 러닝센터 근무('91~'03)
LG전자 DDM 사업본부 경영혁신팀 근무('03~'04)
WEXi 컨설팅 본부장('04~'18)
화승비나 전무(기획 및 스마트 팩토리)('18~'20)
공주대학교 산업경영공학과 강사('23~現)
웩싸이컨설팅 전문위원, 공주대학교 계약학과 교수(現)

강의 내역

통계적 문제해결(실험 계획법, 6시그마 프로세스)
변화와 혁신 전략
Data Science(생산 현장의 Big Data 활용)
제조 빅데이터를 활용한 SPC

주요 출강처

삼성전자, 현대로템, 한국품질재단, 한국콜마, 일진다이아몬드
다이나믹디자인, JVM, 서울반도체, 코오롱인더스트리
한국품질재단, 공주대학교 등

저 서

6시그마 101가지 이야기(공저)(한국표준협회,'03)
린 경영과 빅시그마를 활용한 스마트 혁신(공저)(청람,'22)
4차 산업혁명 개론(청람,'23)

김 형 욱 (金炯郁)

홍익대학교 경영학부 교수

Mobile	010-4220-1706
E-Mail	kimhw@hongik.ac.kr
Homepage	

학 력

서울대학교 공과대학 화학공학과 졸업('74)
한국과학기술원(KAIST) 산업공학 석사('76)
한국과학기술원(KAIST) 경영과학 박사('86)

전문 분야

품질경영(품질전략, 기업문화), 생산경영(생산전략, 기술경영)

경 력 / 자 격

홍익대학교 경영대학장 · 학생처장 · 국제경영대학원장
홍익대학교 경영연구소장 · 기획연구처장
한국인정원 이사 · 인정운영위원회 위원장
한국생산관리학회 · 한국품질경영학회장
한국표준협회 지식경제부 국가품질상 심사위원(現)
기술표준원 서비스품질 인증제도 전문위원장(現)

강의 내역

품질경영, 품질전략, 기업문화, 사회적 책임경영, 지속가능경영

주요 출강처

삼성전자, 한화탈레스, KT, 현대백화점, 한국표준협회 등

저 서

기업문화와 품질경영(한국표준협회,'93)
한국기업의 세계화전략 사례연구(신원출판,'96)
오리알 사람들(공저)(석정,'98)
새 경영과 수학 - 의사결정을 중심으로(시그마프레스,'09)

나 문 성 (羅文成)

큐이에스에이치(QESH)솔루션 대표이사

Mobile	010 3249 0175
E-Mail	jabasrir@nate.com
Homepage	

학 력

한밭대학교 산업경영공학과 석사 수료('03)
한국방송통신대학교 경영대학원 경영학 석사('20)
공주대학교 산업공학과 박사 수료('22)

전문 분야

스마트 공장 제조혁신 및 DX, R&D 기획
공장 합리화 및 품질 혁신 전략, Six-sigma 구축
기술경영 컨설팅, ISO 구축 컨설팅

경 력 / 자 격

(주)미래코리아 품질/경영/혁신부('10~'20)
(주)산영경영컨설팅 NCS, 공장혁신 컨설팅('17~'19)
페타과학기술인협동조합 컨설팅, 기술교육('19~現)
(주)알루본 공장장('21~'22), (주)네모아이씨지 컨설팅('22~現)
(주)싸이텍 기술이사('23~現)
(주)에이치엔솔루션 대표이사('25~現)

강의 내역

ISO 9001, 14001, 45001, 13485, 22000, 37001, 37301
42001, 50001, 227716, ESG 인증 강의
생산관리/품질경영/스마트 제조혁신 강의
기업 제조 현장 합리화 강의
6시그마, FMEA, 통계적 공정관리, 실험계획법 강의

주요 출강처

인천항만공사, 원하이텍, 위드텍, 알루코, 브이테크놀러지
삼진정밀, 디에스이트레이드, 금성이엔씨, 엑시콘, 와이씨
미래나노텍, 바이오니아, 한국표준협회, 중소벤처기업부
한국산업인력공단, 창업진흥원, 충남테크노파크, 인천대학교
한밭대학교

저 서

N잡시대 ISO 답이다(KCEC,'25)

민 홍 기 (閔泓基)

미국 신학대학교 교수

Mobile	010-3723-0722
E-Mail	eldermhk@korea.com
Homepage	

학 력

인하대학교 공과대학 정밀기계공학과 졸업('73)
대전대학교 대학원 경영학과(생산관리 전공) 경영학 석사('91)
대전대학교 대학원 경영학과(생산관리 전공) 경영학 박사('98)

전문 분야

구매관리, 자재관리, 생산관리, 내부감사

경 력 / 자 격

대한항공 항공계기공장검사('73~'77)
대우중공업 구매부 과장 · 자재관리부 차장('77~'85)
대영전자공업 공장장 · 기획실장('85~'96)
고려대학교 시창작 과정 수료('11)
한국생산성본부 지도교수, 한국구매자재관리협회 전문위원

강의 내역

구매관리, 자재관리, 과학적 자재 재고관리, 재고 삭감방법
경영진단, 내부감사, 협력업체 관리

주요 출강처

한국생산성본부, 한국구매자재관리협회, 한국상장사협의회 등

저 서

박 진 영 (朴眞永)

서비스전략경영연구소 소장

Mobile	010-5331-7242
E-Mail	pjy7242@naver.com
Homepage	

학 력

인하대학교 대학원 경영학 박사('02)

전문 분야

서비스경영, 품질경영, 경영전략, 품질전략, 기술경영
창업전략, 생산전략, 원가전략, CSR, 기업 가치평가
기술 가치평가, 스마트공장 구축사업

경 력 / 자 격

대우전자 구매팀 근무, 한국표준협회 수석전문위원
한국경영기술지도사회 이사 · 서비스품질센터장
중소기업청, 산업통상자원부, 보건복지부 R&D 기술평가위원
산업통산자원부 민관합동 스마트공장추진단 기술위원
중소벤처중소기업부 · 스마트제조혁신추진단 기술위원
품질관리기술사, 기술평가사/기술경영사, 경영지도사, 데이터거래사

강의 내역

원가관리, 생산관리, 구매관리, 자재 · 재고관리, 작업관리
TPM · 설비관리, 6시그마경영, 품질관리, 분임조 및 제안제도
기술경영, R&D, 제품개발, 성과측정 및 평가
서비스 · 제조 품질비용 측정과 관리
IT · TPS, 표준시간, 스마트공장 또는 제조기술

주요 출강처

한국표준협회, 인천인력개발원, 한국품질재단, 한국생산성본부
한국경영기술지도사회, 중소기업연수원, 청년창업사관학교
충남대학교, 인하대학교, 한신대학교, 선문대학교 등

저 서

서비스 품질비용 측정과 관리(서비스전략경영연구소,'10)
스마트제조기술의 이해(한경사,'20)
스마트 생산관리(한경사,'22)
서비스경영(청람,'23), 스마트 서비스운영관리(한경사,'23)

신 용 백 (辛容伯)

아주대학교 산업공학과 명예교수
한국기술사회 한림원 · 부원장

Mobile	010-5282-2649
E-Mail	ybshin2645@daum.net
Homepage	ybshin2645.tistory.com

학 력

연세대학교 공과대학 화학공학과 졸업(`64)
한양대학교 대학원 산업공학과(QC전공) · 공학박사(`87)

전문 분야

생산관리, 품질경영, 원가관리, 조직개발

경 력 / 자 격

삼영화학공업 기획관리실장 · 공장장 · 상무이사(`65~`71)
한국생산성본부 경영개발전문위원/IE 수석전문위원(`71~`76)
아주대 산업공학과 교수 · 학과장 · 공학대학원장(`76~`07)
공장관리기술사, 중소기업기술지도사, 국제기술사(산업공학)
상공부/산업통상자원부 KS심의위원 · 공업발전위원
한국품질관리학회 부회장 · 한국생산성학회 회장

강의 내역

공장 간부를 위한 공장운영관리 전문교육
새 시대에 훌륭한 직업인의 사명과 역할
세계 속의 한국 제조기업 현황과 경영관리자의 역할
기업경영과 생산성 향상방안, 새 시대의 생산성 향상 전략
품질의 본질과 효과적 TQM 추진의 키포인트

주요 출강처

아주대학교 공학대학원 최고경영자과정
수원 · 부천 · 안양 · 안성상공회의소 등

저 서

원가와 원가관리(한국경제신문사,`88)
실무 공장운영관리(안성상공회의소,`13)
생산운영관리 이론과 실무-개정4판(범한,`16)
기술사의 담론/기술의 뿌리와 미래(한국기술사회,`24)

윤 덕 균 (尹德均)

한양대학교 산업공학과 명예교수

Mobile	010-3751-6748
E-Mail	ydkshs@hanyang.ac.kr
Homepage	

학 력

서울대학교 공과대학 화학공학과 졸업('72)
한국과학기술원(KAIST) 산업공학과 공학 석사('75)
한국과학기술원(KAIST) 산업공학과 공학 박사('82)

전문 분야

글로벌산업 메가트렌드, 품질경영, 생산성, TPM, TOC

경 력 / 자 격

미국 버클리대학 교환교수, 중국 천진이공대학 객좌교수
한양대학교 공학대학원장, 한국과학기술연구원 책임연구원
한국종합화학 충주공장 기술계획과장, 한국경영공학회 회장
한국능률협회 경영위원, 한국고객만족학회 이사
한국TOC협회 회장, 전국경제인연합회 국제경영연구원 지도교수

강의 내역

대한민국 희망 프로젝트를 말한다, 글로벌산업 메가트렌드
21세기 산업예측과 유망산업 전망
경영환경 변화와 경영혁신
실천이 만법을 초월한다, 품질경영과 고객만족
생산성 혁신 365일, 6시그마 경영혁신
리더십이 아니라 링커십이다

주요 출강처

한양대학교 AMP과정, 중앙대학교 AMP과정, 이화여자대학교
국가공무원교육원, 안양 · 평택 · 서울상공회의소

저 서

경영혁신 365일(웅진,'93)
초우량기업의 성공이야기(민영사,'96), 생산관리(민영사,'01)
초우량기업의 경영혁신 200년(민영사,'06)
포스트 삼성 대한민국 미래를 예측한다(매일경제신문,'15) 등

윤 판 중 (尹判重)

한국품질경영연구소 대표컨설턴트

Mobile	010-5273-9005
E-Mail	ypj815@naver.com
Homepage	blog.daum.net/ypj815

학 력

전북대학교 화학공학과 졸업('73)
건국대학교 산업대학원 산업공학 석사('90)

전문 분야

변화관리, 생산혁신, 품질혁신

경 력 / 자 격

동명목재(주) 제조업체 근무('75~'81)
한국표준협회 품질경영 전문위원('81~'86)
한국품질재, 중소기업연수원 품질경영 강사
한국품질재단, 한국품질보증원 품질경영 강사 및 심사원
SGS인증원 전임강사 및 심사원(IATF16949)

강의 내역

현장개선 활동 실무, 현장로스 개선 활동
신제품 개발을 위한 코어툴
AIAG-VDA FMEA를 포함한 코어툴 활용과정
FMEA를 중심으로 한 제로 디펙트 전략, 품질보증체계 혁신
품질코스트 도입 · 운영, 효과적 성과관리, 전략적 방침관리
품질비용 관리체제, 검사 · 품질보증, 품질 개선활동

주요 출강처

중소기업연수원, 한국표준협회, 한국품질재단 등

저 서

중요한 것은 고객만족이다(갑진출판사,'92)

이 광 식 (李光植)

(주)케이알경영자문 대표

Mobile	010-5381-9061
E-Mail	helpcs@naver.com
Homepage	

학 력

서울대학교 화학공학과 졸업('79)
전남대학교 대학원 전자상거래학 석사(경영학)
전남대학교 대학원 전자상거래학 박사(경영학)

전문 분야

소비자중심 경영, 온오프 마케팅
ISO 선임심사원 (9001, 14001, 22000, 45001)
싱글PPM, 품질혁신, 생산성 혁신

경 력 / 자 격

(주)뉴코텍전자 사장, (주)태방파텍 연구소장 · 전무
중국 하이얼전자 고객본부 기획총감
삼성전자 CS경영센터, CJ제일제당, 삼성경제연구소 AI컨설턴트
ISO 선임심사원 (9001, 14001, 22000, 45001), 화공기사1급
한국경제인협회 중소기업협력센터 자문위원(現)

강의 내역

창업 전략 (사업전략, 비즈니스 모델링, 사업계획서 작성)
소비자중심경영(CCM), 싱글PPM 품질혁신, 생산성 혁신

주요 출강처

영풍, 한국기술교육대학교, 기술벤처협회, 텔레퍼포먼스, 삼성그룹
인천테크노파크, 대전테크노파크, 삼성그룹, 카이스트, 한국소비자원

저 서

이 상 영 (李相英)

ESG경영실천연구소 대표

Mobile	010-2945-2300
E-Mail	costmanlsy@naver.com
Homepage	

학 력

서울과학기술대학교 산업경영학과 졸업('01)
호서대학교 글로벌창업대학원 졸업 경영학 석사('15)
호서대학교 벤처대학원 졸업 경영학 박사('18)

전문 분야

생산현장관리, ESG경영, 산업안전보건, 문제해결기법
리더십, 법정교육

경 력 / 자 격

경영지도사('01), 기술지도사('02)
화남인더스트리 경영총괄 부사장('12~'21)
서울과학기술대학교 미래융합대학 외래강사('17~'21)
서울과학기술대학교 벤처경영학과 초빙교수('21~'22)
화남인더스트리 경영총괄 사장('23~'25)
ESG전문가-KPC('25), ESG공급망평가관리사('25)-한국표준협회

강의 주제

리더십, 중소기업인재상, 생산현장관리 실무
생산현장 품질관리 실무, 생산현장 개선
현장품질관리 실무, 팀 활동과 문제해결기법

주요 출강처

서울과학기술대학교, 대한상공회의소 경기인력개발원
파주상공회의소

저 서

장 대 성 (張大星)

경기대학교 경영학부 교수

Moblle	010-3375-9955
E-Mail	dschang28@hanmail.net
Homepage	

학 력

한국외국어대학교 법과대학 법학과 졸업('78)
미국 University of Nebraska-Lincoln 경영학 석사('87)
미국 University of Nebraska-Lincoln 경영학 박사('92)

전문 분야

생산관리, 경영전략, 서비스품질

경 력 / 자 격

증권예탁결제원('78~'80), 극동건설('81~'83)
경기대학교 대학원장('05) · 교학처장('06)
대한경영학회장('06), 건설교통부 항공교통위원회 위원
광운대학교 대학평의회 평의원, 강릉영동대학 법인 이사

강의 내역

역사와 경영, 서비스 품질경영
Lean Enterprise와 Toyota Production Systems

주요 출강처

한국전력공사, 농수산식품부연수원, 한국표준협회 등

저 서

IMF시대의 신 경영문화(범아출판사,'98)
Lean Enterprise 실행로드맵(표준협회 컨설팅,'05)
창업과 경영(경기대학교 출판부,'06)

형 준 희 (邢俊熙)

KT 경제경영연구소 Biz유통연구팀

Mobile	010-7300-9436
E-Mail	moviejun@gmail.com
Homepage	blog.naver.com/moviejun

학 력

중앙대학교 국문학 · 일문학과 복수전공 졸업('03)

전문 분야

TPS(도요타 생산방식), TRIZ, 문제해결 방법론
신사업 방법론(BM)

경 력 / 자 격

삼성경제연구소 글로벌, 지식경영실 근무('04~'07)
한국능률협회컨설팅 GBC, 기술경영센터 근무('08~'11)
SERI 오픈이노베이션 포럼 운영진
비즈니스모델 연구회 회원, 한국경영공학회 회원
한국트리즈협회 회원, 한일트리즈 교류회 총무
한국퍼실리테이터협회 정회원(Certificated Facilitator)

강의 내역

신사업 방법론(비즈니스 모델 고도화)
도요타 생산방식(현장개선)
TRIZ 기초강의, 아이디어 발상법, 문제해결 방법론
퍼실리테이션 방법(문제해결, 성과창출, 비즈니스모델 도출)

주요 출강처

삼성전자, 제일모직, 현대모비스, GM대우자동차, 한라공조
무림페이퍼, BC카드, KT텔레캅, KT그룹, MCA 등

저 서

TRIZ, 아이디어 레시피(옮김)(KMAC,'10)

황 농 문 (黃農文)

서울대학교 재료공학부 교수

Mobile	010-9856-8922
E-Mail	nmhwang@snu.ac.kr
Homepage	molip-academy.com

학 력

서울대학교 금속공학과 졸업(`81)
카이스트 대학원 재료공학 석사(`83)
카이스트 대학원 재료공학 박사(`86)

전문 분야

창의성, 몰입, 두뇌개발, 행복경영, 영재교육, 창의성

경 력 / 자 격

한국표준과학연구원 선임 및 책임연구원
미국 국립표준기술원 객원연구원
일본 금속재료연구소 객원연구원

강의 내역

인생을 바꾸는 자기혁명, 몰입에 의한 창조경영
몰입에 의한 문제해결, 몰입과 창의성, 몰입과 기업경영

주요 출강처

삼성전자, SK그룹, 한라그룹, DB그룹, IBK연금보험, 오뚜기
한미글로벌, 한국전파진흥협회, 포항공대, 인하대, 한솔
한국전력기술, 마이다스아이티, 연세대, 서울대, 전자통신연구소
대전교육연수원, 명지대학교 등

저 서

나는 어떻게 죽을 것인가(공저)(21세기북스,`15)
우리는 무엇으로 행복해지나(공저)(프런티어,`16)
이제 한국형 경영이다(공저)(WeeklyBIZbooks,`17)
창의혁명(공저)(코리아닷컴,`18), 몰입영어(위즈덤하우스,`18)
슬로싱킹(위즈덤하우스,`20)

마케팅 · 홍보

고 정 연 (高靜娟)

서비스플러스컨설팅 대표
(주)서비스엑설런스연구소 부원장

Mobile	010-2447-7267
E-Mail	svcplus@naver.com
Homepage	www.svcplus.co.kr

학 력

경기대학교 서비스경영대학원 서비스 경영학 석사('15)
삼육대학교 일반대학원 경영학과 박사과정 中

전문 분야

서비스경영 컨설팅, 고객경험관리 컨설팅

경 력 / 자 격

대한항공 객실승무원
STA 스튜디어스 교육기관 부원장
(주)BNB25 호텔사업본부 사내강사
삼육대학교 경영학과 겸임교수('24~現)

강의 내역

서비스경영, 서비스품질, 서비스KS인증, 고객경험 디자인
디자인씽킹, 고객심리학, 감정힐링 과정, 접점서비스과정
갈등관리 및 클레임 관리, 서비스 매뉴얼 개발, 서비스 모니터링
서비스 코칭, 진료면담 컨설팅 관련 컨설턴트 양성과정

주요 출강처

금호리조트, 충남대학교병원, 아주대학교병원, 롯데시네마
전남대학교병원, LG전자 CIC, 부민병원, 대한체육회, 예다함
오크우드호텔, 건강보험공단 일산병원 등

저 서

서비스 KS인증실무(정독,'25)

구 자 룡 (具滋龍)

(주)밸류바인 대표컨설턴트

Mobile	010-4146-7841
E-Mail	koo@valuevine.kr
Homepage	www.valuevine.kr

학 력

상명대학교 대학원 경영학과(마케팅 전공) 경영학 박사('03)

전문 분야

데이터 리터러시, 데이터 분석, 챗GPT 활용 데이터 분석
마케팅 리서치, 마켓센싱과 통찰력, 고객니즈 분석
마케팅 전략, 브랜드 전략, 챗GPT 활용 퍼스널 브랜딩

경 력 / 자 격

한국능률협회 상임교수 · 전문위원('94~'99)
Carlson Marketing Group Korea 마케팅전략실장('02~'03)
상명대학교 경영학부 겸임교수('04~'08)
서울특별시청 서울브랜드위원회 위원('16~'20)
정보처리기사1급, 빅데이터전문가1급

강의 내역

AI 활용 데이터 분석, 데이터 리터러시 역량 강화
데이터 기반 문제해결, 데이터 기반 의사결정
고객 니즈 분석, 디지털 마케팅 전략
AI 활용 퍼스널 브랜딩

주요 출강처

삼성전자, 삼성디스플레이, 삼성SDS, SK플래닛, SK C&C
삼양식품, 대상, 국민연금공단, 한국수자원공사, 코스콤, 농협
IBK기업은행, BNK금융그룹, DGB금융그룹, 국가공무원인재개발원
서울인재개발원, 농식품공무원교육원, 동국대학교, 광주과학기술원
경북대학교, 한국금융연수원, 한국생산성본부, 패스트캠퍼스 등

저 서

지금 당장 마케팅 공부하라 개정판(한빛비즈,`19)
AI 데이터 분석(커뮤니케이션북스,`24)
데이터 마인드 기르는 습관(좋은습관연구소,`24)
AI 퍼스널 브랜딩(커뮤니케이션북스,`25)
챗GPT로 시작하는 데이터 리터러시(마들렌북,`25)

김 용 태 (金容台)

김용태마케팅연구소 대표 · 소장
에듀파인더코리아 대표이사

Mobile	010-3546-4044
E-Mail	siast@mkyt.com
Homepage	www.mkyt.com

학 력

서울대학교 인문대 국문학과 졸업('82)
서울대학교 대학원(마케팅 전공) 경영학 석사('88)

전문 분야

마케팅, 광고홍보, 변화경영

경 력 / 자 격

금성통신 시판영업('82~'83), 오리콤 기획부장('83~'92)
누리기획 마케팅전략연구소장('92~'96)
시아콤 대표이사('96~'02)
이코노미스트 '김용태의 컨버전스 특강' 컬럼 연재('04~'05)
한국경제TV '김용태의 마케팅이야기' 출연('05)

강의 내역

전략마케팅 과정, 마이티파인더를 통한 나의 발견
변화와 이노베이션, 마케팅MBA 과정 - 컨버전스 마케팅
마케팅 클리닉, 심리유형 검사, 에듀파인더
마케팅 뉴 트렌드

주요 출강처

삼성생명, 월드비전, 청정원, SK네트웍스, 삼성그룹, 코오롱아이넷
한국주택공사 등

저 서

트로이의 목마를 불태워라(정글커뮤니케이션즈,'04)
마케팅은 마술이다(정민미디어,'06)
부모여 미래로 이동하라(랜덤하우스,'07)
VIP마케팅(북리슨,'09), 마케팅 컨버전스(연암사,'10)
야해야 청춘(위즈덤하우스,'14)

김 태 욱 (金泰郁)

(주)스토리엔 대표

Mobile	010-3030-2023
E-Mail	PRman@kakao.com
Homepage	www.pr0bang.com

학 력 성균관대학교 영문학과 졸업('92) 서울시립대학교 경영대학원 경영학과 졸업('04)	**전문 분야** PR, 소셜마케팅, 보도자료, 언론홍보, 스토리텔링
경 력 / 자 격 ADT캡스 홍보팀장, 메타커뮤니케이션즈 부사장 오리온 홍보팀장, 아이피알리턴컴 부사장	**강의 내역** 홍보 기획 및 언론홍보, 보도자료 작성 브랜드 스토리텔링 전략, 퍼스널 스토리텔링 전략 브랜드스토리 마케팅 과정 (브랜드 스토리 중심의 브랜드 커뮤니케이션) 퍼스널 스토리텔링 전략, 소셜 스토리텔링과 콘텐츠 전략 PR전문가 과정(PR의 개념, 언론홍보, 위기관리 등)
주요 출강처 환경부, 법무부, 문체부, 통일부, 한수원, 코트라, 아르떼, SKT 한국생산성본부, 한국능률협회컨설팅, 현대백화점, GS홈쇼핑 한국타이어, 삼양사, 신한은행, 서울 · 부산 · 경기도 인재개발원 등	**저 서** 똑똑한 홍보팀을 만드는 실전홍보세미나(커뮤니케이션북스,'15) 정책홍보 보도자료 작성실무(커뮤니케이션북스,'20) AI로 PR하기(커뮤니케이션북스,'24) 생성형 AI와 온라인 PR(커뮤니케이션북스,'25)

노 진 경 (盧鎭敬)

디즈비즈북스 · 메타버스 교육센터 대표

Mobile	010-3704-8532
E-Mail	luckyamc@naver.com
Homepage	cafe.naver.com/dizbizbooks

학 력

건국대학교 무역학과 졸업('91)
인하대학교 MBA 졸업
건국대학교 대학원 경영학(마케팅 전공) 박사

전문 분야

영업상담 및 전략, PBI를 활용한 과학적 영업과 데이터 분석
영업협상, 영업프로세스개발, 게더타운 사용법
스마트워크를 위한 디지털도구 사용법, 전자책 만들기

경 력 / 자 격

한국카네기연구소, 경인카네기연구소 소장
서경대학교 강사, 한국생산성본부 교수, 한국HRD센터 교수
조세일보 칼럼리스트

강의 내역

영업제안서 작성 및 프레젠테이션
영업전략 기획과 전술 스킬, 영업상담
Power BI를 활용한 영업 데이터분석 및 과학적 영업
영업협상, 회의스킬, 4차 산업혁명시대 영업마케팅의 방향
전자책 만들기

주요 출강처

한국생산성본부, 한국표준협회, 삼성코닝정밀, 삼성하우젠
한국야쿠르트, 포스코ICT, 삼성테크, 동원그룹, ABM, 제주대학교
한국HRD교육센터

저 서

유능한 리더의 회의운영 노하우(이담북스,`10)
영업혁명, 영업 커뮤니케이션, 영업-전략으로 승부하라('11)
B2C 영업시리즈 1~3(이담,`12)
영업협상-이렇게 준비하고 끝내라(이담북스,`14)
영업사원이 묻고 세일즈마스터가 답하다(이담,`18)

문 성 식 (文聖植)

(주)인키움넷 대표이사
창업창직교육협회 이사장

Mobile	010-3728-7134
E-Mail	ssmoon777@gmail.com
Homepage	blog.naver.com/ssmoon777

학 력

전북대학교 토목공학과 졸업('84)
호서대학교 글로벌창업대학원 창업학과 졸업('15)
호서대학교 벤처대학원 정보경영학과 졸업('18)

전문 분야

마케팅, 소셜미디어, 프레젠테이션, 창업, 창직, 취업, 생애설계

경 력 / 자 격

삼보컴퓨터 국내사업본부 지방총괄(이사)('89~'06)
이글루코퍼레이션 통합보안사업 본부장(상무)('07~'10)
한국열린사이버대 창업경영컨설팅학과 특임교수('15~'19)
명지대학교 방목기초교육대학 겸임교수('20~現)
한국능률협회 교수('21~現), 공무원연금공단 교수('22~現)

강의 내역

홍보마케팅 전략, 소셜미디어, 프레젠테이션 스킬
창업(사업계획서, 상권분석과 입지선정, 기업가정신, 브랜딩)
보도자료 작성법, 세일즈, N잡러 컨설팅

주요 출강처

명지대학교, 공무원연금공단, 중소기업중앙회, 한국능률협회
한국표준협회, 한국수력원자력, 대한적십자사, 한국산업은행
롯데면세점, 제이엠커리어, 서울시인재개발원, 기업은행, KT
한전KDN, 한국항공우주산업 등

저 서

창업과 창직(브레인플랫폼,'20)
팔도강산사고팔고(브레인플랫폼,'22)
N잡러 컨설턴트 교과서(브레인플랫폼,'22)
성공N잡러의 N잡러컨설팅(잠재지능교육,'22)
미래유망 일자리전망(브레인플랫폼,'23)

문 충 태 (文忠泰)

공감커뮤니케이션 · 마케팅액션연구원 대표

Mobile	010-8783-9107
E-Mail	mct21@hanmail.net
Homepage	

학 력

연세대학교 경영대학원 경영학 석사('05)

인하대학교 대학원 경영학 박사('08)

전문 분야

감성 마케팅, 졸도 서비스, 공감 커뮤니케이션

경 력 / 자 격

KDB생명 근무

인하대학교, 강남대학교, 장안대학교 근무

강의 내역

리더의 역할과 갈등 관리, 리크루팅 성공전략

스토리텔링 세일즈 기법, 내 인생의 기적의 습관

비즈니스 상담스킬(공감설득의 비밀)

주요 출강처

삼성전자, 국민은행, 삼성생명보험, 아모레퍼시픽 등

저 서

고객졸도 서비스(중앙경제평론사,`10)

소통으로 고객과 친구가 돼라(중앙경제평론사,`12)

나를 소개하는 3초 전략(중앙경제평론사,`17)

공감하면 사람은 90%가 바뀐다(중앙경제평론사,`18)

어떻게 말해야 설득할 수 있을까?(중앙경제평론사,`19)

문 흥 주 (文興柱)

SMART HR연구소 대표컨설턴트
한국표준협회 경영/리더십부문 수석위원

Mobile	010-4692-5351
E-Mail	ululu71@naver.com
Homepage	blog.naver.com/ululu71

학 력

연세대학교 경제학과 졸업('96)
호주 The University of SYDNEY 경영학 석사('05)

전문 분야

B2B영업, 기획력, 비즈니스 문서, 리더십, 팔로워십
프레젠테이션, 사내강사, 자기주도 생애설계, 대인관계 향상
커뮤니케이션 스킬

경 력 / 자 격

뉴코아 인사교육팀 근무('96~'02)
에듀박스 HRD사업부 팀장('05~'09)
셀 경영교육 컨설팅 교육기획총괄 부대표, 전임강사('10~'15)

강의 내역

성과관리리더십, 동기부여와 팀 활성화 리더십
조직성과와 리더십을 빛내는 스타 팔로워십
MZ세대를 리드하는 팀장리더십
바쁜 상사도 사로잡는 보고서 작성의 핵심
4-Step B2B영업 역량강화 교육, 사내강사 양성과정
Bravo my life 자기주도적 생애설계

주요 출강처

서울시인재개발원, 서울시교육청, 고려대, 서울과학기술대
한국가스공사, 포스코케미칼, 한전원자력연료, 영인그룹
인베니아, 현대백화점, 앰배서더호텔, KCC, 아트라스콥코
히타치하이테크놀로지, 볼보코리아, SECO그룹, 에스티아이
삼성전자서비스, 보령제약, GS ITM, 한국동서발전 등

저 서

전문강사자격 ICPI 취득하기(인키움,'20)

배 이 만 (裵利萬)

(주)한국마케팅유통컨설팅 대표
(주)한국유통연구소 소장

Mobile	010-5201-0006
E-Mail	imanee@naver.com
Homepage	www.ikmrc.org

학 력

한국외국어대학교 무역학과 졸업('91)
한국외국어대학교 대학원 마케팅 석사('93)
경희대학교 대학원 마케팅 박사('04)

전문 분야

Management & Business, Visioning
New Business Strategy, Real Change Management
Retail Change Management, Trading Area Analysis

경 력 / 자 격

한국능률협회컨설팅 시니어컨설턴트
한국유통연구소 선임연구위원
농협중앙회 자문교수, 정보통신진흥원 평가위원
경희대학교 공공대학원 객원교수(現)
배재대학교 컨설팅대학원 겸임교수(現)
경희대학교 공공대학원 최고경영자(CEO)과정 주임교수(現)

강의 내역

유통관리사 2, 3급 양성(가산점)
신사업 개발전략 및 사업타당성 분석
시장조사, 기업 및 제품 마케팅 전략 수립
유통채널 전략 수립, 영업력 강화

주요 출강처

매일경제 교육센터, 농협중앙회, 롯데연수원, 한국타이어
경희대학교, 배재대학교, 국립목포대학교, 산림조합중앙회
LG전자, 국립해양대학교, 사람인, KT, 대한통운, CJ, 하나로유통
롯데칠성음료, 장수군청 등

저 서

백 진 호 (白鎭浩)

B2B세일즈컨설팅 대표컨설턴트

Mobile	010-6234-4032
E-Mail	b2bsales@naver.com
Homepage	blog.naver.com/b2bsales

학 력

한양대학교 산업공학과 졸업
한양대학교 대학원 산업공학과 졸업

전문 분야

B2B 세일즈, 법인고객, 수주, 프로젝트, 제안, 기술영업

경 력 / 자 격

한국휴렛팩커드 세일즈마케팅 과장
NDS 영업대표
대우중공업 엔지니어
엑스퍼트컨설팅 전임강사, Achieve Global 세일즈 트레이너
A.S.K.솔루션즈 영업 이사, Cisco Systems 세일즈 트레이너

강의 내역

B2B 영업 전략, B2B 수주 영업 프로세스 전략
B2B 마케팅 전략, B2B 영업 협상, B2B 세일즈 상담
B2B 신규 고객 개발, B2B 제안서 작성
B2B 세일즈 프레젠테이션

주요 출강처

삼성SDS, LG전자, SK C&C, 롯데정보통신, 현대오토에버
GS리테일, 세아제강, KCC, KT, 효성, 한화테크윈, 교보생명
아모레퍼시픽, LS산전, 대우건설, CJ프레시웨이, 현대중공업
포스코, 대림산업, 대성산업, 풀무원, 한진, 세방, 동아제약
퍼시스, 다우기술, 동국제강, SK텔레콤, 삼성물산 등

저 서

서 찬 주 (徐贊柱)

숙명여자대학교 경영학과 교수

Mobile	010-5446-4334
E-Mail	cjsuh@sm.ac.kr
Homepage	

학 력

서강대학교 경영학과 졸업('83)
미국 University of Wisconsin(마케팅 전공) 경영학 석사('87)
미국 University of Syracuse(마케팅 전공) 경영학 박사('96)

전문 분야

마케팅전략, 가격전략, 소비자행동, 병원마케팅, 고객만족 서비스

경 력 / 자 격

한국개발연구원(KDI) 연구원('83~'84)
제일기획 마케팅 연구소 국장('96~'00)
한국전략마케팅학회 부회장(現)
한국마케팅학회 상임이사 · 편집위원(現)
한국광고학회 마케팅부문 편집위원장(現)
전국경제인연합회 국제경영원(IMI) 자문교수(現)

강의 내역

실무자를 위한 가격전략, 소비자 행동과 마케팅 전략
경영자를 위한 마케팅 관리(in English)
International Marketing Management(in English)

주요 출강처

LG전자, SK그룹, STX, 삼성화재, 쌍용자동차, 삼성건설
전경련, CJ

저 서

사이버마케팅 도구로서의 인터넷 광고(공저)(광고학회,'03)
자본주의의 매혹(휴먼앤북스,'06)

소 성 민 (蘇成玟)

샘소북스 대표
아시아경제신문 고문

Mobile	010-2693-9336
E-Mail	smso21@naver.com
Homepage	

학 력

서울대학교 독어독문학과 졸업('88)
서울대학교 대학원 독문학 전공('90)

전문 분야

PR, 미디어 위기관리, 방송 프로그램 제작, 한류 콘텐츠

경 력 / 자 격

메타컴, 한얼소프트, 유미디어 임원('00~'05)
대통령 직속 정부혁신위원회 자문위원('01~'02)
솔로몬금융그룹 홍보임원('05~'12)
메타커뮤니케이션즈 부사장 · 소노픽처스 공동대표('13~'14)
비키코리아 대표이사('15~'16)
한국블록체인뉴스 총괄이사('19~'21)

강의 내역

미디어 위기관리(매스미디어, 소셜미디어 등)
언론인 관계관리 및 유형 분석
미디어 트레이닝
영상(방송프로, 홍보영상 포함) 활용 PR & 마케팅

주요 출강처

LG인화원, 한국생산성본부, 포스코, 디엠씨, 삼우이엔씨 등

저 서

한국형 위기관리 커뮤니케이션(샘소북스,'22)
김추자에서 BTS까지 여로에서 우영우까지(샘소북스,'22)

손 영 화 (孫英華)

계명대학교 심리학과 교수

Mobile	010-6456-8981
E-Mail	syh8981@korea.com
Homepage	

학 력

성균관대학교 산업심리학과 졸업('87)
성균관대학교 대학원 심리학 석사('89)
성균관대학교 대학원 심리학 박사('04)

전문 분야

고객심리, 소비자심리, 고객만족, 리더십, 역량측정, 역량평가

경 력 / 자 격

한국소비자광고심리학회 학회장 · 선임이사
한국소비자학회 상임이사

강의 내역

조직 내 인간관계, 인적네트워킹 활성화 방안
역량평가 및 사내 커뮤니케이션 활성화
역량평가에 대한 이해 및 역량평가 방법
마케팅리서치 방법론, 소비자심리와 광고, 심리학 특강
신제품 개발전략, 행사기획

주요 출강처

대구공무원교육, 대구통계청, 대구지방경찰청, 광동제약
한국방송공사, 오뚜기, 태평양화학, LG인화원 등

저 서

송 용 준 (宋龍準)

세일즈대학 대표 컨설턴트

Mobile	010-5397-3230
E-Mail	cperst@hanmail.net
Homepage	salescollege.co.kr

학 력

경희대학교 경영학과 졸업('89)

전문 분야

영업분야 혁신, 영업매뉴얼, 매출액 극대화, 세일즈마스터 표준모델

경 력 / 자 격

유한킴벌리 근무
퍼스트컨설팅 대표(세일즈분야 강의경력 25年)
재단법인 보은장학회 이사

강의 내역

세일즈마스터 프로젝트, 영업혁신의 비결
영업활동 표준모델
선진국형 영업교육, 영업부문 사내강사 양성과정
세일즈 최고 경영자 과정, 세일즈마스터 양성과정 프로젝트
중요한 건 결과다

주요 출강처

삼성, 현대, SK, 필립모리스, ING생명, 국순당, 남양유업
광주은행, 국민은행, 기업은행 등

저 서

영업활동 표준 매뉴얼(현대미디어,`91)
방문판매 이렇게(현대미디어,`92)
입장바꿔 생각해봐(무한,`95)
영업력향상의 원칙(세일즈대학,`16)
625점짜리 영업습관(세일즈대학,`16)

신 호 창 (申昊昌)

서강대학교 지식융합미디어대학 명예교수

Mobile	010-5317-3525
E-Mail	hochang@sogang.ac.kr
Homepage	

학 력
서강대학교 정치외교학과 졸업('83)
미국 University or Kentucky 커뮤니케이션학 석사('86)
미국 Ohio University PR 전공 언론학 박사('89)

전문 분야
HR내부커뮤니케이션, 정책PR, 전략적 커뮤니케이션
MPR(마케팅PR), 공공외교

경 력 / 자 격
전북대학교 신문방송학과 조교수, 부교수('90~'98)
이화여자대학교 언론홍보영상학부 부교수('98~'02)
서강대학교 지식융합미디어대학 교수('02~'24)
한국PR학회 회장, 한국공공외교학회 회장
ICA PR Division Vice Chair & Chair
전국경제인연합회, 국방부, 삼성그룹, 포스코, 한미글로벌 자문

강의 내역
인사혁신 및 기업가치 내재화를 위한 내부 커뮤니케이션
마케팅PR, 전략적 사회공헌 활동, 명성관리, 위기관리
전략적 커뮤니케이션, 정책PR, 공공외교전략

주요 출강처
한국PR협회, 삼성그룹, SK그룹, 포스코, 정부부처, 공공기관

저 서
마케팅 PR전략과 사례(커뮤니케이션북스,'14)
전략적 커뮤니케이션(커뮤니케이션북스,'15)
공중관계 핸드북: Public Relations 바로보기(공저)(컴북스,'17)
블랙스완시대의 PR(공저)(한울,'23)
ESG시대의 지속가능경영: 기업시민(공저)(플랜비디자인,'23)

이 강 윤

한국사회여론연구소 소장

Mobile	010-3898-3577
E-Mail	lkypraha@naver.com
Homepage	

학 력

연세대학교 사학과 졸업('85)
연세대학교 대학원 사학과 졸업('88)

전문 분야

홍보, 커뮤니케이션, 위기관리, 언론대응, 보고서 작성

경 력 / 자 격

중앙일보, 동아일보, 문화일보 기자/부장(사회부장)('88~'04)
산업통상자원부 홍보기획담당관(대변인)('05~'08)
한국에너지기술평가원 대외협력실장('09~'11)
KBS, Jtbc, YTN, MBN 등 뉴스 해설/패널('12~現)
국민TV 보도이사 겸 '이강윤의 오늘' 앵커('14~'19)
여론조사기관 한국사회여론연구소 소장('20~'23)

강의 내역

위기관리 및 언론대응
홍보기획 및 대외협력
커뮤니케이션 및 보고서작성

주요 출강처

기업체, 공공기관 등

저 서

영화 속 세상읽기(책이있는마을,'00)
세월호 1년, 멈춰버린 시간: 앵커석에서 지켜본 세월호 1년(오래된생각,'15)

이 동 호 (李東浩) (주)SOL 대표	Mobile	010-2278-7636
	E-Mail	dhl205@hanmail.net
	Homepage	www.hrd.ac

학 력

연세대학교 법과대학 법학과 졸업
연세대학교 교육대학원(인적자원개발 전공) 석사

전문 분야

업무(영업)현상 혁신 컨설팅, 교육프로그램 개발

경 력 / 자 격

동화홀딩스 인사기획팀 · 영업기획팀 근무
어치브코리아 영업교육팀장
한국능률협회컨설팅 치프 컨설턴트
엑스퍼트컨설팅 컨설턴트
성남상공회의소 중소기업 경영자문(現)
한국금융연수원 전문강사(기획력, 협상과정)(現)

강의 내역

협업 및 갈등관리 과정
기획 및 문서작성 GPS과정, 영업전략 수립 · 홍보마케팅
세일즈 리더십, CS 문제해결, 프레젠테이션
상담 · 협상 · 협업 · B2B 영업(SUCCESS Selling Skill)
세일즈아카데미 사내 강사 양성, 경영시뮬레이션과정
Zoom/Padlet/BeeCanvas/구글문서 활용한 비대면 강의

주요 출강처

삼성전자, 현대자동차그룹, 현대종합상사, 한국금융연수원
부산은행, 국민은행, 농협중앙회, 경남은행, 전북은행, 삼성물산
서울시인재개발원, LG이노텍, 포스코건설, 대우건설, CJ건설
GS리테일, 한화건설, 한솔그룹 등

저 서

리더는 결정으로 말한다(플랜비디자인,`21)

이 상 윤 (李相允)

RMI컨설팅그룹 대표
연구소 유통21 소장

Mobile	010-8206-5411
E-Mail	rmi21lee@hanmail.net
Homepage	www.rmi21.co.kr

학 력

연세대 사회복지학, 행정학과 졸업('86)
명지대학교 대학원 무역학과(국제유통 전공) 경영학 박사('05)
미국 훼이스신학대학교 대학원 철학 박사('08)

전문 분야

유통, 영업, 마케팅, 프랜차이즈, 창업

경 력 / 자 격

SPC그룹 · 진로그룹(12年)
한국생산성본부 마케팅 유통 영업 경영지도위원 교수
한국경제신문 한경아카데미 전문위원 겸 교수
중소벤처기업진흥공단 중소기업연수원 교수
명지대학교 유통경영대학원 유통학과 주임교수
세종대학교 경영대학 경영학과 · 경영전문대학원 교수

강의 내역

유통, 영업력향상, 마케팅, 프랜차이즈, CEO, 창업

주요 출강처

삼성전자, LG그룹, 한화그룹, 대한생명, 대한상공회의소
소상공인시장진흥공단, 한국경제, 중소벤처기업진흥공단, 롯데그룹
한국생산성본부, 농협 등

저 서

유통시장조사론(두남,'16), 영업관리론(두남,'17)
경영학원론(두남,'17), 최신유통관리론(개정2)(두남,'17)
상권분석론(개정)(두남,'18), 매장관리론(개정)(두남,'18)
종합물류관리론(개정)(두남,'18)
판매관리론(개정)(두남,'20), 소매점창업론(개정)(두남,'20)

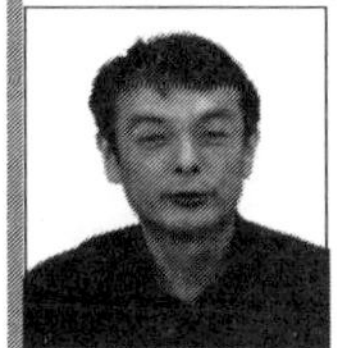

이 현 식 (李賢植)

삼성생명 법인사업부

Mobile	010-3735-8540
E-Mail	hslee129@naver.com
Homepage	youtube.com/@leehyunsikTV

학 력

고려대학교 통계학과 졸업('96), 고려대학교 경영대학원 MBA('03)
파슨스 디자인스쿨 디자인석사('07)
서강대학교 경영학 박사('25)

전문 분야

신제품 개발, 상품기획, NPD(New Product Development)
이노베이션, 회사생활, 자기계발

경 력 / 자 격

LG전자 광고팀 사원('95~'99), KT 마케팅연구실 과장('00~'05)
Top Design Consulting, Director('07~'10)
삼성전자 전략마케팅팀 부장('10~'18)
미디어그룹 선행기획 부서장('18~'19)
KOHLER Co. 마케팅 상무('19~'23)

강의 주제

이노베이션 방법론
신제품 개발의 모든 것, 언디자인씽킹
회사의 올바른 이해를 통한 회사생활 성공전략

주요 출강처

미디어그룹, 용인대학교, 명지대학교, 서강대학교 MBA

저 서

당신은 왜 회사에 가기 싫은가?(미다스북스,'24)
제품개발의 새로운 접근, 언디자인씽킹(박영사,'25)

장 호 근 (張浩根)

캔두러닝센터 대표

Mobile	010-5445-1724
E-Mail	human1144@paran.com
Homepage	www.cando114.kr

학 력

동국대학교 사범대학 졸업('89)

전문 분야

태도변화 과정(AiA, Life Power), 비즈니스 매너
고객만족서비스, 커뮤니케이션, 영업판매스킬, DiSC 영업스킬

경 력 / 자 격

대전엑스포 도우미 지도강사
롯데백화점 친절판매 강사
한국교육컨설팅연구소 교육팀장
매일경제 안전환경연구원 교육실장

강의 내역

태도변화 의식혁신 특강, DiSC 인간관계 스킬
커뮤니케이션 스킬, 영업상담 세일즈 스킬 과정
고객만족 친절서비스, 신입사원 기본예절 과정

주요 출강처

포스코, 삼성SDI, 애경백화점, 서영엔지니어링, 충북지자체
지식경제부연수원, 쌍용레미콘, 현대모비스, 구미전자정보기술원 등

저 서

전 미 영 (田美永)

서울대학교 소비트렌드분석센터 연구위원

Mobile	010-4286-7351
E-Mail	jemma81@snu.ac.kr
Homepage	

학 력

서울대학교 소비자학과 졸업('04)
서울대학교 소비자학과 석 · 박사('06 · '11)

전문 분야

소비 트렌드, 차이나 트렌드, 소비자심리, 소비자행동
소비 문화

경 력 / 자 격

소비자정책교육학회 이사('11~現)
KBS 라디오(트렌드플러스, 경제를 배웁시다) 고정출연('11~現)

강의 내역

한국 · 중국의 소비 트렌드

주요 출강처

삼성전자, SK그룹, 롯데그룹, 신세계그룹, 현대백화점, 한화
CJ그룹, 풀무원, 하나은행, 신한카드, 네이버, GS홈쇼핑
전경련, 소비자원, 성균관대학교 MBA과정, 후지필름
필립모리스 등

저 서

트렌드 차이나(미래의창,'13)

차 미 애 (車美愛)

Me & Job wise coaching 대표

Mobile	010-8982-9502
E-Mail	piuscha@naver.com
Homepage	

학 력
부경대학교 졸업(`79)
개신대학원 코칭학 석사(`19)

전문 분야
라이프 코칭, 그룹 · 인증 코칭, NLP, 갈등관리, Life Design

경 력 / 자 격
서울시 공무원교육원 협력교수, 한국능률협회 상임교수
금융연수원 온라인 훈련 정교수(`04~`08)
AB NLP 마스터 프렉티셔너 트레이너 자격 보유
CF 국제코치연맹 전문코치(PCC)(現)

강의 내역
코칭, NLP, 삶을 주제로 한 특강, 라이프 코칭/비즈니스 코칭
5R 리더십, 대인관계와 성과향상을 위한 소통역량 강화
5-STEPS 과정, 5-STEPS FT 과정, CMOE 프로그램 강의

주요 출강처
삼성그룹, 현대그룹, LG그룹, SK그룹, 국방대학교, 부경대학교
서울시공무원교육원 등

저 서
고객불만 해결기법, 텔레마케팅 기본기법(한국능률협회,`96)
매일매일 성공하는 사람들(크라운출판사,`05)

최 필 승

(주)팜러닝 대표이사

Mobile	010-3248-2271
E-Mail	willwin@farmlearning.co.kr
Homepage	farmlearning.co.kr

학 력

서강대학교 불문학과 졸업('98)
한성대학교 지식서비스 · 컨설팅 대학원(컨설팅학) 석사('19)

전문 분야

마케팅, 세일즈, 조직개발, 창업, Business Model 수립
농업창업, 농업경영, 귀농귀촌, 고객개발

경 력 / 자 격

외국계 헬스케어 근무('98~'15)
경영지도사(마케팅분야)('16~現)
(주)지구파트너스 근무('17~'19)
한국퍼실리테이터협회 인증퍼실리테이터(CF)('19~現)
(주)한국정책미디어 교육사업본부장('20~'22)

강의 내역

스타트업 창업 일반, 농업컨설팅 및 농업사업 계획수립
Business Model 수립 및 검증
영업팀장 비즈니스 플래닝, SFE 기초/고급과정
전략수립을 위한 트렌드 분석: 시나리오 플래닝
고객성향 고려한 영업스킬 향상과정
Sales Communication·Selling Skill

주요 출강처

농림수산식품교육문화정보원, 한국농업기술진흥원, 메인트란스
한국능률협회컨설팅, 넥센, 하림그룹, 영진약품, 삼일제약, 애브비
다이이찌산쿄, 화승그룹, 종근당, 산텐 등

저 서

제약영업 어떻게 할 것인가?(한언출판사,`13)
세일즈 맵, 제약영업의 지름길(메가넥스트,`13)

황 혜 미 (黃惠美)

삼육대학교 경영학과 부교수

Mobile	010-5315-9075
E-Mail	seiup@syu.ac.kr
Homepage	

학 력

성신여자대학교 졸업('94)
서강대학교 경영전문대학원 석사('01)
서강대학교 경영전문대학원 박사('11)

전문 분야

고객경험 디자인, 서비스 트렌드, 서비스 마케팅
현장서비스 코칭, 서비스 품질(프로세스)관리, 서비스 세일즈
서비스 컨설턴트 육성

경 력 / 자 격

삼성전자 마케팅연구소('94~'98)
삼성그룹 서비스강사, 한국프로토콜스쿨 전임강사
한국산업인력공단 재직자훈련 평가위원
한국표준협회 서비스KS인증, KS-CQI(콜센터 인증) 자문
한국서비스대상 평가위원(現)
한국생산관리학회 서비스 부문장 · 이사(現)

강의 내역

서비스 전문가 육성, 고객접점 변화관리
현장서비스 품질관리기법, 현장서비스 코칭 및 클리닉
고객경험 디자인, 고객만족 서비스, 서비스 리더십
서비스 현장 지도, 생산품질 관리, 서비스 가치체계
서비스 마스터 평가체계, 서비스 경쟁력 강화
서비스전략 수립 및 신서비스개발 워크샵

주요 출강처

IBK기업은행, 아모레퍼시픽, 서울대병원, 무역협회, LG그룹
롯데백화점, aT유통교육원, SPC식품과학대학, 삼성그룹
씨티은행, 교보생명, 한국표준협회, 서강대학교, 롯데호텔
롯데월드, 페덱스코리아, CJ나인브릿지, CJ인재원, CJ푸드빌
경북개발공사, 공공경영연구원, SK쉴더스, 광주은행 등

저 서

고객개발 전략(한국생산성본부,'06)
SMAT 비즈니스 커뮤니케이션(영진,'15)
CS리더스관리사(영진,'18)
서비스경영(정독,'22), 융합형 캡스톤디자인(정독,'22)
서비스KS인증실무(정독,'25), 신서비스개발(정독,'25)

리더십 · 코칭

강 래 경 (姜來慶)

(사)한국강사협회 11대 회장
커넥트밸류(주) 수석교수

Mobile	010-9688-7675
E-Mail	nk825@naver.com
Homepage	www.connectvalue.net/nkys0527

학 력

한양대학교 교육학과 졸업('89)
한양대학교 교육대학원 (상담심리 전공) 석사('98)
한양대학교 일반대학원 평생학습 (리더십) 박사 수료('16)

전문 분야

성과관리와 코칭 리더십
협상 및 협업을 위한 커뮤니케이션
강사양성과 개인 코칭

경 력 / 자 격

美 DDI사 고객감동 서비스플러스 공인강사
한국강사협회 명강사89호
고려대 미래교육원 명강사 최고위과정 코칭강사(現)
위캔 Talent Management 대표(現)
국가과학기술인력개발원 자문위원(現)
한국자활연수원 자문위원(現)

강의 내역

감성 & 코칭 리더십과 멘토링 스킬
사람과 일, 두 마리 토끼를 잡는 성과관리 리더십
성과 코칭과 면담/피드백 스킬
Yes를 이끌어 내기 위한 협상력
강의설계와 교안작성, 강의스킬과 강의클리닉
개인의 미래설계와 조직의 변화관리

주요 출강처

경찰인재원, 대성청정에너지, 미래엔, 삼구아이앤씨, 세명대
아트라스콥코, 이녹스첨단소재, 인천국제공항공사, 창업진흥원
충북인재평생교육진흥원, 한국농어촌공사, 한국상하수도협회
한국자활연수원, 한국청소년상담복지개발원, 한국타이어, 한전
해병대리더십센터, Kird, LS미래원, KT&G, TES 등

저 서

협상은 게임처럼(기업교육연구소,'98)
경쟁력 있는 포트폴리오 만들기(노동연구원,'00)
지금, 강의하러 가십니까 (Play3.0,'15)
대한민국에서 강사로 산다는 것 (페이퍼로드,'16)
협상을 못하면 함께 가도 멀리 못간다(크몽,'23)

강 정 흔 (姜定欣)

맥시멈컨설팅 대표

Mobile	010-3316-1359
E-Mail	heunmail@hanmail.net
Homepage	

학 력

한양대학교 산업대학원 공학 석사('89)
연세대학교 경영대학원 경영학 석사('01)

전문 분야

커뮤니케이션, 코칭리더십, 소통리더십, 팔로워십

경 력 / 자 격

동양매직 인사팀장, 인재개발팀장('94~'97)
동양그룹 인재개발원 경영교육팀장('97~'99)
한국생산성본부 지도위원(인사 · 조직분야)
꽃피울소통학교 대표(現)

강의 내역

파워풀 커뮤니케이션, 소통리더십, 코칭리더십
비즈니스 커뮤니케이션, 영향력을 높이는 소통의 기술
1:1 리더십 코칭

주요 출강처

삼성전자, 삼성금융그룹, 신한은행, 근로복지공단, 기아, 기업은행
SK하이닉스, 국민건강보험, 포스코 등

저 서

CEO를 감동시키는 소통의 비밀(미래와경영,'10)

구 열 회 (具烈會)

서울경영아카데미 대표
KPC 팀장리더십과정 지도교수

Mobile	010-5283-9729
E-Mail	koomat@chol.com
Homepage	blog.naver.com/koonet

학 력

건국대학교 경영학과 졸업
건국대학교 경영대학원 졸업

전문 분야

리더십, 인간관계, 소통, 변화혁신, 코칭, 의사결정
커뮤니케이션

경 력 / 자 격

한국리더십컨설팅 대표이사
Global Leadership College 교수연구부장
한국직업능력개발학회 전문위원
한국산업교육협회 교수연구부장
직업능력개발원 전문위원
HRD 포럼 칼럼니스트

강의 내역

팀장리더십, 관리자리더십, 코칭리더십, 소통과 공감
재미있는 변화와 혁신이야기, 커뮤니케이션과 인간관계
바람직한 근로의식, 윈윈 파트너십, 긍정의 힘
팀장 리더십, 관리자 리더십, 엑셀런트 리더십, 리더십 일반

주요 출강처

삼성전자, KMA, 현대자동차, 기아, KPC, 인천상공회의소
중부발전, GS에너지, 자산관리공사, 서울시인재개발원, KCC
STX엔진, KAI, KB데이타시스템, LS그룹, 한화손해보험
인천국제공항공사, 노사발전재단, 네이버, 한미약품, 삼성생명
현대모비스, 신세계백화점 등

저 서

구 자 봉 (具滋鳳)

스퍼트나우 대표

Mobile	010-6295-5180
E-Mail	happy@spurtnow.co.kr
Homepage	www.spurtnow.co.kr

학 력

숭실대학교 법과대학 법학과 졸업('03)
숭실대학교 교육대학원 석사(평생교육 · HRD 전공)('10)
숭실대학교 일반대학원 교육학 박사 수료(평생교육 전공)('17)

전문 분야

성과관리 OKR, 리더십, HRD, 멘토링, 퍼실리테이션
긍정심리 기반 강점/몰입/행복

경 력 / 자 격

이랜드 인재개발팀 Manager('03~'09)
대성그룹 인재개발팀장('10~'15)
한국평생교육 HRD연구소 선임연구원('15~現)
지방행정연수원 교육수립자문위원('17)
표준협회 경영교육 혁신센터 전문위원(現)
한국경영인증원 GC(일하기좋은일터)인증 심사위원(現)

강의 내역

리더십 과정, 성과관리 컨설팅, 팀장리더십 과정
HRD담당자 양성과정, 조직문화 개선 컨설팅

주요 출강처

삼성전자, LG전자, 인사혁신처, KT&G, SK하이닉스, 농심
삼성디스플레이, 기아, LG생활건강, LG사이언스파크
도로교통공단, 넥슨, 신세계, 효성ITX, 한화생명, 신한은행
동원그룹, 지방행정연수원, 신세계푸드, 현대백화점, 한화토탈
두산인프라코어, 한국마사회, 한국전력기술 등

저 서

독서 날아오르다: 행복한 변화와 성장을 만드는 독서 파워
(한국경제신문,'18)
VITAL, AI시대 자기계발프레임워크의 끝판왕(북랩,'25)

권 수 영 (權秀榮)

연세대학교 연합신학대학원 교수

Mobile	010-8960-2997
E-Mail	sykwon@yonsei.ac.kr
Homepage	

학 력

미국 하버드대학교 기독교 · 문화 석사('97)
미국 GTU Berkeley 종교 · 심리학 · 철학 박사('03)

전문 분야

상담, 코칭, 인문학, 종교심리학, 인간관계, 감정코칭
문화심리학

경 력 / 자 격

상남경영원 기업위탁교육 주강사('04~現)
연세대학교 상담 · 코칭지원센터 소장('06~'21)
(사)글로벌디아스포라 다문화 코칭네트워크 이사장('16~現)
연세대학교 가습기살균제보건센터 센터장('21~現)
연세대학교 인공감성지능융합연구센터 센터장('21~現)
(사)한국상담진흥협회 이사장('23~現)

강의 내역

리더들의 스마트한 감정관리 전략
감성 리더십 어떻게 가능할까
왜 리더들은 뚜껑이 자주 열릴까, 한국인의 관계심리학
팀장의 갈등관리, 소통과 공감의 리더십
리더들의 스마트한 감정코칭
꼰대, 밀레니얼과 함께 일하다

주요 출강처

삼성전자, LG그룹, SK그룹, 포스코, 롯데그룹, 한진그룹
아모레퍼시픽, 미래에셋, 네이버, 카카오 등

저 서

나도 나를 모르겠다(청림출판,'18), 치유하는 인간(EBS,'20)
아이 마음이 이런 줄 알았더라면(21세기북스,'21)
관계에도 거리두기가 필요합니다(21세기북스,'22)
공감에도 연습이 필요합니다(샘터,'22)
나쁜 감정에 흔들릴 때 읽는 책(갈매나무,'24)

김 남 민 (金奎洵)

(주)POP Consulting 대표컨설턴트

Mobile	010-2821-9811
E-Mail	popconhr@naver.com
Homepage	popconsulting.biz

학 력
한양대학교 산업경영대학원(인사 · 조직) 경영학 석사('99)
경영학 박사 수료('20)

전문 분야
관리자 리더십, 강한 조직구축, 인사관리, 면접관 교육
평가자 교육 등

경 력 / 자 격
대덕전자 인사팀장('91~'05)
Linamar Automotive Systems Korea 인사팀장('05~'08)
KBS1 라디오 경제세미나 방송('16)
한국표준협회 수석전문위원
중소기업진흥공단 외래교수 및 자문위원

강의 내역
관리자 리더십, 강한 조직 구축과 관리기법, 면접관 교육
소통경영, 인적자원관리(직무분석, 채용, 평가, 보상관리)
행복한 삶과 직장생활, 성과관리, 평가와 보상 등

주요 출강처
중소기업진흥공단, 삼성전자, LH공사, 울산과학기술원
일화, 비티씨, 선익시스템, 수글로벌, GEA코리아
장수침대 등

저 서
인적자원관리 전략(이룸나무,'12)
임원으로 산다는 건(플랜비디자인,'21)

김 순 영 (金順英)

한국HR파트너스 대표강사

Mobile	010-9955-7664
E-Mail	hrdhrd@naver.com
Homepage	

학 력

경북대학교 행정학과 학사 졸업('98)
숭실대학교 교육대학원 평생교육HRD 석사('14)
아주대학교 일반대학원 산업 및 조직심리 박사과정 中

전문 분야

리더십, 커뮤니케이션, 갈등관리, 코칭, AC/DC, 강사 양성
퍼실리테이션

경 력 / 자 격

삼성전자서비스 사내강사('11~'12), 한국강사협회 부회장('17~現)
한국퍼실리테이터연구회 수석연구원('17~現)
(협)한국갈등조정연구소 이사('18~現)
한국HR진단평가센터 전문위원('18~現)
경기도경제과학진흥원 평가위원('21~現)
평생교육사, KAC, DDI PPC 코치, 성과코치, 역량평가사

강의 내역

심리학에서 찾은 직장인의 행복, 리더의 역할
팀장리더십, 성과관리, 성과코칭, 원온원, 동기부여, 자기관리
리더평가&코칭, 성격진단(CARAT), 커뮤니케이션, 갈등관리
대인관계, 설득, 역량평가, AC/DC, 핵심가치 내재화
사내강사 양성, 퍼실리테이터 양성

주요 출강처

삼성전자, 삼성전기, SK하이닉스, 포스코DX, 기아, 현대자동차그룹
금호타이어, 배달의민족, 농심, 하나증권, 하나생명, 농협, 코레일
KB손해보험, 관세청, 건강보험공단, 한국도로공사, 한국가스공사
한국지역난방공사, 금융감독원, 중앙경찰학교, 서울교육연수원
한국자활연수원 등

저 서

조직 속 젠더갈등 사례집, 불편한 직장남녀를 위한 처방
(공저)(유페이퍼,'25)

김 영 기 (金英基)

(주)조직리더십코칭원 대표

Mobile	010-6739-5000
E-Mail	actionskill@daum.net
Homepage	www.jorico.co.kr

학 력

미국 Texas State University (커뮤니케이션, 직원관리) 석사
고려대학교 경영학 (소통, 갈등관리, 조직관리 리더십) 박사

전문 분야

MZ직원 소통, 조직활성화, 승진자 리더십, 갈등관리

경 력 / 자 격

한국능률협회 코칭리더십 전문교수
연세대학교 코칭아카데미 강의교수
경영지도사 및 시험출제위원, 경영자 코치(PCC)
한국생산성본부 팀장 리더십훈련 전문위원(現)
고려대학교 경영대학원 강의교수(現), 한국인사관리학회(現)
한국혁신전략연구원 이사(現), 美 SHRM 정회원(現)

강의 내역

커뮤니케이션과 협업의 기술
고성과 리더의 사람관리 실전스킬
MZ 직원과 관리자의 세대공감 소통기법
팀장 승진자 리더십
고급관리자 직원관리 리더십
MZ세대와 꼰대 리더-갈등없이 성과내기

주요 출강처

청와대, 한국생산성본부, 삼성생명, 현대자동차그룹, LG전자
POSCO, 두산그룹, KT, 교보생명, 매일경제, LH공사
공무원교육원, 고려대 경영대학원, 연세대 코칭아카데미
국민대학교 코칭MBA, 조선대학교, 남서울대학교 코칭대학원
중앙대학교 대학원, 한밭대학교, 동덕대학교 대학원 등

저 서

CEO 건강경영(미래의창,`06)
코칭대화의 심화역량(북마크,`14)
리더는 어떻게 말하는가(김영사,`14)
밀레니얼시대의 리더십 바이블(김영사,`20)
MZ세대와 꼰대 리더(좋은땅,`22)

김 옥 심 (金玉心)

코칭솔루션 대표
(사)한국코치협회 KAC 전문코치

Mobile	010-2838-0587
E-Mail	ok@coaching-solution.co.kr
Homepage	coaching-soluton.co.kr

학 력

세종대학교 영어영문학과 학사 졸업('05)
중앙대학교 글로벌인적자원개발대학원 HRD 석사 졸업('20)

전문 분야

코칭, 리더십, MBTI, Birkman

경 력 / 자 격

에듀드 교육팀 사내강사('09~'10)
삼성전자 한국총괄 사내강사('10~'14)
여주대학교 호텔경영학과 외래교수('15)

강의 내역

코칭 리더십, 팀장 리더십, 중간관리자 리더십
MBTI 검사 기반 코칭, 버크만 검사 기반 코칭
업무 · 관계 커뮤니케이션, 세대 소통 대화법
상처주는 말로부터 나를 지키는 대화법
팀 변화 프로그램 "MBTI · Birkman 검사 기반 워크숍"

주요 출강처

녹십자, 대우건설, 대한제분, 동국제약, Deloitte Korea
동아쏘시오그룹, ROLEX, BGF리테일, 삼성전자, 삼정KPMG
쌍용자동차, 신세계백화점, Swatch, 에코프로, 일동제약, 포스코
LIG넥스원, 용마로지스, TOYOTA, 하림그룹, 하이트진로
한국경제인협회, 한국수력원자력, 현대자동차, 현대제철 등

저 서

상처까지 받으면서 들어야 할 말은 없다(슬로디미디어,'22)
상처주는 말로부터 나를 지키는 대화법(설렘,'23)
Toxic Words(러시아판권수출,'24)

김 익 철 (金翼澈)

하카리더십코리아 대표

Mobile	010-5557-8805
E-Mail	donghaebada@hanmail.net
Homepage	www.haka.co.kr

학 력

고려대학교 교육대학원(기업교육 전공) 석사
국민대학교(인사조직 전공) 경영학 박사(`12)

전문 분야

리더십, 조직문화, 조직윤리, 변화관리, 조직 활성화

경 력 / 자 격

기아 인재개발원 전임교수
한국표준협회 CEO과정 개발 전문위원
현대인재개발원 전문교수, (사)대한리더십학회 상임이사
국민대학교 경영학부 겸임교수

강의 내역

도전과 협력의 역동적 하카 리더십, 리더의 평판관리
셀프리더십, 변화창조 리더십, 리더십 및 동기부여
하카 럭비 파트너십: 럭비의 파트너십 철학
하카 럭비 리더십: 럭비의 실행철학
피아노 소풍: 감성을 통한 긍정, 소통의 문화 전파

주요 출강처

코오롱그룹, 현대다이모스, 세방그룹, 병무청, 기아, 삼성, KT
현대자동차, KT&G, 신세계 등

저 서

하카 "네 인생의 그라운드"(씨앗을뿌리는사람들,`06)
야생력(청일출판,`11)
하카, 럭비처럼(세림출판,`13)
위기돌파 럭비리더십(세림,`17)
역동성 프레밍(글로벌컨텐츠,`18)

김 찬 배 (金讚拜)

C-TECH 연구소 소장

Mobile	010-8448-1696
E-Mail	kcb001@naver.com
Homepage	blog.naver.com/kcb001

학 력

인하대학교 교육학과 졸업('88)
핀란드 Aalto University 경영학 석사(MBA)('02)
서울과학종합대학원(인사 · 조직 전공) 경영학 박사('09)

전문 분야

존중(RESPECT), 변화와 혁신, Deep Innovation, 몰입 촉진
팀리더십, 비즈니스 성품 개발, 핵심가치 내재화, 창의력
소통, 네트워킹, 강의 및 PT 스킬

경 력 / 자 격

엑스퍼트컨설팅 전임교수('00~'01)
NBO 이론 창안('07)
대한민국 대표강사 33인-국민성공시대('11~'12)
Deep Innovation모델 창안('17)
서울과학종합대학원 겸임교수
산업정책연구원 연구교수

강의 내역

존중 리더십, 세대간 소통, Deep Innovation, 학습과 성장
진정한 열심, 몰입 촉진, 분노 없는 일터 만들기
키맨 네트워크(네트워킹), 요청의 기술, 팀장 리더십
잡 크래프팅, 협업, 핵심가치 내재화, 공장조직 활성화 등

주요 출강처

삼성그룹, 현대차그룹, LG그룹, SK그룹, 롯데그룹, 하림그룹
한솔그룹, CJ그룹, GS그룹, 대상그룹, 신세계그룹, KB금융
신한금융, 농협, 법무연수원, 건강보험공단, 한국전력공사
한국도로공사, KGC, 한국수력원자력, LH, KBS, MBC, YTN
한국경제신문 등

저 서

변화와 혁신의 원칙(시대의 창,'01)
키맨 네트워크(다산북스,'07)
요청의 힘(올림,'14), 진정한 혁신(올림,'17)
뉴노멀로 다가온 포스트 코로나 시대(지식플랫폼,'20)
존중의 힘(올림,'22)

김 태 문 (金太文)

한국코치협회 코치

Mobile	010-3703-2554
E-Mail	ktmoontower@gmail.com
Homepage	

학 력

동국대학교 경상대학 무역학과 졸업('71)
연세대학교 경영대학원 경제학과 수료('80)

전문 분야

기업경영 교육, 의사결정, 리더십, 코칭, 비전 · 전략설정

경 력 / 자 격

한국무역협회 국제무역연수원 전임강사('75~'86)
현대종합상사 업무부 차장('76~'86)
현대인재개발원 교수실장('86~'89)
한국능률협회 이사 · 총괄임원('94~'97)
엑스퍼트컨설팅 리더십센터 소장('01~'03)
온타오파트너스 대표이사('03~'04)

강의 내역

문제해결, 의사결정 과정, 리더십 과정, 프로젝트 관리 과정
비전 · 전략설정 과정, 상호작용 관리

주요 출강처

저 서

무역실무 연습(한국무역협회,'80)

김 홍 걸 (金洪傑)

핵심인재개발원 대표

Mobile	010-5875-0012
E-Mail	khk629105@naver.com
Homepage	blog.naver.com/khk629105

학 력
원광디지털대학 사회복지학과 졸업('08)
경운대학교 경영학과 졸업('16)

전문 분야
리더십, 조직 활성화, 동기부여

경 력 / 자 격
한국능률협회 겸임교수('05~'08)
한국표준협회 전문위원('05~現)
한국금융연수원 외래교수('05~現)
경남경영자총협회 전임강사('05~現)
한국강사협회 이사('06~'07)
대한민국핵심강사협회 협회장('10~現)

강의 내역
긍정마인드로 행복을 디자인하라
내가 만드는 행복한 인생
활기찬 조직 만들기
재미있는 강의를 위한 SPOT 기법
펀경영과 리더십
바람직한 직장인의 자세

주요 출강처
국민건강보험공단, 대교, 한국HRD협회, 현대자동차, LG전자
삼성전자, 기상청, 한국금융연수원 등

저 서
홍걸씨 강의해주실래요(작은씨앗,'12)
행복 완전정복(연우,'19)

김 희 봉 (金熙峰)

대한리더십학회 상임이사

Mobile	010-9176-2657
E-Mail	one_more@naver.com
Homepage	

학 력

공주대학교 사범대학 윤리교육과 졸업('96)
국방대학교 리더십 석사('06)
한양대학교 (HRD · 교수설계 전공) 교육공학 박사

전문 분야

리더십, 팔로워십, 팀워크, 조직문화, HRD, 교수설계
Assessment Center, 교수법, 커뮤니케이션

경 력 / 자 격

한국인적자원관리학회 편집위원장
경인일보 칼럼니스트
The Asia N 칼럼니스트
동덕여자대학교 외래교수
한양대학교 강사, 삼성SDS, 크레듀 이러닝 강사
HRD Curator 발행인

강의 내역

리더십, 팔로워십, 팀워크, 조직문화
HRD, 커뮤니케이션 및 프레젠테이션 스킬
HRD연구방법(조사 및 분석), 교수설계 및 과정개발
교수법, 코칭

주요 출강처

현대자동차그룹, 교육과학기술부, 삼성, SK하이닉스, LS그룹
미래에셋그룹, 코오롱, 포스코, 국가공무원인재개발원
한국행정연구원 등

저 서

HRD연구방법 가이드(박영스토리,'22)
HRD를 시작하는 당신에게(플랜비디자인,'23)
강의를 시작하는 당신에게(파지트,'24)
생각하는 리더 행동하는 리더(파지트,'24)
리더와 팔로워를 위한 질문 101(인테그로,'25)

류 한 수 (柳翰秀)

CAP경영컨설팅 변화관리연구소 소장

Mobile	010-8174-0056
E-Mail	hsryu56@daum.net
Homepage	blog.naver.com/facilitator1

학 력

한국외국어대학교 졸업('85)
서강대학교 경영전문대학원 MBA('01)
서울대학교 대학원 (HRD 전공) 박사과정 수료('08)

전문 분야

리더십(팀장, 변화주도), 퍼실리테이셔 양성, 변화관리, 회의문화

경 력 / 자 격

LG전선 연수과장('87~'94)
LG인화원 전문교육팀장('95~'01)
HPC컨설팅 대표컨설턴트('01~'02)
한국퍼실리테이터협회 이사('09~現)
(사)글로벌퍼실리테이션협회 이사('09~現)

강의 내역

팀장리더십, 퍼실리테이터 양성, 전략적 의사결정
변화주도리더 양성, 창의적 문제해결, 코칭리더십
회의 퍼실리테이션 스킬, 변화혁신(특강)

주요 출강처

SK에너지, SK텔레콤, LG인화원, LG전자, 롯데인재개발원
롯데케미칼, 현대백화점, 현대오일뱅크, 대웅제약, KT&G
아모레퍼시픽, 한국타이어, KG그룹, HMM, 베올리아, SPC
금호석유화학, 인사혁신처, 국민연금공단, 한전KPS, 중부발전
농협, 서울대, 근로복지공단, 도로교통공사, 가스기술공사 등

저 서

토론연습(역서)(한언,'03)
Work-Out을 활용한 '회의 잘하는 법'(경향미디어,'06)
단순하지만 강력한 '스마트 미팅'(학이시습,'12)
회사를 살리는 혁신리더(이담북스,'23)

문 경 래 (文炅來)

한국코치협회 전문코치(KPC)
국제코치연맹(ICF) 전문코치(PCC)

Mobile	010-3672-2517
E-Mail	klmoon07@hanmail.net
Homepage	

학 력

연세대학교 경영대학원 (인사 · 조직관리) 경영학 석사('91)

전문 분야

코칭(1:1, 그룹, 리더십), 멘토링, 조직개발, 커뮤니케이션
문제해결

경 력 / 자 격

농협 중앙교육원 부원장('02~'05)
구례교육원장, 고객지원센터 부장('06~'08)
서울대학교 경영대학 최고경영자과정(AMP) 수료
비씨카드(주) 이사, 농협중앙회 상무
농협은행 부행장, NH농협선물 대표이사 · 사장
한국코치협회 이사 · 윤리위원장

강의 내역

코칭 리더십, 문제해결 기법, 의사결정 기법, 커뮤니케이션
조직 활성화와 팀 빌딩, 인생설계와 진로지도

주요 출강처

저 서

민 승 기 (閔承基)

행복비전연구원 원장

Mobile	010-9289-6326
E-Mail	minsk7@hanmail.net
Homepage	

학 력

한국외국어대학교 일본어과 졸업('92)
고려대학교 산업정보대학원 산업공학과 석사('98)
트리니티 신학대학원 기독교 교육학과 박사('11)

전문 분야

리더십, 인성교육, 커뮤니케이션, 변화혁신, 상담, 협상

경 력 / 자 격

엑스퍼트컨설팅 전임교수
한국코카콜라보틀링 영업교육팀장
한국능률협회컨설팅 선임연구원

강의 내역

소통하는 코칭리더십, 인성 리더십
동기부여, 조직활성화, 감정 관리
설득적 커뮤니케이션 스킬 업, 창의적 강의법

주요 출강처

삼성전자, LG전자, 현대자동차, 금호그룹, SK, 연암대학, KT
건강보험공단, 수자원공사, 송파구청, 강동구청, KB손해보험
새마을금고, 하나은행, 신한은행, CJ, 올림푸스, KBS, 포스코
삼성생명, 세브란스병원, 서울대병원, 바스프, 중외제약 등

저 서

행복한 부모 리더십(누가출판사,`14)
다시 생각하는 리더십(나비의활주로,`15)
인성이 경쟁력이다(나비의활주로,`16)
데인관계? 대인관계!(나비의활주로,`19)
말 잘하는 리더? 잘 말하는 리더!(나비의활주로,`24) 등

민 현 기 (閔琄基)

로젠탈 콘텐츠 랩 대표

Mobile	010-2720-7726
E-Mail	18580@hanmail.net
Homepage	www.rohub.co.kr

학 력

단국대학교 대학원 교육학 박사

전문 분야

갈등관리, 초연결시대 커뮤니케이션, 자기경영
즐거운 인문학, 교수설계법

경 력 / 자 격

건국대학교 HRD아카데미 주임교수
명지대학교 사회교육대학원 외래교수
서울여자대학교 인재개발아카데미 주임교수
한국능률협회 전문위원

강의 내역

슬기로운 갈등관리 언컨플릭(갈등관리, 커뮤니케이션)
프로의 자기경영 Changing 美 변화관리, 셀프 리더십)
초연결시대 어떻게 소통할 것인가(커뮤니케이션)
행복한 마음경영(힐링&스트레스 관리)

주요 출강처

삼성전자, 기업은행, LG유플러스, CJ헬스케어, 삼성로지텍
한국전력기술, 한국수력원자력, 인천공항공사, 삼성생명
신한생명, 현대해상, KB손해보험, 새마을금고연수원
신한은행, SK하이닉스, 우체국금융, 한국생산성본부
CGV, 병원간호사회, 일산병원, 건강보험공단, 근로복지공단

저 서

슬기로운 소통생활(출판이안,`20)
이시대의 강의력 FLOW(북인사이트,`20)
나와 조직을 살리는 갈등관리 언컨플릭(북인사이트`20)
인간수업(북인사이트,`21), 아주 사소한 갈등(북인사이트,`25)

박 응 호 (朴應虎)

LNC 컨설팅 소장

Mobile	010-3534-6391
E-Mail	Coaching@daum.net
Homepage	cafe.daum.net/procoach

학 력

영남대학교 심리학과 졸업(`92)
동대학원 심리학 박사(`16)

전문 분야

코칭리더십, 협상의 심리학, 갈등관리

경 력 / 자 격

한국인적자원개발협회 부원장(`94~`02)
중소기업 연수원 전문위원(`07~`16)
한국코치협회 전문코치(KPC)(`11~`26)
노사발전재단 CEO 혁신코칭 코치(`14~`18)
영남대학교 심리학과 겸임교수(`17~`25)

강의 내역

코칭리더십
비즈니스 협상능력 향상
디자인싱킹을 통한 문제해결, 심리검사

주요 출강처

삼성전자, 중소기업연수원, 울산과학대학교, 노사발전재단
건설기술연수원, 한국산업개발훈련원, 현대제철, 삼성중공업 등

저 서

의사소통 기술(한진출판사,`16)
경영자 코칭심리학(학지사,`17)

배 용 관 (裵龍寬)

AX(AI Transformation)경영코칭학자
코치(0.1% KSC코치)

Mobile	010-2306-0179
E-Mail	candlite@naver.com
Homepage	blog.naver.com/candlite

학 력

성균관대학교 공과대학 전자공학과 졸업('84)
한양대학교 경영대학원 경영정보 MBA('97)
국민대학교 경영학 박사('20)

전문 분야

비즈니스 코칭, CEO 코칭, 임원코칭, 중간관리자 코칭
지속가능한 성과 창출, 리더십과 조직문화
갈등을 역동으로 디자인, 인생설계와 자기계발

경 력 / 자 격

개신대학교대학원 코칭학 겸임교수
고울짱코칭보감 대표코치(現)
K코칭그룹 연구소장(現)
한국코치협회 이사(現)
한국코치협회 인증심사위원 · 프로그램 인증심사위원(現)
SMART Factory 추진위원(現)

강의 내역

리더십과 조직문화 진단
리더의 변혁적 리더십 내재화 훈련
리더십과 조직활성화
비즈니스 성과와 MPASS 경영

주요 출강처

저 서

중소기업 정보화 혁신 실천방법론(공저)(KIMI,'05)
리더의 코칭(아비요,'16)
코칭,멘토링,컨설팅에 대한 수퍼비전(공역)(박영사,'18)
KCA 코칭역량 마스터리(박영사,'25)

배 원 진 (裵苑津) 한국ESG경영개발원 전문교수 CMOE Executive 코치(KPC)	Mobile	010-7528-0707
	E-Mail	esgleadership1@gmail.com
	Homepage	blog.naver.com/titeuf2030

학 력 중앙대학교 사범대학 졸업('94) 중앙대학교 심리학석사(안전리더십코칭전공) 졸업('21) 숭실대학교 일반대학원 경영학(인사조직 전공) 박사('25)	**전문 분야** 비즈니스 코칭, 리더의 심리경영, 조직문화 성과관리, 협상 커뮤니케이션, 창의적 문제해결
경 력 / 자 격 서울시건강가정지원센터 가족코칭전문강사('19~'23) 서울시교육청 진로코칭전문강사('21~'23) (사)한국생산성학회 학술대회 우수 발표 논문상 수상('25) 한국표준협회 리더십전문위원(現)	**강의 내역** 리더십: ESG경영, 심리경영, 조직문화&성과관리 코칭리더십, 리더의 동기부여(마인드셋) 심리학: 리더의 효과적 의사결정, 심리경영, 갈등예방&관리 조직문화: 문제해결 워크샵, 성과향상 협력&전략 워크샵 위기&생존경영 워크샵, 비전수립 워크샵
주요 출강처 코오롱인더스트리, 포스코인재개발원, 여수상공회의소 경기도인재개발원, 한국로봇산업진흥원, 한국경영자총협회 SK에너지, 산업은행, 평택시국제교류재단, 심장혈관연구재단 경기도경제과학진흥원, KIST, 금융결제원, 성남시청, 파주시청 한국능률협회, 한국산업인력공단 등	**저 서** 똑똑(talk-talk)한 대화법(공저)(Book Insight,'24)

선 종 욱 (宣鍾旭)

코어코칭연구소 대표

Mobile	010-6768-8930
E-Mail	junvihan@hanmail.net
Homepage	

학 력

아세아연합신학대학원 신학 석사('97)
트리니티 대학원 교육학 박사('03)

전문 분야

코칭, 리더십, 직무스트레스, 멘토링

경 력 / 자 격

한국R&C 커리어코칭, 리더십코칭 전문위원
라이트 매니지먼트 파트너 코치
연세대학교 코칭아카데미 협력 코치
미국 캐롤라인대학교대학원 경영학과 교수
한국코칭학회 부회장, 한국NLP협회 이사
한국가족복지학회 이사, 한국부모교육학회 이사

강의 내역

심사원을 위한 코칭 피드백, 라이프 비전 코칭
직무 스트레스, 리더십 코칭, 멘토링, 부모코칭, 학습코칭

주요 출강처

환경부, 노동교육원, 한국전기안전공사, 한국전력기술
한국능률협회, SK에너지, 현대제철, 연세대학교, 중부대학교
항공대학교 등

저 서

리더십 혁신 코칭하라(태동,`10)
직무스트레스 개론(이담북스,`10)
직무스트레스 관리(이담북스,`10)
코칭 왜 해야 할까요(코칭,`19)
코칭 어떻게 하면 될까요?(코칭,`19)

송 영 선 (宋永善)

건국대학교 글로컬캠퍼스 부교수

Mobile	010-8145-3594
E-Mail	ksii2000@hanmail.net
Homepage	

학 력

중앙대학교 사범대학 교육학과 졸업('93)
고려대학교(기업교육 전공) 교육학 석사('02)
중앙대학교(평생교육 전공) 교육학 박사('08)

전문 분야

대학: 강의평가, 교수법(PBL, TBL, 플립러닝), 학습방법
기업: 개인변화, 조직비전, 리더십, 코칭, 조직활성화

경 력 / 자 격

한국산업심리연구원('93~'96)
한국리더십센터 과정개발팀장('97~'98)
한국블랜차드컨설팅그룹 기획실장('99~'00)
키컨설팅 대표('01~'16), 교육부 (사)한국강사협회 자문(現)
고용노동부(사)한국멘토교육협회 자문(現)

강의 내역

개인변화와 조직혁신 제3비법, 팀 스마트 리더십
경영위기 대응전략, 개인 및 조직의 비전과 역량 창조하기
전략적 사고와 문제해결, 커뮤니케이션과 갈등관리
효과적인 대인관계와 커뮤니케이션 과정, 눈높이 리더십
비전리더십, 개인과 팀 비전 성취과정
열정조직의 3가지 비법, 목표성취 제5의 법칙

주요 출강처

삼성전자, 새마을금고, 현대자동차, 중앙경제HR교육원
한국인력공단, 인천공항 운영서비스, 건국대, 극동대, 대동대
아주대, 안동대, 영동대, 울산대, 조선대, 중앙대, 천안대
한림정보대, 한양대, 한영대 등

저 서

대한민국 명강사 33인의 리더십 이야기(공저)(성공시대,'12)
평생교육방법론(공저)(학지사,'13)
평생교육의 육의전을 열다(공저)(학지사,'21)
평생교육 방법론(공저)(학지사,'24)
재미있는 인간관계의 심리학(박영사,'24)

오 미 현 (吳美賢)

코칭앤코 대표

Mobile	010-5559-1352
E-Mail	5samstory@naver.com
Homepage	blog.naver.com/coachingnco

학 력

한양대학교 교육대학원 인재개발학과 졸업('10)

전문 분야

리더십, 코칭스킬, 성과면담코칭, 셀프리더십, 일의 의미
회복탄력성, 커뮤니케이션, 팔로워십, 세대공감, 강점(긍정)
비즈니스매너, 면접스킬, 자소서 작성스킬

경 력 / 자 격

요즘시대 리더십 전문코치
한국협회 인증 코치 (KPC)
한국교류분석강사협회 기업 위원장
NLP Practitioner
(주)보령 수앤수 사업부 교육팀장('04~'06)
겟잡 교육 이사(現)

강의 내역

리더십역량 강화, 직급별 커뮤니케이션 스킬, 성과면담 스킬
셀프리더십, 팔로워십 스킬, 회복 탄력성, 세대 공감

주요 출강처

삼성디스플레이, 현대글로비스, 현대중공업, 현대삼호중공업
현대자동차, 현대엔지니어링, 삼성화재손해사정, 삼성카드
삼성생명서비스, 한국타이어, 오뚜기, DB그룹, 동국제약, 유한양행
한국도로공사, CJ대한통운, JDC, LH공사, 하나카드, SK인포섹
한국국토정보공사, 풀무원푸드앤컬처 등

저 서

소통이 힘든 당신에게(북인사이트,'21)
흥하는 자소서 망하는 자소서(골든타임,'21)
요즘세대 요즘리더(더로드,'23)
인간관계 수업(서사원,'24)

유 순 신 (劉純信)

(주)유앤파트너즈 대표이사

Mobile

E-Mail susie@younpartners.com

Homepage www.younpartners.com

학 력

성신여자대학교 불어교육학과 졸업
핀란드 헬싱키경제대(現 알토대) 대학원 경영학 석사

전문 분야

인사, 리더십

경 력 / 자 격

한국메이크어위시재단 이사, BMW코리아 미래재단 이사
현대캐피탈 사외이사, 중앙공무원교육원 정책자문위원
대통령직속 정책기획위원회 위원
행정자치부 중앙책임운영기관 운영위원회 위원
이화여자대학교경영대학원, 서울과학종합대학원, 성신여자대학교 겸임교수

강의 내역

리더십, 급변하는 미래, 유능한 인재의 조건
한국경제의 미래와 여성인재의 참여
CRO의 경쟁력과 가치(기업과 시대가 원하는 리더)
기업을 살리는 인재, 죽이는 인재(누가 진짜 인재인가?)
한국기업 사외이사의 변화된 선임절차와 마켓상황
기업과 사회가 원하는 여성 리더의 성장

주요 출강처

서울대병원, 중앙대학교, 콘티넨탈, KIWCPA, 한국장학재단
삼성생명, 신한카드, 대웅제약, 이화여자대학교, KB국민카드
성균관대학교, 한국코닝, 서강대학교, SK, 삼성, LG, MBC
KBS, IBM

저 서

나는 고급두뇌를 사냥하는 여자(조선일보,'97)
변화의 두려움을 사랑하라(풀빛출판사,'01)
글로벌 스탠더드(샘터출판사,'04)
나는 희망을 스카우트 한다(더북컴퍼니,'05)

이 원 손 (李元孫)

링키지코리아 대표컨설턴트

Mobile	010-6326-6466
E-Mail	lws0824@hanmail.net
Homepage	

학 력

고려대학교 교육학과 졸업('82)
고려대학교 경영대학원 경영학 석사('06)

전문 분야

리더십, 성과관리, 역량평가, 코칭

경 력 / 자 격

LG전자 · 동서증권 연수부장, 교보증권 인재개발팀장
한국기업금융연수원 이사, 고려대학교 교양학부 겸임교수
명지전문대 경영학과 초빙교수
한국증권업협회 투자상담관리사 자격시험 출제위원
명지전문대 학사학위 전공심화과정 운영위원
서울시 5급 사무관 역량평가 평정위원

강의 내역

리더십 및 코칭 스킬, 성과관리, 변화관리, 문제해결

주요 출강처

삼성전자, LG전자, 하림그룹, 한화그룹, 넥센, CJ제일제당
금호타이어, 한국로슈, 동우화인켐, 아모레퍼시픽, 한국선급
두산인프라코아, LG하우시스, 동아제약, 종근당, 빙그레
아모레퍼시픽, 네슬레코리아, 하이프라자, 포르쉐, 교촌, 오리온
한일시멘트, 이루온 등

저 서

이 창 준 (李昌俊)

구루피플스(주) 아그막 대표이사

Mobile	010-6345-8328
E-Mail	joon@gurus.co.kr
Homepage	gurus.co.kr

학 력

연세대학교 교육학과 졸업('90)
연세대학교 교육대학원 졸업('97)
아주대학교 대학원(인사조직 전공) 경영학 박사('07)

전문 분야

리더십 패스파인더, 진성리더십, 리더의 자기인식
리더십 문제해결

경 력 / 자 격

한국조직경영개발학회 회장, 진성리더십아카데미 원장
이화여자대학교 경영대학원 겸임교수
아주대학교 경영학부 겸임교수
아주대학교 경영학과 겸임교수
코오롱그룹 인력개발원
美 칼슨러닝 디스트리뷰터 과정('00)

강의 내역

리더십 패스파인더, 리더십과 코칭, 리더십 개발
조직변화 전략, 학습역량 강화, 인게이지먼트 전략
리더의 자기인식, 신임리더십 과정, 소통과 공감의 전략

주요 출강처

삼성전자, 삼성화재, 현대자동차, 기아자동차, 현대모비스
현대위아, SK아카데미, SK텔레콤, SK하이닉스, SK텔링크
롯데쇼핑, 롯데백화점, 롯데호텔, CJ그룹, CJ ENM, LG인화원
메드트로닉스, 올림푸스한국, 한국애브비, SH공사, GS칼텍스

저 서

리더십 패스파인더(학이시습,'09)
진짜 공부는 서른부터 시작된다(리더스북,'11)
진정성의 여정(플랜비디자인,'20)
리더십 문을 열다(플랜비디자인,'20)
미닝메이커: 리더십의 메타역량(플랜비,'22)

이 추 경 (李秋卿)

킹웨이인재개발 대표

Mobile	010-5220-0755
E-Mail	padoinceo@daum.net
Homepage	blog.naver.com/kingwayceo

학 력

동국대학교 경영학과 졸업(‘85)
성균관대학교 경영대학원(인사조직 전공) 석사 수료(‘01)

전문 분야

리더십, 소통, 강사양성, 프레젠테이션

경 력 / 자 격

KB국민은행 · KB국민카드 인재개발팀장
아담재컨설팅 대표, 파도인 대표
(사)한국강사협회 부회장
월간인재경영선정 명강사 30인(‘14)
시사투데이 선정 ‘신한국인’대상(교육인부문)(‘14)

강의 내역

설득 프레젠테이션, 말통조직 커뮤니케이션
리더의 영향력, 상황대응 리더십, MZ세대 리더십
친구 같은 강사, 수첩 같은 강의(친강수강)

주요 출강처

KB국민은행, 대한항공, 삼성전자, LG전자, 삼성증권, 코웨이
신한은행, GS칼텍스, 삼성카드, 현대카드, KB국민카드
SK네트웍스, NHN, NC소프트, 포스코, 아시아나항공
한국전력공사, 우리은행, IBK기업은행, 메리츠화재
아모레퍼시픽, 현대자동차, 기아, 하이트진로, CJ인재원

저 서

사무실에 뱀이 들어왔다면(윤컴,‘98)
CEO를 감동시키는 발표력의 비밀(미래와경영,‘10)
프레젠테이션 클래스 7강(크몽,‘23)

이 태 진 (李泰珍)

(주)바이랩 대표

Mobile	010-4045-7269
E-Mail	rkltj@naver.com
Homepage	

학 력

연세대학교 교육학과 졸업('95)
원광대학교 경영대학원 경영학과 졸업('11)
원광대학교 경영대학원 경영학과 박사과정

전문 분야

성과관리, 성과코칭, 변화관리, 인사평가, 면접관
Management Game

경 력 / 자 격

동우화인켐(주) 인사팀
(주)러닝네트웍스 소장
PSI 컨설팅 리더십솔루션센터 전임교수

강의 내역

성과관리 업무효율화 과정, 리더십 과정
문제해결과 의사결정
Management Game 과정 차세대 리더십 과정
성과관리(목표설정, 실행 코칭 및 평가), 면접관 과정

주요 출강처

현대자동차, 아모레퍼시픽, 농심, 두산중공업, 클리오, 대한제분
현대엔지비, 현대제철, KT, 코오롱FnC, KCC, 동부그룹, BOSCH
서울우유, SK건설 등

저 서

임 형 훈 (任炯勳)

(주)지에이엠컨설팅 리더십연구소장

Mobile	010-3348-9976
E-Mail	hrdyim@naver.com
Homepage	blog.naver.com/hrdyim

학 력

연세대학교 대학원 교육학과 교육학 석사('89)
숭실대학교 대학원 박사 수료('06)
경기대학교 대학원 박사 수료('11)

전문 분야

리더십, 관리자리더십, 코칭리더십, 팔로워십
성과관리 및 동기부여

경 력 / 자 격

노동부 국립중앙직업안정소 연구원('91~'92)
대우그룹 회장비서실 · 인력개발원 팀장('93~'99)
명지전문대학 겸임교수('00~'01)
한국학습성과연구소 대표('01~'15)
경기대학교 사회과학대학 겸임교수('14~'15)

강의 내역

리더십 파이프라인, Authentic Leadership, ACE 리더십
맥스웰 리더십, 관리자 리더십, 감성 리더십, 성과관리 리더십
셀프리더십
가치공유, 조직활성화, 협상력 개발, 문제해결, 갈등관리
프레젠테이션, 사내강사 양성과정 등

주요 출강처

관세인재개발원, 금호아시아나그룹, 금호타이어, 라이나생명
삼성전자, 삼성중공업, 삼표, 서울시교육청, 제주개발공사
한국철도공사, 하이트진로, 한국공항공사, 한국도로공사
한국재정정보원, 한국전력공사, 한진중공업, 현대자동차그룹
CJ인재원, CPBC 평화방송, LG유플러스, LH공사 등

저 서

장 재 호 (張在浩)

러닝넷 대표컨설턴트

Mobile	010-7257-2912
E-Mail	vitalcjh@hanmail.net
Homepage	blog.daum.net/funhrd

학 력

광운대학교 행정학과 졸업('89)
아주대학교 경영대학원 졸업('98)
숭실대학교 대학원 평생교육학과(기업교육) 박사 수료('07)

전문 분야

공지자 역량평가(AC), 역량개발(DC)
팀장 성과관리, 긍정조직 개발
현장리더십 코칭

경 력 / 자 격

(주)롯데삼강 인사담당 계장('88~'93)
롯데연수원 연수부 과장('93~'00)
(주)티엠에듀컨설팅 이사('00~'04)
한밭대학교 산업공업경영과 겸임교수(現)
감성문화연구원 대표(現), 중소기업연수원 외래교수(現)

강의 내역

고위공무원 역량평가, 역량개발(AC, DC)
역량기반 채용 전략(대졸 신입사원)
팀장성과관리, AI 조직개발 과정, 긍정조직 만들기
창의적 문제해결, 성과와 직결되는 PMI코칭

주요 출강처

국토교통인재개발원, 보건복지인력개발원, 건강보험공단
국가공무원인력개발원, 휴넷, 교보증권, 농식품공무원교육원
대구폴리텍대학, 한밭대학교, 성심당 등

저 서

전 광 수 (田廣秀)

러닝네트웍스 대표

Mobile	010-3347-7615
E-Mail	mount2050@hanmail.net
Homepage	www.lnetworks.co.kr

학 력

성균관대학교 경제학과 졸업('81)
연세대학교 대학원 산업교육학과 교육학 석사('92)
세종대학교 대학원 교육학과 교육학 박사('03)

전문 분야

코칭, 멘토링

경 력 / 자 격

현대오일뱅크 교육후생부장 · HRD팀장
연세대학교 대학원, 용인대학교 대학원 강사
동국대학교 사이버대학 초빙교수
국가인재개발원 초빙교수, 중앙교육연수원 초빙교수
한국교육학회, 한국교육정치학회, 한국산업교육학회 회원
경영지도사

강의 내역

코칭 멘토링, 멘토 양성, 리더십, 퍼실리테이터 양성과정
변화와 혁신 과정, 성과관리 리더십 과정, 창의력 개발과정
고령화 사회의 라이프플랜과 행복 만들기

주요 출강처

공무원연금공단, 한국기술교육대학교 능력개발교육원
한미정밀화학, 경찰청, 삼성전자, LIG손해보험, 현대자동차
서울시인재개발원, 아모레퍼시픽 등

저 서

정 영 재 (丁永才)

리더와촉진연구소 대표

Mobile	010-7114-2109
E-Mail	accept09@naver.com
Homepage	blog.naver.com/accept09

학 력

동국대학교 중어중문학과 졸업('04)
고려대학교 기업교육전공 석사('11)
서울과학종합대학원대학교 경영학(리더십&인사조직) 박사('20)

전문 분야

리더육성과 팀원동기
핵심인재와 미래사고
조직문제와 이슈해결

경 력 / 자 격

LS그룹 연수원, LS People Lab 20년 경력
서울과학종합대학원대학교 산업정책연구원 연구교수('21~現)
한국성과코칭협회 성과코칭 마스터('24)
서울과학종합대학원대학교 HRM & HRD 초빙교수('24~現)
한국능률협회 핵사곤 리더십 프로그램 주임교수('25~現)
삼육대학교 경영대학원 경영학과 겸임교수('25~現)

강의 주제

새로운 시대 리더십(복잡계, 포용적, AI 리더십)
리더의 성과관리와 성과코칭, 변화관리와 조직관리
핵심인재 프로그램(분석적, 시스템, 맥락적, 창의적 사고)
핵심인재 문제의식과 논리적 문제해결
핵심인재의 조건과 특성
핵심인재 팀 협업 촉진자 양성과정

주요 출강처

LS미래원, LS엠트론, 삼성전자경력개발센터, 현대자동차, 기아
금융투자교육원, 대원제약, GC녹십자, JW제약, 하나증권, 큐알티
KB국민카드, 서울신용보증재단, 한솔아이원스, LG유플러스
현대인재개발원, 하이엠솔루텍, DKBMC, 대한유화, 교촌
서울시인재개발원, 신한라이프, 동서식품, 현대트랜시스

저 서

1톤의 생각보다 1그램의 행동이 필요하다(팬덤북스,'13)
복잡계 경영 Complexity Management(Bookk,'24)

조 은 님

링크인컨설팅 대표이사

Mobile	010-8487-8005
E-Mail	linkin_edu@naver.com
Homepage	blog.naver.com/linkin-edu

학 력

중앙대학교 글로벌인적자원개발대학원 인적자원개발(HRD)
전공 졸업('19)

전문 분야

관계 및 소통, 리더십, 신입사원/신임팀장 온보딩
퍼실리테이션 W/S, 협업/팀워크향상 조직활성화

경 력 / 자 격

대한상공회의소 인력개발사업단 주임연구원('15~'17)
KFA 인증 퍼실리테이터(CF)('20~'25)
TKI 갈등관리 전문가('24~'25)
버크만 시그니처 디브리퍼('24~'25)
한국코치협회 인증 코치(KAC)('24~'25)
업무성향분석 심오피스 컨설턴트('24~'25)

강의 주제

비즈니스/협업/보고 커뮤니케이션, 피드백 스킬
심리검사기반 소통/관계스킬, 성과관리 코칭리더십, 셀프리더십
애자일(상황대응) 리더십, 문제해결 및 의사결정/조직문화/회의문화
/갈등관리 퍼실리테이션 W/S

주요 출강처

현대자동차, 네이버, SK그룹, 롯데코리아세븐, 삼성화재, 미원상사
메리츠화재, 블루핸즈, KGM모빌리티, 제우스, TES, 티웨이항공
무림그룹, 대양전기공업, 트래블포트코리아, 이삭엔지니어링
건강보험공단, 한국보건복지인재원, 한국고용노동교육원
농림수산식품교육문화정보원, 서울시인재개발원 등

저 서

e-book 리워크(비센샤프트,'21)
워커빌리티(북인사이트,'25)

조 창 기 (曺彰基)

JCK Partners 대표

Mobile	010-3295-6454
E-Mail	jckpartners@naver.com
Homepage	jckpartners.modoo.at

학 력

연세대학교 교육학과 졸업('99)
연세대학교 (인적자원개발 전공) 석사('10)

전문 분야

리더십역량, 직무역량, 조직문화 내재화

경 력 / 자 격

삼성에버랜드('99~'03)
현대카드 · 현대캐피탈 인력개발팀 근무('03~'06)
팬택계열 교육팀장('06~'08)
엑스퍼트컨설팅 전임교수('08~'09)

강의 내역

리더십 역량강화(코칭, 셀프리더십, 팔로워십, 성과관리)
직무역량(PM, 통합적 기획력과정, 프레젠테이션, 문서작성)
조직문화 강화(핵심가치 내재화, 회의문화 개선)

주요 출강처

삼성전자, 한국전력, 기아, LG유플러스, 대웅제약, 현대해상
환경부, 아모레퍼시픽, 가톨릭중앙의료원, GS칼텍스, 종근당
한국마사회, 한전KDN, 미래에셋대우, 국민건강보험공단
한국도로공사, 국토정보공사, 기상청, 산림청 등

저 서

멘토링 Guide Book(연세대출판부,'10)

조 형 훈 (趙炯勳)

시앤피컨설팅 파트너 강사

Mobile	010-7178-3709
E-Mail	chujin7@naver.com
Homepage	www.cnp.re.kr

학 력

중앙대학교 청소년학과 졸업('01)
연세대학교 교육대학원 인적자원개발학과 교육학 석사('15)
숭실대학교 일반대학원 평생교육학과 박사('21)

전문 분야

(현장훈련)교수법, 리더십, 코칭커뮤니케이션, 갈등관리
잡 크래프팅

경 력 / 자 격

한국리더십센터 책임연구원/팀장
고려대학교, 우송대학교 강사

강의 내역

교육자를 위한 FUN교수법
성공하는 직장인을 위한 자기경영 습관
성과를 높여주는 코칭커뮤니케이션, 효과적 갈등관리 과정
긍정심리를 통한 강점 활용

주요 출강처

삼성디스플레이, 포스코, LG CNS, SK, SK텔레콤
서울시교육청, 뉴스킨, 이수그룹, 창성건설, 국민건강보험
콜롬비아케미컬즈코리아, 제너럴밀스코리아, 서강대학교
연세대학교, 한국기술교육대학교, 아이들과 미래재단, KAIST

저 서

NCS기반 자기개발능력(한울,'18)
인성과 직업윤리(한울,'21)

최 염 순 (崔念淳)

(주)성공전략연구소 카네기평생교육원 회장

Mobile	010-5281-9010
E-Mail	yschoi@carnegie.co.kr
Homepage	www.carnegie.co.kr

학 력

서강대학교 경영대학원 경영학 석사
서강대학교 대학원 박사

전문 분야

리더십, 인간관계, 커뮤니케이션

경 력 / 자 격

경남기업, 독일 KHK GMBH 근무
성균관대학교 국정대학원 겸임교수

강의 내역

리더십 코스, 최고경영자 코스, 프레젠테이션 코스
세일즈 코스, 인간관계, 조직혁신

주요 출강처

삼성, 현대자동차, KT, 포스코, 서울대학교, 이화여자대학교

저 서

성공의 85%는 인간관계(카네기연구소,`02)
인간경영 리더십(씨앗뿌리는사람,`05)
씨익웃고 쓰윽하자(카네기연구소,`14)

최 종 택 (崔鍾澤)

초이스 인재경영개발원 대표 원장
경희대학교 국제경영대학원 겸임교수

Mobile	010-3715-4670
E-Mail	jtchoi9191@naver.com
Homepage	www.choicech.co.kr

학 력

연세대학교 교육대학원(기업교육 전공) 석사
인하대학교 교육사회학 박사과정 수료

전문 분야

리더십, 커뮤니케이션, 조직개발, 비즈니스 코칭, 라이프 코칭
회복탄력성, 의식혁신, 긍정적 사고, 영업 마인드 및 영업력 강화
자기혁신, 역경 극복

경 력 / 자 격

현대경제연구원 개발팀장, 연구위원('96~'01)
(사)한국강사협회 회장('17~'20), 국민훈장 동백장 수훈('21)
(정부산하)민주시민교육 자문위원
KBS 아침마당목요특강, SBS오픈스튜디오, EBS인생이모작 출연
미국 코넬대학교 "학습조직 과정" 코스 수료
한국코치협회 전문코치

강의 내역

포용적 리더십: 팀리더십, 팔로워십, 셀프리더십, 혁신리더십
취약성 리더십, 휴브리스 리더십
영업 Ship 교육: 영업 성공 과정, 영업 마인드 강화 과정
조직 커뮤니케이션: 공감, 경청, 설득, 버크만 진단 및 코칭
과정개발 기법 과정, 강사양성 과정, TA 교류분석 과정

주요 출강처

현대자동차그룹, 기아, LG그룹, 삼성그룹, DB금융그룹, KT&G
현대중공업, 교보생명, 현대해상화재보험, 롯데손해보험
인천상공회의소 최고경영자, 가천대학교 최고경영자, 한세MK
흥국금융그룹, 오스템임플란트, 유진기업, NH투자증권 등

저 서

하루 약속(다산북스,'23)

편 세 경 (片世景)

자기혁신연구소 소장

Mobile	010-6440-6232
E-Mail	skpyeon@daum.net
Homepage	

학 력

건국대학교 경제학과 졸업('86)
건국대학교 대학원 경제학과 경제학 석사('91)

전문 분야

리더십 · 코칭, 갈등관리 · 커뮤니케이션, 회의운영
기획력, 보고서 작성, 문제해결, 의사결정, 사내강사 양성

경 력 / 자 격

크라운제과 인재개발팀('89~'96)
데이콤시스템테크놀로지 경영지원팀장('97~'01)
에스큐테크놀로지 인사관리팀장('02~'05)
(주)인키움 전임교수, 강사자격시험 실기심사단장('06~'12)
시앤피컨설팅 전문교수('18~'20)

강의 내역

리더십과 코칭스킬
셀프리더십 · 팔로워십, 사내강사 양성과정
기획력 향상과 보고서 작성, 문제해결과 의사결정
프리젠테이션 스킬, 갈등관리와 커뮤니케이션 스킬
효율적인 회의운영, Work Smart와 시간관리
경영시뮬레이션 게임

주요 출강처

현대자동차그룹, 삼성그룹, LG그룹, SK그룹, 롯데그룹
금융결제원, 한국증권금융, 새마을금고중앙회, 농협중앙회
SGI서울보증, 신한은행, 현대카드, 한국전력, 한국공항공사
한국가스공사, 건강보험공단, 한국소방산업기술원, EBS, KBS
경찰청, 철도공사, 보건복지인력개발원, 동국대, 경북대 등

저 서

편세경의 실전 기업강의 매뉴얼(커뮤니케이션북스,'19)

황 현 호 (黃現浩)

국제코치훈련원 원장
한국부부행복코칭센터 원장

Mobile	010-8330-4399
E-Mail	dreamhhh@naver.com
Homepage	www.icti.kr

학 력

세종대학교 관광경영학과 졸업('92)
백석대학교 교육대학원 코칭심리 석사
남서울대학교 일반대학원 코칭학 박사 수료

전문 분야

코칭리더십, 전문코치 훈련, 조직활성화, 가족/부부 특강

경 력 / 자 격

국제코칭연맹(ICF)코리아챕터 회장, 한국코칭학회 부회장
숭실사이버대학교 겸임교수(現)
아주대학교 경영대학원 겸임교수(現)
광운대학교 교육대학원 겸임교수(現)
한국코치협회 조직문화지원단 위원(現)

강의 내역

전문코치 훈련과정
코칭리더십 특강 및 워크숍
직무 스트레스 관리과정
가족과 부부관련 특강 및 워크숍

주요 출강처

삼성전자, 삼성SDI, LG전자, LG디스플레이, 현대자동차, KT
현대모비스, 포스코, 미래에셋, 한국타이어, 동아제약, 대전교육청
경기도인재개발원, 국민연금관리공단, 충남공무원교육원
건강보험공단, 국민연금관리공단 등

저 서

부부는 탁월함 때문에 싸운다(예영비앤피,'15)
코칭심리측정의 이해와 활용(공역)(북허브,'19)
ICF 8가지 코칭핵심역량(공저)(신정,'21)
최신코칭학개론(공저)(신정,'23)
있는 그대로의 우리(공저)(북크크,'25)

소통 · 커뮤니케이션

고 유 진 (高裕眞)

그랑에듀컨설팅 대표

Mobile	010-5513-0147
E-Mail	purify77@naver.com
Homepage	blog.naver.com/purify77

학 력

이화여자대학교 정책과학대학원 커뮤니케이션/미디어 석사과정 中

전문 분야

보이스, 스피치, 프레젠테이션, 커뮤니케이션

경 력 / 자 격

YTN, KTV, EBS, CTS, CBS, TBS 전문방송인(13年)
학교 및 기업교육 강사(15年)
스포츠 장내 아나운서 활동(15年)
공식 행사진행 아나운서(15年)

강의 내역

보이스 트레이닝, 비즈니스 스피치, 프레젠테이션
보고 스피치, 갈등관리 커뮤니케이션
위험관리 커뮤니케이션, 상황대응 리더십
의사들을 위한 진료 스피치, 강사양성 과정, 소통

주요 출강처

SK그룹, SK하이닉스, 삼성전자, 삼성화재, 삼성카드, 신한카드
롯데카드, 현대백화점 인재개발원, 마이크로칩, LH주택공사, 비커밍
국립중앙박물관, 서울시립미술관, 한국저작권협회, KAIST
서울대학교, 연세대학교, 중앙대학교, 인천대학교
대전과학기술대학교 등

저 서

다만, 공감이 필요할 뿐(연결된타인)(대영문화사,`25)

공 문 선 (孔文善)

커뮤니케이션 클리닉 원장

Mobile	010-9244-3340
E-Mail	angerfree@naver.com
Homepage	

학 력

한양대학교 졸업('87)
중앙대학교 신문방송대학원 졸업('95)

전문 분야

커뮤니케이션, 방송, 조직, 대화법

경 력 / 자 격

현대그룹경제연구소
가톨릭대학교 의료경영대학원 외래교수
국방부 국방3.0 자문위원
KBS 아침마당 고정 출연
국방부 국방정책 자문위원

강의 내역

비즈니스 커뮤니케이션, 조직 커뮤니케이션

주요 출강처

삼성전자, SK텔레콤, 현대자동차, 포스코, IBK, KBS, LG그룹
국정원 등

저 서

히든 커뮤니케이션(쌤앤파커스,'09)
컨펌을 끌어내는 기술(토네이도,'09)
전략적 대화법(북마크,'14)
마인드 리딩 커뮤니케이션(루인앤휴잇,'18)
개복치로 살아남기(스밈,'21)

김 도 운 (金都暈)

한국안드라고지연구소장
금강일보 논설위원

Mobile	010-7720-8205
E-Mail	01077208205@hanmail.net
Homepage	

학 력
충남대학교 학사
한남대학교 석사
충남대학교 박사 수료

전문 분야
보도자료, 언론, 집필

경 력 / 자 격
금강일보사 편집부국장, 정치부장, 경제부장
국가인권위원회, 국민권익위원회 강사
충청투데이 지방부장, 사회부장
한남대학교, 대전대학교 외래교수

강의 내역
인생의 버킷리스트 〈죽기 전에 내 책 쓰기〉
보도자료 작성과 언론 대처법 〈홍보야 울지마라〉
글쓰기의 요령 〈Yes, I Can Write〉, 인문학적 사고와 기획력
책 속의 인문학, 생활 속의 인문학, 차별이 없는 세상
인권이 완성되는 세상, 글쓰기와 책 쓰기, 저술지도

주요 출강처
공무원연수원, 고려대학교, 충남대학교, 대전대학교
대전지방경찰청, 충남지방경찰청, 유성구청, 홍성군청 등

저 서
급하지 않은 일, 그러나 중요한 일(문진,`16)
죽기 전에 내 책 쓰기(행복에너지,`18)
홍보야 울지 마라(리더북스,`20)

김 두 열 (金斗烈)

러닝네트웍스 대표

Mobile	010-5068-7277
E-Mail	vivakdy@hanmail.net
Homepage	learningnetworks.co.kr

학 력

연세대학교 교육학과 졸업('85)

전문 분야

리더십, 갈등관리, 협상, 전략기획

경 력 / 자 격

한국능률협회 전문위원, 한국능률협회컨설팅 컨설턴트
국무조정실 OPC 아카데미 교수
거제시 발전기획위원회 부위원장
경희대학교 언론정보대학원 겸임교수
전경련 IMI 협상과정 강사
삼성전자 임원 코칭('13~'19)

강의 내역

전략적 사고, 리더십, 갈등관리, 협상, 성과관리, 의사결정

주요 출강처

삼성전자, 현대자동차그룹, SK아카데미, 공정거래위원회 등

저 서

IBM의 몰락(21세기북스,'94)
평생교육방법론(공저)(공동체,'13)
갈등관리(공동체,'14)
어떻게 협상할 것인가(페가수스,'15)

김 민 경 (金玟鏡)

조직문화진흥원 원장

Mobile	010-6564-0321
E-Mail	cs-bella@naver.com
Homepage	blog.naver.com/mind_design_mk

학 력

국가평생교육진흥원 아동학 전공('17)
숭실대학교 교육대학원 평생교육HRD 전공('23)

전문 분야

소통, 세대갈등, 갈등관리, 리더십/팔로워십
조직문화, MVCC 비전워크숍, 가치내재화, 조직활성화
마인드셋, 셀프리더십, 조직몰입, 잡크래프팅

경 력 / 자 격

위캔서비스아카데미 수석강사('18~'22)
IT&BASIC 심오피스 수석컨설턴트('20~現)
한국과학기술대학교 진로설계 교과목 외부강사('21)
KPC 한국생산성본부 파트너 강사('21~現)
한국능률협회 경기/강원 인재매칭 전문 컨설턴트('22)
IT&BASIC 심커리어 과정개발참여 및 교구개발자('22~現)

강의 내역

건강보험공단 3급 팀장 역량향상교육 변화관리, 관계경영
나노종합기술원 KAIST 조직문화 기초 소양교육
네이버 팀플레이 업무성향기반 소통, 다양성 존중
포스코 중소기업 컨소시움 안전소통
하나은행 승진자(책임직급) 대상 가치내재화
현대로템 조직문화 팀 세미나

주요 출강처

네이버, 현대로템, 현대SCI, 한화, 하나은행, 포스코컨소시움
쿠팡, 쌍용, KPR, 런드리고, 타이항공, 한국마사회, 정우금속
부천테크노파크, 한국은행, 중앙지방검찰청, 한국에너지공단
제주지방검찰청, 한국노사발전재단, 부천일드림센터
제주국제평생교육원 등

저 서

회사가 문제일까? 내가 문제일까?(Lim,'24)

김 승 경 (金承經)

대림대학교 경영학부 교수

Mobile	010-2727-2238
E-Mail	simonskk@empal.com
Homepage	

학 력

성균관대학교 산업공학과 졸업('85)
숭실대학교 대학원 경영학과 경영학 박사('06)

전문 분야

논리적/전략적/창조적/시스템적 문제해결, 기획력 향상, 경영전략
커뮤니케이션, 창의력 개발, 목표관리, 갈등관리 등

경 력 / 자 격

전국 교수 · 학습 연구대회 2등상 수상(마케팅과목)('12)
SK그룹 생산운영관리, 경영기법개발, 마케팅팀, 연구기획팀장
한국산업기술진흥협회 기술경영팀 선임컨설턴트
U&IC 경영혁신연구소 소장, 건국대학교 겸임교수
대한경영정보학회 이사, 한국회계정보학회 부회장
한국과학기술기획평가원 사업평가 위원

강의 내역

문제해결과 개선, 문제발견과 현장개선, 문제해결 프로젝트
문제해결과 의사결정 과정
전략적 기획력 개발 및 기획력 향상 과정 등
Logical Thinking, 문제 도출 및 해결 전략

주요 출강처

삼성전자, 현대자동차그룹, 효성그룹, 코오롱그룹, 한국가스공사
LH공사, 코레일, 중소기업진흥공단, 한국금융연수원, 신한은행
기업은행, KB국민은행, 한국교육개발원, 서울시인재개발원
지방행정연수원, 한겨레신문, 교육과학기술연수원, 한국컨설턴트협회

저 서

지속적 경쟁우위를 위한 경영전략론(학산미디어,'17)

김 철 수 (金哲洙)

한국인재개발센터 대표

Mobile	010-2000-1958
E-Mail	water750@hanmail.net
Homepage	www.bestpdc.com

학 력

연세대학교 교육대학원(산업교육학 전공) 석사('00)
백석대학교 대학원 교육학 박사('16)

전문 분야

리더십, 인간관계, 창의력, 기획력

경 력 / 자 격

행정자치부 지방행정연수원 겸임교수
행정안전부 강원도인재개발원 우수강사 선정('09)
행정자치부 경남인재개발원 베스트강사 선정('12)
행정자치부 전북공무원교육원 명강사 선정('14)
행정자치부 전남공무원교육원 명강사 선정('15)
전경련미디어아카데미 교수, 한국산업교육협회 이사

강의 내역

기획방법론과 문제해결, 보고서 작성, 창의력 개발
셀프리더십, 인간관계 리더십, 원칙중심의 리더십, 강의스킬
한국의 미래와 경쟁력

주요 출강처

행정안전부, 국방부, 산업자원부, 보건복지부, 경찰청, 국회
방위산업청, 중앙선거관리위원회, 교육과학기술부연수원 등

저 서

명강사 따라잡기(안암문화사,'09)
부모가 변해야 아이가 행복하다(미주,'10)
차 한잔의 여유에서 얻는 지혜(미주,'11)
그것은 다만 운이 좋았을 뿐이다(미주,'12)
미래를 열어가는 당신의 모습은 어떻습니까?(미주,'12)

김 태 승 (金泰承)

바드 커뮤니케이션 대표
URCC PTE. LTD 글로벌 마케팅 책임

Mobile	010-4285-5004
E-Mail	shoppinghost@hanmail.net
Homepage	

학 력	**전문 분야**
고려디지털대학교 실용 외국어학과 (영 · 중 · 일 전공) 미국 팬퍼시픽 유니버시티 대학원(웃음심리치료) 박사('08)	조직커뮤니케이션, 인지심리학, 비즈니스 스피치 스피치화술, 비지니스 협상기술, GRIT특강
경 력 / 자 격	**강의 내역**
GS홈쇼핑 공채1기 쇼핑호스트 군 인성교육 퍼실리테이터 공채1기 ECAS 정치 · 경제 · 예술 아카데미 원장 와우힐링캠프 원장('16~現)	업무혁신과 창의성, 조직 커뮤니케이션 힐링 스피치(말에도 온도가 있다) 혁신 · 역량강화 및 조직활성화 전략, 중소기업 살리기 와우 힐링캠프(비움, 채움, 배움, 나눔) 통하는 비즈니스 스피치(결과를 내는 비즈니스 스피치)
주요 출강처	**저 서**
국토교통부, 국가공무원 인재개발원, 중소기업청, 수협중앙회 아산시청 등	말 잘하는 기술(공저)(가림출판사,`14) 스몰토크(역서)(일월일일,`20)

김 희 영

더좋은공감스피치 대표 아나운서

Mobile	010-8295-8963
E-Mail	pdjkhy@naver.com
Homepage	

학 력

상명여자대학교 불어교육과 졸업
상명여자대학교 불문학대학원 수료
동국대학교 언론정보 대학원 수석 졸업('86)

전문 분야

커뮤니케이션, 스피치, 프레젠테이션

경 력 / 자 격

MBC 아나운서
민주평화통일자문회의 국민소통위원회 상임위원('18~現)
아세안 정상회담 축하 음악회 진행(KBS,'14)

강의 주제

커뮤니케이션과 스피치
청춘 통일 토크쇼

주요 출강처

충남대, 건양대, 고려대, 대진대, 대구대, 부산부경대, 상명대
중앙대, 한양대, 연세대, 환경청, 경기교육지원청
서울대학교대학원

저 서

박 명 래 (朴明來)

위캔HRD 대표
한양대학교 교육대학원 겸임교수

Mobile	010-6265-7059
E-Mail	majorpark0806@nate.com
Homepage	

학 력

한양대학교 대학원 교육학 석사(`94)

전문 분야

비즈니스 협상, 커뮤니케이션, 리더십 및 코칭, 셀프리더십

경 력 / 자 격

미국 미네소타 주립대학교 교환교수
조선대학교 경영학과 겸임교수
전경련 최고경영자과정 초빙교수
국제교류분석협회 정회원
국무총리실 OPC 아카데미 협상 전담교수

강의 내역

영업(구매)협상, 감성리더십, 코칭리더십
조직소통과 커뮤니케이션, 변화관리와 셀프리더십

주요 출강처

삼성, LG, SK, 현대, 국민은행, 신한은행, 하나은행, 삼성화재
미래에셋, 메트라이프, 지맨스, 나이키, 코카콜라, 사노피아벤티스
한국EMC, 서울대학교, 연세대학교, 한양대학교, 고려대학교
국무총리실, 국민권익위원회 등

저 서

당신 자신을 위하여(역서)(기업교육연구원,`93)
인생각본을 다시 쓰자(을지문화사,`94)
부모역할, 티칭에서 코칭으로(한국지역사회협의회,`08)
협상 시크릿(다차원북스,`13)

박 상 기 (朴相起)

BNE컨설팅 대표

Mobile	010-3348-3792
E-Mail	kingsgbak@empas.com
Homepage	www.bneconsulting.co.kr

학 력

미국 University of Wisconsin-Madison, MBA Marketing 졸업
숭실대학교 경영학(협상학 전공) 박사 수료

전문 분야

비즈니스 협상, 커뮤니케이션, 소통, 힐링, 리더십, 정치

경 력 / 자 격

협상전문가 방송(KBS1 라디오, MBN, TV조선, 채널A 등)
한양대학교 국제학대학원 국제협상 겸임교수('16)
한국협상학회 국제협상연구위원장 · 부회장)('18)
세종대학교 경영전문대학원 겸임교수
(세종아리조나MBA 비즈니스협상학)('19)
한국협상학회 부회장(現)

강의 내역

영화로 배우는 비스니스 협상, 글로벌 비즈니스 협상
세일즈 협상, 힐링 협상, 영업 · 영어 프레젠테이션

주요 출강처

삼성SDI, 현대모비스, 대우건설, LG전자, SK, 만도, 대림산업
KT&G, 기아, KT, CJ, 현대중공업, 현대백화점 등

저 서

협상의 심리학(역서)(위즈덤아카데미,`04)
성공하려면 협상가가 되라(역서)(위즈덤아카데미,`05)
영화는 협상처럼, 협상은 영화처럼(영림카디널,`13)

백 우 진 (白宇鎭)

글쟁이 주식회사 대표이사

Mobile	010-5274-8363
E-Mail	smitten@naver.com
Homepage	blog.naver.com/smitten

학 력

서울대학교 경제학과 졸업('88)
서울대학교 경제학과 대학원 졸업('91)

전문 분야

글쓰기, 보고서 · 보도자료 작성법

경 력 / 자 격

한화투자증권 편집위원
중앙일보 이코노미스트 · 포브스코리아 편집장
재정경제부 경제홍보기획단 계약직 공무원
동아일보 기자
가천대학교 미디어커뮤니케이션학과 겸임교수('19~現)

강의 내역

효율적이고 정확한 보고서의 기본, 원 페이지 보고서 작성법
스토리텔링 기법을 구사해 칼럼 쓰기
논리적인 글쓰기를 위한 크리티컬 리딩
보고서 · 보도자료 · 칼럼 · 에세이 작성법 강의와 코칭
한 번에 통과되는 보고서 작성 실무과정

주요 출강처

생산성본부, 안랩, 한국은행, 농림축산검역본부
우리글진흥원, 바텍네트웍스, 한국지역난방공사
원자력연구원, 동서발전, 산업은행, 동아일보, 머니투데이 등

저 서

일하는 문장들(웨일북,`17)
백우진의 글쓰기 도구상자(동아시아,`17)
단어의 사연들(웨일북,`18)
첨삭 글쓰기(사개모개,`23)
1% 일잘러의 글쓰기 비밀노트(세이코리아,`23)

봉 은 희 (奉殷姬)

(주)한국교육센터 컨설턴트

Mobile	010-9830-5888
E-Mail	bongcoms@naver.com
Homepage	blog.naver.com/bongcoms

학 력

원광대학교 문리대 국어국문학과 졸업
백석대학교 상담대학원(가족치료 · 심리상담 전공) 석사

전문 분야

책 쓰기, 실용 글쓰기, 자서전작가 양성
퍼스널 브랜딩 책쓰기
에세이 쓰기 마스터 과정

경 력 / 자 격

인하공전 교양학부 외래교수
한나라당 서민행복추진본부 전속작가
목회자출판연구회 책임교수
출판 홍보대행 봉커뮤니케이션즈 대표
도서출판 북웨이브 고정 필진
실용 글쓰기 & 북코칭 마스터 클래스 운영

강의 내역

하루 만에 마스터하는 책 쓰기 코칭 강좌
전천후 북코칭 마스터 클래스
홍보문의 이해와 비즈니스 글쓰기
작가 양성과정, 글쓰기 지도사 과정
저자 되기- 북코칭 마스터 클래스(20주)
나만의 특별한 이야기 - 지자체 자서전 쓰기

주요 출강처

인하공업전문대, 진천군평생학습센터, 아주대 평생교육원
순천향대 평생교육원 등

저 서

인맥의 달인을 넘어 인맥의 신이 되라(가림출판,`08)
세상은 당신의 이야기를 기다린다(해피데이,`15)
스토리셰프 봉작가의 맛있는 글쓰기 레시피(벗나래,`22) 등

신 계 수 (辛桂秀)

위캔HRD 생애설계연구소장
호서대학교 교양학부대학 겸임교수

Mobile	010-3422-4618
E-Mail	chicluck@naver.com
Homepage	

학 력

인하대학교 경영학과 졸업('87)
호서대학교 대학원 경영학 석사('08)
호서대학교 대학원 노인복지학 박사('12)

전문 분야

변화관리, 리더십, 코칭 , 멘토링, 은퇴설계

경 력 / 자 격

교보생명 지점장, 현대생명 지점장 · 연수원 교수
한화생명 인재개발원 교수 · Wealth Manager
위드에프피 금융아카데미 원장
한국HRD협회 인재개발원 교수
한국FP학회 이사, 상진복지재단 감사

강의 내역

소통리더십, 감성리더십, 질문만 잘해도 상담은 성공한다
세일즈 협상 · 갈등관리

주요 출강처

한화그룹, 동부그룹, 아주그룹, 국민은행, 하나은행, 광주은행
대구은행, 경남은행, 삼성생명, 한화생명, 교보생명, 새마을금고
국민연금공단 등

저 서

신 지 희

표현과소통 스피치커뮤니케이션 대표

Mobile	010-5731-8017
E-Mail	enchrd@naver.com
Homepage	www.enchrd.co.kr

학 력

중앙대학교 피아노 · 신문방송학과 졸업('04)

전문 분야

프레젠테이션 스킬, CEO스피치, 보이스 트레이닝
커뮤니케이션 스킬

경 력 / 자 격

TBS 교통방송 취재기자
CJ헬로비전 아나운서, 의정부시청 아나운서
KBS 리포터, 이데일리 경제 TV MC
KDS 의료방송 뉴스 앵커
신구대학교 외래교수(現)

강의 내역

1% 명품 목소리 만들기, 엑설런트 프레젠테이션 발표 스킬
경쟁 프레젠테이션 노하우
뽑히는 면접을 위한 취업 면접 스피치의 비밀
성공을 부르는 비즈니스맨의 전략적 이미지메이킹
마음을 움직이는 비즈니스 스피치
직장 내 커뮤니케이션 스킬 등

주요 출강처

국민건강보험공단, 한국환경공단, 한국토지주택공사, SPC
파주시청, 여주시청, 레드캡투어, GS건설, 중흥건설, LG CNS
LG디스플레이, 삼성물산, 현대백화점, 현대자동차, 교보생명
아모제, LIG시스템, IBK 기업은행, 효성중공업, 메리츠화재
중앙대학교, 서강대학교 대학원, 영남대학교 대학원 등

저 서

살리는 스피치 죽이는 이미지(공저)(타래,'14)
표현과 소통: 자신감을 높여주는 스피치 특강(타래,'18)

오 세 주 (吳世主)

꿈나라독서논술연구소 소장

Mobile	010-3774-8369
E-Mail	sejusong@hanmail.net
Homepage	

학 력

동아인제대학교 사회복지학과 졸업

전문 분야

독서 코칭, 강의, 인문학 강의, 책 쓰기

경 력 / 자 격

고려대학교 명강사 최고위과정 특임강사
건국대학교 통합논술 지도교수
가천대학교 독서코칭 지도교수
가천대학교 명강사 최고위과정 운영교수
실용글쓰기 사단법인 국가공인 강사

강의 내역

올바른 독서 습관 키우기, 창의력으로 승부를 걸어라
다산과 함께하는 독서이야기, 글쓰기를 두려워 마라
책 쓰기 12주 저자되기, 자소서, 면접을 준비하라
시칭작의 감성 키우기, 책 쓰기 코칭
독서코칭지도사 1급 자격 과정

주요 출강처

가천대학교, 이천시청, 인천광역시 등

저 서

아내가 웃고 있다(출판이안,`16)
독서는 인생이다(출판이안,`18)

우 재 식 (禹在植)

창의적 문제해결연구소 대표

Mobile	010-8863-3051
E-Mail	wooshik2@naver.com
Homepage	blog.naver.com/wooshik2

학 력

경북대학교 사범대학 수학교육과 졸업('80)
경북대학교 대학원 경제학 석사('82)
경희대학교 대학원 경제학 박사('98)

전문 분야

정책기획 개발, 문제해결, 리더십, 승진자 교육, 소통, 기획력

경 력 / 자 격

한국생산성본부 전문위원 · 산업경제실장 · 수석 전문위원
생산성학회 이사
민관 사무혁신 추진위원, 정부 R&D 심사위원
한국생산성본부 PMS 경영컨설턴트(現)

강의 내역

정책기획개발 과정, 문제해결과 의사결정
승진대상자 역량개발과 평가
대인관계의 개선과 소통역량 개발
인간관계 문제해결과 갈등관리, 창조적 기획능력 개발
강소농 교육 및 컨설팅, 마을기업 기획 및 PT지도

주요 출강처

삼성전자, LG전자, 현대중공업, 현대자동차, 농협중앙회
한국가스공사, 서울시청 등

저 서

윤 태 호 (尹泰鎬)

중소기업연수원 전임강사

Mobile	010-4585-5920
E-Mail	ycythy@naver.com
Homepage	

학 력 인하대학교 기계공학과 졸업('86)	**전문 분야** 문제해결, 품질혁신, 업무혁신, 현장개선
경 력 / 자 격 아남산업 품질관리과장 한국표준협회 전문위원 한국능률협회 전문위원	**강의 내역** 개선제안 활동, 품질혁신 방법, 창의적 문제해결 기법 현장개선 활동, 분임조 문제해결 기법 원리로 풀어보는 질병의 치유
주요 출강처 중소기업연수원, 한국HRD교육센터, 한국표준협회 등	**저 서** 상식밖에 길이 있다(행복나무,`13) 암, 산소에 답이 있다(행복나무,`13) 고혈압 산소가 답이다(행복나무,`15)

이 경 열 (李慶烈)

경영지도사

Mobile	010-3361-1261
E-Mail	Smiletech@hanmail.net
Homepage	

학 력

서강대학교 경영대학원 졸업('92)
일본사회경제생산성본부('94)

전문 분야

리더의 언어, 커뮤니케이션, 창조성, 비전, 감성스토리 경영

경 력 / 자 격

중소기업진흥공단 서울지역본부장, 중소기업연수원장
인덕대학교 교수
이경열 교수의 CEO 성공발전소 방송 진행
(조선일보 위클리비지니스)
한국경제신문 이경열의 아이디어 테크 칼럼

강의 내역

리더의 언어, CEO 언어
섹시한 말이 성공을 부른다
하이컨셉시대의 경영전략

주요 출강처

중소기업연수원, 미래포럼, 이업종연합회, 고려대학교 등

저 서

어린왕자 멘토를 만나다(더난,'10)
아이가 웃는 실전 아이디어(중소기업진흥공단,'11)
섹시한 말이 성공을 부른다(다할미디어,'12)
나는 왜 아이디어가 궁할까(다할미디어,'19)
상상의 길목에서 만난 어린왕자(전자출판,'21)

이 동 주 (李桐宙)

선에듀 대표

Mobile	010-4152-1351
E-Mail	sun-edu@naver.com
Homepage	blog.naver.com/sun-edu

학 력

대구가톨릭 대학교 관광문화학과 졸업
아주대학교 MBA 코칭 · 인사조직 과정 中

전문 분야

커뮤니케이션: 조직 커뮤니케이션, 진단 기반 커뮤니케이션
리더십: 코칭 리더십, 브릿지 리더십, 동기부여 리더십
조직문화: 강사양성과정, 디자인씽킹, KAC 자격증

경 력 / 자 격

복음보청기 CS팀('08~'10)
CE Sales Academy 교육팀('10~'12)
청호나이스 교육팀('12~'18)
Korea Professional Coach('25~現)
코칭엔 KAC 자격인증과정 전문 FT('25~現)

강의 주제

동기유발을 일으키는 코칭리더십, 미들업다운 리더십
갈등과 멀어지는 커뮤니케이션, 조직 커뮤니케이션
조직과 방향을 맞추는 팔로워십, 승진자 팔로워십
자기인식과 셀프리더십, 강점 셀프리더십, 잡크래프팅
사내강사 역량 향상 과정, 창의적 문제해결과정
프로의식과 마인드셋, 비즈니스 매너, CS역량 향상과정

주요 출강처

DB그룹, 롯데그룹, 한화그룹, 삼성물산, 르노자동차, 종근당
현대로템, 효성ITX, 동서식품, 한국콜마, 지앤푸드, 스테코
코오롱베니트, 삼성메디슨, 유한양행, 경보제약, 태림페이퍼
SK쉴더스, 팀스파르타, 조폐공사, 한국가스공사, 건강보험공단
SH서울도시공사, 국립중앙도서관, 용인도시공사, 고려대학교 등

저 서

이 병 일 (李炳壹)

청주대학교 경상대학 경제학과 겸임교수
한국지식경제진흥원 공동원장

Mobile	010-2339-3122
E-Mail	123bilee@naver.com
Homepage	

학 력

고려대학교 교육대학원 산업심리전공('99)
미국 Cornell University(Johnson Graduate School, USA)
EDP수료('06)

전문 분야

기획력과 문제해결, 커뮤니케이션, 인간관계, 리더십

경 력 / 자 격

LG화재 인재니움(연수원) 교육총괄 부장('00~'07)
LIG홀딩스 인사부장('08~'09)
KB손해보험 인재니움(연수원) 원장('10)
KB손해보험 교육본부장 이사('11~'12)
KB손해보험 장기일반보험 보상총괄 상무('13~'14)
KB손해보험CNS 대표이사('15~'16) · 경영고문('17)

강의 내역

창의적 문제해결, 인간행동 이해와 대인관계 향상
기획력과 문서작성
인간관계: 인간관계 잘하는 사람들의 특징
꿈과 도전: 꿈이 있는 사람은 아름답다

주요 출강처

LG, LIG, KB그룹, 고려대학교, 숭실대학교, 충북대학교
청주대학교, 서울북부교육청, 경기도청, 한국남부발전 등

저 서

명강사25시-꿈이 있는 사람은 아름답다(공저)(한올,'17)

이 선 혜 (李善惠)

위드업 대표

Mobile	010-2184-8426
E-Mail	wuenc@naver.com
Homepage	wuenc.kr

학 력

호서대학교 글로벌창업대학원 석사 졸업('17)
세종대학교 일반대학원 경영학 박사과정

전문 분야

코칭, 리더십, 조직활성화, 커뮤니케이션

경 력 / 자 격

경복대학교 유통경영학과 외래교수('15~'16)
순천향대학교 인문사회과학부 국제문화학과 외래교수('17)
대한상공회의소 경기인력개발원 강사('17~現)
(사)한국코치협회 인증코치(KPC) 자격
ESG경영실천연구소 교육이사('25~現)

강의 내역

코칭 커뮤니케이션, 셀프리더십, 비즈니스 커뮤니케이션
성과 향상 피드백 기법

주요 출강처

현대자동차그룹, 기아, SK, 한국동서발전, 현대C&R, KDI연수원
건강보험공단, 한국법교육센터, 중소벤처기업연수원, 중앙대학교
다문화콘텐츠연구소 등

저 서

신입사원을 위한 CARE 소통 가이드(Lim,'24)
일잘러의 성장을 위한 자기경영 전략, 워커빌리티
(북인사이트,'25)

이 수 미

(주)이수미학습코칭 대표이사
(사)한국코칭학회 상임이사

Mobile	010-9518-0503
E-Mail	debbieee@naver.com
Homepage	learningcoaching.imweb.me

학 력

전문 분야

글쓰기(자기소개서, PPT), 발표, 자기주도학습

경 력 / 자 격

연세대학교 학습코칭 전문가과정 책임교수(`13~`16)
국제문화대학원대학교 외래교수(`14~`15)
건국대학교 Learning Channel 외래교수(`16~現)
한국강사협회 글로벌분과 교육위원장(`17~現)
자기주도 학습법 발명특허(`19)
한솔교육 자기주도학습 전문가과정 강사(`20~現)

강의 내역

입이 뻥 뚫리는 영어학습법, 효과적인 커뮤니케이션 방법
체계적인 글쓰기, 청중을 사로잡는 발표
프레젠테이션 능력개발, 설득 커뮤니케이션, 강사양성
자기주도학습법, 커리어 코칭

주요 출강처

연세대, 인천대, 중부대, 충북대, 카이스트, 홍익대, 삼성SDS,
롯데건설, 충남경철청, 상공회의소, 연수구청, 보건복지부
서울교육지원청, 경찰교육원, 기상청 등

저 서

입이 뻥 뚫리는 영어패턴 35(끌리는책,`14)
자기주도학습개론(아마존북스,`17)

이 종 선 (李鍾先)

국제협상전략연구소 소장

Mobile	010-2353-2420
E-Mail	internego@empal.com
Homepage	blog.naver.com/negostar

학 력

한성대학교 경제학과 졸업('86)

전문 분야

국제협상, 비즈니스협상, 공공갈등협상, 국제계약서

경 력 / 자 격

석영상사 교육매체 사업부장('86~'95)
엘코스그룹 해외영업 이사('06)
한국금융연수원 강사, 한국협상학회 상임이사
탑매니지민트 컨설팅 ISO 영어세미나 통역위원
한국검경합동신문 논설위원
국가경제프로젝트 월드클래스 수출분야 심사위원

강의 내역

협상, 국제계약서, 무역실무, 비즈니스 협상

주요 출강처

저 서

국제협상전략영어(백수사,'98)
기업을 성공으로 이끄는 비즈니스 협상(두리미디어,'02)
연애와 협상(한국재정경제연구소,'08)
국제행사영어(신아출판,'13)

이 창 호 (李昌虎)

이창호스피치리더십연구소 대표
중국 곡부사범대학 겸직교수

Mobile	010-4439-0091
E-Mail	leechangho21@hanmail.net
Homepage	speechkorea.org

학 력

경희대학교 언론정보대학원 스피치커뮤니케이션 수료('02)
필리핀 세인트도미닉대학원 문학 석사('02)
미국 코헨대학교 대학원 교육학 박사('03)

전문 분야

스피치, 커뮤니케이션, 소통교육, 협상, 라이프 코칭
문화중국, 중국근대사, 리더의 리더십

경 력 / 자 격

한국평생교육강사연합회 이사/부회장
KBS-2R 〈신바람 세상〉 kbc-TV 등 고정대담
한중교류촉진위원회 위원장
국제다자외교평의회 대표의장

강의 내역

성공한 사람들의 스피치 전략
파워스피치 스킬과 강화기법, 인간관계와 셀프리더십
효과적인 스피치전략, 협상의 포인트를 잡아라!
상대방 마음을 움직이는 논리적 말하기
덩샤오핑 리더십, 마오쩌둥 리더십, 시진핑 리더십

주요 출강처

사법연수원, 현대자동차, 하나은행, 새마을중앙연수원
경남대, 서울대, 한밭대, 서울과학기술대, 중앙대, 중국민족대학
중국베이징항공대학 등

저 서

이순신 리더십(해피앤북스,'14)
안중근 평전(벗나래,'16) , 왓칭 스피치9.0(북그루'18)
팍스차이나(북그루,'20), 마오쩌둥 평전(북그루,'23)
덩샤오핑 평전(북그루,'24), 시진핑 리더십(북그루,'25)

장 동 운 (張東雲)

CHS Global 상무
스마트경영연구소 이사

Mobile	010-3393-5312
E-Mail	ground55@empal.com
Homepage	

학 력

일본 오사카대학교 산업대학원 광고심리학과 졸업('13)

전문 분야

고객경험관리(CEM), VIP 마케팅, VVIP 서비스, 고객만족 불만관리

경 력 / 자 격

HSBC(홍콩상하이은행) 이사
미국 UNITED CONSULTING (Planning Team) PM
미국 LIMRA International Special Representative
대우그룹 기획조정실
KMA(한국능률협회) 강사
YTN, iTV〈비즈니스맨의 이미지 전략〉 출연

강의 내역

고객경험관리(CEM), VIP 마케팅/VVIP 응대기법
서비스 리더십, 고객상담 스킬, 고객관리

주요 출강처

힐튼호텔, 롯데하이마트, 고려대학병원, 순천향대병원
삼성의료원, 차병원그룹, 미래에셋 대우증권, 아모레퍼시픽
NH투자증권, 대신증권, 신한은행, 삼성패밀리오피스
SC제일은행, HSBC, 한국투자신탁증권, 신한생명 등

저 서

장 세 진 (張世珍)

에스제이앤드컴퍼니 대표이사
호찌민 국립대학교 사범대학 특임교수

Mobile	010-8629-8977
E-Mail	sj@sjand.co.kr
Homepage	www.sjand.co.kr

학 력

일본 규슈대학교 경제학 연구과 졸업('04)
가톨릭대학교 경영대학원 인사조직 박사과정 中

전문 분야

비즈니스 사고력(논리/팩트/비판/가설)
컨설팅 방식의 비즈니스 라이팅(메시지/차트/그래프)
효과적인 문제해결스킬(몰입도 높은 게임 방식으로 진행)

경 력 / 자 격

Business Consultants.,Inc 일본본사('04~'05)
Business Consultants.,Inc 한국법인('05~'09)
HR인스티튜트 일본본사('09~'10)
HR인스티튜트 한국법인('10~'19)
명지대학교 인문교양학부 겸임교수('15~'17)
프레세나 스트레티직 파트너스 한국법인('19~'22)

강의 내역

비즈니스 사고력 향상 과정
게임으로 배우는 문제해결 역량 향상 과정
비즈니스 라이팅 스킬 향상 과정
조직 불문율을 활용한 조직문화 개선 과정
핵심인재 육성을 위한 집중 3개월 과정
해외시장 진출(베트남)을 위한 전략 수립

주요 출강처

시놉시스코리아, 후루노코리아, 이엔이건설, 한국다이이찌산쿄
한국마이콤, 한림제약, 한국무라타전자, 한국오므론제어기기
한국후지필름, 파나소닉디바이스 코리아, 니덱모빌리티코리아
한라건설, 우양에이치씨, 한국엡손, YKK한국, 엠즈씨드 폴바셋
한국아지노모도, 베트남 FPT그룹, 베트남 다낭대학교 등

저 서

전략 시나리오 노하우 두하우(감수)(다산북스,'10)
커뮤니케이션 노하우 두하우(감수)(다산북스,'10)
프레젠테이션 노하우 두하우(감수)(다산북스,'10)
컨설팅이란 무엇인가?(번역)(3mecca,'11)
생각도구 치트키(공저)(청람,'20)

장 지 은

서울여자대학교 바롬인성교육연구소 강사

Mobile	010-6745-6382
E-Mail	jeeeun1204@naver.com
Homepage	

학 력

국민대학교 공연예술학부 연극영화학 학사

전문 분야

조직 내 소통, 스피치&보이스, 강연력(강의 연기력)

경 력 / 자 격

고려대학교 명강사 최고위과정 강연력 초빙교수
상명대학교 명강사 스타강사과정 스피치&보이스 초빙교수
건국대학교 면접 이미지메이킹 강사과정 초빙교수
경희대학교 리더십 스피치 특강 출강
경기경찰교육센터 외래강사, 판소리 흥부가 완창
스피치&보이스 연출 클래스 'Baro바로' 운영(現)

강의 내역

조직 화합을 위한 감성 커뮤니케이션
나를 표현하는 가장 강력한 힘, 스피치 파워
신뢰를 얻고 싶다면 목소리를 바꿔라
사내강사 양성 강연력(강의 연기력)
강의에 진정성을 불어넣는 연기력의 효과

주요 출강처

동국제강, 서울지방중소기업청, 오비맥주, 코카콜라, 하이트진로
세람저축은행, 고려제약, 두원사이언스, 소룩스, TMCK마케팅
인그리디언코리아, 우정공무원교육원, 건설근로자공제회
충북농업기술원 등

저 서

정 경 진 (丁京振)

한국커뮤니케이션협회 회장
자기성장심리연구소 소장

Mobile	010-7771-3770
E-Mail	Kyung3770@naver.com
Homepage	blog.naver.com/kyung3770

학 력

숙명여자대학교 공예학과 졸업('98)
숙명여자대학교 대학원(상담교육 전공)('10)

전문 분야

커뮤니케이션, 대화법, 스피치, PT, 강의법, 코칭, 자기성장

경 력 / 자 격

(사)한국상담심리학회 전문심리상담사
EBS 라디오 〈직장인 성공시대〉 전문강사
건강지원센터 전문 심리상담가
외교통상부 홍보 및 커뮤니케이션 자문위원
CEO전문 PI(Personal Identity) 전문컨설턴트
한국NLP협회 자문위원 & NLP 마스터 프랙티셔너

강의 내역

의사소통(대인관계)의 이해와 실제
자신감 향상을 위한 스피치 실전
성과향상을 위한 코칭의 실제, CS가치경영 · CS전략과 실전
조직 커뮤니케이션 베이직 및 실제
워크스마트 프로젝트

주요 출강처

한국은행, KB국민은행, 삼성테크윈, 삼성전자, 삼성물산
대한주택보증, 국립중앙도서관, BMW 등

저 서

성공하는 직장인의 7가지 대화법(크레듀,'08)
내 인생을 바꾸는 3분 스피치(북앤라이프,'09)

정 재 일 (鄭在一)

퍼스트교육컨설팅 대표
한국코치협회 전문코치(KPC)

Mobile	010-5597-0336
E-Mail	wordy01@naver.com
Homepage	

학 력

아주대학교 경영대학원 석사(인사조직 · 협상 전공)

전문 분야

코칭리더십, 갈등관리, 협상, 세대소통. 잡크래프팅

경 력 / 자 격

원광보건대 겸임교수
ABN 방송기자
삼성전자 디지털시티 파트너 강사(現)
ABNLP Certified NLP Master Practitioner(現)
한국조정중재협회 협상전문가(現)
코칭엔 코칭리더십FT(現)

강의 내역

Work(업무방향성): 문제해결워크숍, 핵심가치 내재화, 잡크래프팅
원팀플레이 팀코칭, 성과관리 소통, 면담 소통법
Alliance(관계시너지): 존중문화 소통법, 세대갈등 Down 소통 UP
팔로워십, 리더의 역할관리, 갈등관리
Yes(긍정마인드 조직몰입): 마인드셋 능동적 업무처리
조직몰입의 시작 셀프리더십, 스트레스 힐링

주요 출강처

삼성전자, 삼성물산, 국민건강보험공단, 근로복지공단, 한국동서발전
한국중부발전, 포스코, 주택관리공단, KT&G, 시몬스, 시큐아이
멀티캠퍼스, 삼진제약, KT, 안산법원, 한국교원대학교, 한국연구재단
신용보증재단중앙회, 골프존홀딩스, 한국보건산업진흥원
한국전자통신연구원 등

저 서

슬기로운 직장언어(비센샤프트,'22)
터칭(북인사이트,'23)

정 진 경 (鄭震京)

경기대학교 겸임교수
한국HR경영연구소 대표

Mobile	010-3318-9785
E-Mail	jkroyal@naver.com
Homepage	

학 력	**전문 분야**
단국대학교 경영학과 졸업 경희대학교 대학원 호텔경영학 석사 세종대학교 대학원 호텔관광경영학 박사	리더십, 커뮤니케이션, 고객만족, 갈등관리, 채용면접관 교육
경 력 / 자 격	**강의 내역**
한서대학교 경호비서학과 겸임교수 대림대학교 외식서비스과 겸임교수 광운대학교, 백석예술대학교 외래교수	커뮤니케이션, 리더십(셀프리더십), 팀워크 향상(조직활성화) 갈등관리
주요 출강처	**저 서**
삼성전자, 삼성디스플레이, 삼성화재, 현대제철, 현대카드 현대건설, 현대자동차, LH, LX(국토정보원), 한국전력공사 대한축구협회, 교육과학기술부, LG화학, 한화, 대한병원협회 병원간호사협회, 재난안전처, 도로교통공단, 국세청 국민건강보험공단, 국민연금공단, 서울시인재개발원 등	

최 명 화 (崔明化)

블러썸미 대표이사

Mobile	010-8212-3364
E-Mail	blossomme@blossom-me.com
Homepage	www.blossom-me.com

학 력

고려대학교 불어불문학과 졸업
버지니아폴리테크닉주립대학교 대학원 박사

전문 분야

문제해결능력, 셀프브랜딩, 여성 리더십
커뮤니케이션 방법, 마케팅 전략

경 력 / 자 격

서강대학교 기술경영 전문대학원 교수
현대자동차 마케팅 전략실장
두산그룹 브랜드 총괄 전무
LG전자 이노베이션팀 상무
McKinsey & Company 컨설턴트

강의 주제

문제해결 워크숍, 셀프브랜딩 워크숍, 마케팅전략 워크숍
리더십코칭 워크숍

주요 출강처

SK브로드밴드, 포스코, 지멘스, 유한킴벌리, 한국타이어, 삼양그룹
DB손해보험, KB국민은행, GST, 경동제약, 카카오, 애경산업
세방그룹, 비알코리아, CJ제일제당, LG유플러스, 랄프로렌, BASF
하나증권, 아이엠증권, 콜마비앤에이치, 교보생명, CJ올리브영
SK디스커버리, 한화임팩트, 대웅제약, 기아, LG사이언스파크 등

저 서

Plan Z: 여자를 위한 회사는 없다(21세기북스,`16)
칼퇴근4.0: 일하는 방식의 혁명적 접근(스노우폭스,`17)
지금 팔리는 것들의 비밀(웅진리더스북,`20)
나답게 일한다는 것(인플루엔셜,`22)

최 석 헌 (崔錫憲)

브레인스피치 대표

Mobile	010-2969-1814
E-Mail	speechmaker@hanmail.net
Homepage	www.malmal.co.kr

학 력

한림대학교 물리학과 졸업('92)
한림대학교 경영학과 졸업('98)

전문 분야

스피치, 보이스, 면접

경 력 / 자 격

통일부 하나원 외래교수
한국강사협회 명강사 제81호
강원대학교, 한림성심대학교 외래교수
유튜브 브레인 스피치 채널 운영

강의 내역

스피치, 보이스, 면접

주요 출강처

통일부, 국회, 대학, 기업체 등

저 서

최 은 미

(주)글로벌액션러닝그룹 이사

Mobile	010-5438-8394
E-Mail	ellie.choi@globalal.co.kr
Homepage	

학 력

전북대학교 경영학과 학사('03)
전북대학교 경영대학원(인사조직 전공) 경영학 석사('09)

전문 분야

액션러닝, 퍼실리테이션, 타운홀 미팅, 사내강사, 리더십, 협업 학습동아리

경 력 / 자 격

한국액션러닝협회 사무국장
한국액션러닝협회 인증코치(Professional Level)

강의 내역

액션러닝 Facilitator 양성과정 및 회의리더 과정
CoP 리더 양성과정
직급별 리더십 및 팔로워십 과정
사내강사 역량향상 과정
효율적으로 협업하는 방법
프로젝트 해결중심의 문제해결 역량 강화과정

주요 출강처

경기도평생교육진흥원, 교보문고, 대구교육연수원
서울교육연수원, 서울도시가스, 서울시인재개발원
서울복지재단, 충남교육연수원, 하나은행, 현대그룹
현대엘리베이터, 행정안전부, 한국관광공사, 한국전력공사

저 서

온택트 프로젝트 수업 ALLO! PBL!(플랜비디자인,'21)
돕는인간, 퍼실리테이터의 시대가 온다(공저)(초록비책공방,'22)

최 은 석 (崔恩碩)

(주)스타코칭 수석코치

Mobile	010-5496-2085
E-Mail	mylifecoach@naver.com
Homepage	

학 력

경희대학교 토목공학과 졸업('00)

전문 분야

프레젠테이션, 협상, 리더십, 커리어 개발, 인플루언싱

경 력 / 자 격

커리어코치협회 이사

강의 내역

프레젠테이션, 리더십, 협상, MBTI, 인플루언싱 스킬
협상 스킬

주요 출강처

현대자동차그룹, 오라클, 뱅크오브아메리카, 고려대학교
맥쿼리, COACH, AIG, 리바이스, 어도비, JP 모간 등

저 서

프레젠테이션의 정석(공저)(팜파스,'07)
면접 프레젠테이션 완전정복(공저)(팜파스,'08)
한국형 프레젠테이션의 완성(공저)(팜파스,'10)
지금 행복하고 싶다면 릴랙스(공저)(팜파스,'10)

하 헌 혁 (河憲赫)

퍼포먼스앤러닝 대표

Mobile	010-9008-6131
E-Mail	hahh3@naver.com
Homepage	

학 력

한양대학교 교육공학 졸업('89)

전문 분야

문제해결, 기획력 향상, 교육체계 수립

경 력 / 자 격

선경매그네틱(SKM) 인력관리부 과장('89~'97)
동부한농화학 교육팀장('97~'00)
사이버에듀21 교육사업부장('01~'05)
한국노동연구원 작업장혁신센터 실장('06~'10)
대한민국 HRD분야 산업현장교수 6기, HRM협회 이사

강의 내역

문제해결형 기획력 향상, 문제해결 스킬향상 과정
회의진행 퍼실리테이션 스킬, 전략적 교육체계 수립
전략적 기획서 작성 및 보고 스킬, 신임관리자 과정

주요 출강처

한국생산성본부, 한국표준협회, 고려아카데미컨설팅, 삼성전자
로이드인증원, 한화그룹, 하림그룹, 수산중공업 JPC오토모티브
이노렉스테크놀러지, 원자력환경공단, 근로복지공단, 충남대학교
한국전력거래소, 해양수산부, 한국기술교육대학교, 성남폴리텍대학교

저 서

교육담당자 실무 매뉴얼(뉴패러다임센터,'07)

한 혜 영 (韓惠英)

마음더하기 학습심리상담소 대표

Mobile	010-2928-1519
E-Mail	buja84@naver.com
Homepage	

학 력

숙명여자대학교 사회교육대학원(리더십 교육 전공) 졸업
숙명여자대학교 대학원 교육학과(상담 및 생활지도 전공) 박사 수료

전문 분야

경력관리, 스트레스 관리, 대인관계, 리더십, 갈등관리

경 력 / 자 격

인하공업전문대학, 장안대학교, 한신대학교, 영동대학교
동서울대학교 외래교수
삼육대학교 상담심리학부, 서울기독교대학교 교양학부 외래교수(現)
대림대학교 NCS 교양학부 의사소통/대인관계 외래교수(現)

강의 내역

비즈니스 에티켓, 갈등해결을 위한 의사소통 스킬
대인관계 및 커뮤니케이션, 코칭 및 상담기술

주요 출강처

저 서

황 원 기 (黃原基)

다이내믹리더십연구소 소장

Mobile	010-3726-7181
E-Mail	lida21@hanmail.net
Homepage	blog.daum.net/lida21

학 력

연세대학교 화학생명공학과 졸업('74)
연세대학교 교육대학원 고위자과정 수료('97)

전문 분야

기획력, 프레젠테이션, 사내강사, 문제해결, 리더십
커뮤니케이션

경 력 / 자 격

삼성그룹 인력개발원 경영교육팀장('87~'90)
삼성생명 영업국장('91~'96)
美 리더십센터 팀빌딩과정 수료('95)
KSA 전문위원('97~'99), KID 전임교수('01~'02)
The Gooddnet & KISA 겸임교수('03~'07)
The Performance 컨설턴트(現), Adu-Tra 컨설턴트(現)

강의 내역

리더십, 커뮤니케이션 스킬, 기획력, 프레젠테이션 스킬
사내강사 양성, 강의스킬, 창의력 사고 스킬, 문제해결 기법
파워 커뮤니케이터, 리더십 개발, 문제해결과정

주요 출강처

DB그룹, 대한산업안전공사, 농어촌공사, 건강보험공단
새마을금고연수원 등

저 서

CS · 비즈니스 매너

강 나 경 (姜奈暻)

경기대학교 평생교육원 주임교수

Mobile	010-3967-1409
E-Mail	nakyungkang@naver.com
Homepage	

학 력

이화여자대학교 대학원 졸업('85)
국립 프랑스 파리 8대학 사회학과 박사과정 수료('90)
국립 프랑스 에브리발데손느 대학교 대학원 사회학 박사('98)

전문 분야

이미지메이킹, 스피치메이킹
글로벌 매너, 비즈니스 매너, 의사소통

경 력 / 자 격

범국민예의생활실천운동본부 운영위원('98~'02)
경희대학교 국제캠퍼스 체육학부 교수('99~'05)
서울 경기대학교 평생교육원 주임교수('16~現)
(재)청소년경제교육재단 수석전문위원('21~現)
(사)한국여가레크리에이션협회 회장('22~現)

강의 내역

글로벌 매너와 스피치, 의사소통과 행복
스피치 메이킹, 생활예절, 강의기법
서비스 리더십, 면접 이론과 실제
한국전통예절(배례법, 조문예절 등)

주요 출강처

경기대학교 평생교육원, 범국민예의생활실천운동본부
한국수자원공사, 한국전력, 고대안암병원, 참존화장품
한국여가레크리에이션협회, 부천여성인력개발센터, 남양주시청
중랑구청 등

저 서

복지국가(역서)(한길사,'00)
여가론과 레크리에이션의 이해(보경문화사,'03)
여가레크리에이션의 이해(보경문화사,'07)
생활예절과 스피치와 이미지 메이킹(공동체,'21)

김 경 호 (金敬昊)

POWER 인재혁신교육원 원장
한국주민자치중앙회 연수원장/부회장

Mobile	010-4273-6586
E-Mail	marines1983@hanmail.net
Homepage	blog.naver.com/marines1983

학 력

고용노동부 기업대학원 현대유통대학원 마케팅 전공('01)
연세대학교 언론홍보대학원 졸업('06)

전문 분야

유통, CS, 리더십, 변화와 혁신

경 력 / 자 격

현대백화점그룹 인재개발원장(상무)
현대백화점 서비스아카데미 원장
서울여자대학교 초빙교수, 한국주민자치중앙회 연수원장
성신여자대학교 산학협력교육 대표교수
연세대학교, 중앙대학교 최고경영자과정 초빙교수
월간 HRD 편집자문위원, 월간 인재경영 자문위원

강의 내역

고객만족 서비스(마인드 혁신교육), 유통매장관리 교육
HRD담당자의 역할과 자세, 인성교육, 주민자치 교육
리더십 교육

주요 출강처

한국주민자치 중앙회 및 한국주민자치학회
전국 주민자치협의회 및 16개 시도 주민자치회

저 서

행동하는 유통매장관리자(보는소리,`12)
글로벌 부자학2(공저)(신정,`13)
소매마케팅-고객서비스 관점으로(이프레스,`15)
마케팅 전략과 사례(이프레스,`16)

김 진 익 (金振益)

한국글로벌문화개발원 원장

Mobile	010-8549-8155
E-Mail	jikim0422@naver.com
Homepage	cafe.daum.net/GLKOREA

학 력

미국 Bernadean University 졸업('82)
미국 Bernsdean University 대학원 교육학 석 · 박사('94 · '97)
미국 Regent University 대학원 리더십 박사('00)

전문 분야

리더십, 화술, 행복한 삶, 매너&에티켓, 인간관계, 의전
인성과 예절, 의사소통

경 력 / 자 격

동아그룹교육원장, 한세대학교 대학원 · 한남대학교 교수
중앙공무원교육원 · 국가전문행정연수원 · 지방공무원교육원
외래교수(現)
극동방송 글로벌에티켓 칼럼니스트(現)
국가보훈처 나라사랑 전문강사(現)
한국친절문화교육협의회장(現), 상지영서대학교 객원교수(現)

강의 내역

의전과 행사진행, 인간관계와 커뮤니케이션, 감성리더십
글로벌 매너와 에티켓, 감동 주는 삶의 비결, 노년의 행복
국제친절서비스전문지도사 양성과정
리더십전문지도사 양성과정
글로벌에티켓전문지도사 양성과정
인성교육전문지도사 양성과정

주요 출강처

삼성그룹, 현대그룹, LG그룹, 롯데그룹, 정부기관, 지방자치단체 등

저 서

글로벌매너 & 에티켓(한글,'09)
미러클고객감동(한글,'09)
21세기 세계일류를 주도하는 슈퍼 이미지 스타킹(한글,'11)
인성교육의 이론과 실제(공저)(누리에듀,'15)
창의융합 시너지창출 리더십(리더십협회,'20)

박 선 희 (朴宣姬)

(주)한국중장년미래교육센터 원장
학교법인 예인학원 이사

Mobile	010-5222-8770
E-Mail	rigatti@hanmail.net
Homepage	www.kmfec.com

학 력

경희대학교 관광대학원 조리외식 경영학 석사('05)
경희대학교 조리외식 경영학과 박사('07)

전문 분야

와인 센서리 테스팅, 식음료 서비스 실무교육(와인/칵테일/커피)
호텔관광 외식분야 콘텐츠개발, 호텔리어 양성과정 교육

경 력 / 자 격

(주)글로리아교육재단 국제호텔전문학교 부학장
(사)한국평생능력개발원 식음료부문 자격검정위원회 출제위원장
(사)한국소믈리에학회 한국와인자격 검정 심사위원
(사)한국바리스타산업진흥원 전국심사위원
경희사이버대학교 농수산 경영학과 겸임교수
한국관광대학 호텔조리학과 겸임교수

강의 내역

우수호텔아카데미 호텔리어 양성과정
F&B식음료부서 직무분석 교육, 식음료 교육연수
와인 기초교육, 와인 테이스터 교육
와인과 티 센서리 전문가 교육과정
식음료 자격증 취득 과정 교육
(와인 소믈리에/전통주 어드바이저/티 소믈리에/브루잉 커피)

주요 출강처

한국관광공사, 대한영양사협회, 한국전력공사인재개발원
SCENTONE(USA), GCS(Global Coffee School), 한국관광대학교
신구대학교, 세종대학교, 부천대학교, 신한대학교, 경희사이버대학교
경희대학교 관광대학원, 노사발전재단, 중구청

저 서

와인학개론/와인관리사실무(아카데미아,`10)
와인관리사실무_자격검정 대비편(아카데미아,`10)
우리술개론(아카데미아,`11) 와인학개론(공저)(아카데미아,`21)
와인테이스팅(공저)(시대인,`22)

부 연 선 (夫然宣)

서비스엑셀런스연구소 원장

Mobile	010-9532-9552
E-Mail	ysboo0729@hanmail.net
Homepage	

학 력

서울대학교 가정관리학과 졸업('85)
서강대학교 경영대학원 졸업('04)

전문 분야

리더십과 코칭, 서비스 마케팅, 서비스 운영관리
글로벌 비즈니스매너

경 력 / 자 격

서경대학교 경영대학원 강사
한국프로토콜스쿨 실장
대한항공 객실승무원 서비스아카데미 1기 강사
선일여자상업고등학교 가정과 교사
수원여자대학 영어과 강사
러너코리아 서비스컨설턴트 과정 전임강사

강의 내역

소통 커뮤니케이션 과정, 코칭 마스터 과정
서비스 컨설턴트 양성과정

주요 출강처

ADT캡스, 금호리조트, 무역협회, 단양군청, 동작구청, SK에너지
한국도로공사, 대한통운 등

저 서

송 현 정 (宋賢政)

부산외국어대학교 국제사무전공 교수

Mobile	010-4351-3428
E-Mail	hsong@bufs.ac.kr
Homepage	

학 력

이화여자대학교 상경대학 비서학과 졸업('96)
이화여자대학교 교육대학원 (비서교육 전공) 석사('03)
중앙대학교 대학원 교육학과 (평생교육 전공) 박사('09)

전문 분야

비서실무, 비즈니스 커뮤니케이션

경 력 / 자 격

프라이스워터하우스쿠퍼스 비서('00~'01)
모니터그룹코리아 오피스 매니저('01~'09)
한국비서협회 출강('09~'10)
한국인사관리협회 및 한국표준협회 출강('11~'13)
한국생산성본부 서비스경영능력자격시험(SMAT)
명예전문강사 위촉('14)

강의 내역

비서실무 교육

주요 출강처

포스코, 포스코건설, 한화그룹, 한국투자증권, SK텔레콤
성우하이텍, LG디스플레이, 코스콤, GS홈쇼핑, 스마일게이트 등

저 서

NCS 직업기초능력 의사소통의 이해와 실제(공저)(청람,'16)
평생교육방법론(공저)(학지사,'24)

우 영 미 (禹英美)

플러스이미지랩 대표

Mobile	010-9113-7243
E-Mail	plusimage@naver.com
Homepage	

학 력

연세대학교 언론홍보대학원 광고홍보 석사(`11)

전문 분야

이미지메이킹, 프레젠테이션, 스피치, 소통

경 력 / 자 격

롯데명품관 에비뉴얼 퍼스널 쇼퍼컨설팅
취업포털 스카우트 · 인크루트 면접 자문위원
국제디지털대학교 예체능학부 뷰티 디자인학과 외래교수(現)
용인 송담대학 경영정보학부 프레젠테이션 강사(現)
경희대학교 프렌차이즈 최고위과정 외래강사(現)
EBS라디오 심현섭의 성공시대 고정게스트(現)

강의 내역

이미지메이킹, 프레젠테이션, 스피치, 소통, 이미지강사 양성과정

주요 출강처

삼성전자, 동양생명, 푸르덴셜생명, 동국대학교, 한양대학교
우리은행 등

저 서

나는 너와 통하고 싶다(쌤앤파커스,`11)

이 경 희 (李京姬) 삶의균형 대표	Mobile	010-7231-7931
	E-Mail	rudgml8978@naver.com
	Homepage	blog.naver.com/rudgml8978

학 력

서울시립대학교 교육대학원 평생교육인재개발 석사(`25)

전문 분야

공공부문 민원응대, 커뮤니케이션, 진단기반 셀프리더십

경 력 / 자 격

CJ푸드빌 외식사업부 · 신규사업부(`06~`10)
120다산콜센터(MPC) 교육 운영(`10~`12)
KDB산업은행 인사부 · 윤리준법실(`12~`14)
서울시 소통기획관 주무관 교육 기획 · 운영(`15~`23)
평생교육사 2급, 서울시장 표창

강의 주제

민원응대, 특이민원응대, CS, 문서작성, 비즈니스 기획
조직 커뮤니케이션, 비즈니스 커뮤니케이션, 보고 커뮤니케이션
서비스 커뮤니케이션, 셀프 리더십, 잡크래프팅, 팀빌딩, 문제해결
디자인씽킹

주요 출강처

GS칼텍스, 한화그룹, DB그룹, 현대해상, 삼성전자, 르노코리아
SK쉴더스, 팔도, 한솔그룹, 노루그룹, 롯데웰푸드, 파코다아카데미
SK VIEW, 경찰청, 국토교통부, 한국조폐공사, 국립중앙도서관
서울아리수본부, 국민건강보험공단, 서울주택도시공사, 병무청
한국도로공사, 인제군청, 화성시청, 서대문구청

저 서

민원 소통 매뉴얼(서울시,`13), 청춘아 매력을 잡아라(이안,`15)
e-공무원이 갖춰야 할 민원응대서비스(서울시인재개발원,`18)
e-특이민원응대요령과 감정관리(서울시인재개발원,`20)
특이민원 매뉴얼(서울시,`22~`23)

이 세 령 (李世昤)

정인컨설팅 컬러플레이스 대표이사

Mobile	010-2821-4104
E-Mail	colorplace@naver.com
Homepage	colorplace.co.kr

학 력

광주보건대학교 보건학과 졸업('03)
성균관대학교 경영대학원 MBA 수료('16)

전문 분야

이미지경영, 커뮤니케이션, 이미지메이킹

경 력 / 자 격

한국능률협회 교수('10~現)
청강문화대학교 외래교수('12~'13)
서울시 청년문화포럼 자문위원('16)
서울산업진흥원(SBA) 자문위원('16~'17)
세종사이버대학교 외래교수('18~現)

강의 내역

리더의 이미지경영, 퍼스널컬러 이미지메이킹, 커뮤니케이션

주요 출강처

공무원연수원, 서울대학교, 이화여자대학교, 연세대학교
삼성전자, 현대자동차, 아시아나항공, 대한항공, CJ 등

저 서

이 은 숙 (李銀淑)

휴먼씨엠씨 원장

Mobile	010-3423-5469
E-Mail	skysky207@hanmail.net
Homepage	

학 력

원광대학교 동양대학원 동양학과 졸업 동양철학 석사('17)
원광대학교 대학원 불교학과 졸업 기공 박사수료('19)

전문 분야

인상 이미지메이킹, 감정조절과 스트레스 관리
직무역량과 직무 적합한 인상면접기법, 중장년 취업채용면접
현대인상학(얼굴경영)

경 력 / 자 격

KTIS 고객센터 센터장 ('01~'08)
(주)비전홀딩스 전임교수('11~'20)
건양대학교 외래교수('14~'16), 성결대학교 외래교수('14~'17)
용인대학교 외래교수('14~現)
스파크뉴스 평생교육원 전임교수('18~現)
경기신문 칼럼니스트('19~'20)

강의 내역

면접관을 사로잡는 얼굴경영 전략
인상을 알면 직장생활이 편해진다
얼굴에 숨어있는 재능과 진로선택, 직무와 조직 얼굴궁합
인재를 구별하는 인상면접기법
스펙보다 직원의 얼굴을 읽다
인상마케팅, 매출을 올려주는 고객 얼굴

주요 출강처

KT, KTIS, 금호타이어, 풀무원, 뉴스킨, 현대자동차, 기아, 한화생명
현대백화점, 수원노인협회, LH공사, 서울시인재개발원
한국경력개발협회, 상공회의소 인재개발원
대학교 최고경영자(CEO)과정 등

저 서

장 기 정 (張奇貞)

(사)한국평생교원 교수
굿 리더스아카데미 원장

Mobile	010-5050-0970
E-Mail	jgjg0523@hanmail.net
Homepage	

학 력

백석대학교 교육대학원 평생교육학 박사과정 中

전문 분야

대인관계, 사내강사, 취업전략, CS, 이미지메이킹

경 력 / 자 격

백석문화대학교 HRD 연구원(`12~現)
교육법인 지식인재원 전임교수(`12~現)
한국이미지 경영교육협회 전임교수(`12~現)
KOREA IMAGE JOURNAL 기자(`12~現)
KIMC 김경호 이미지메이킹센터 전임교수(`12~現)

강의 내역

사내강사 역량강화과정, 문제해결을 위한 의사결정
대인관계 향상 커뮤니케이션, 이미지 메이킹
커뮤니케이션 스킬과정, 취업전략 수립
입사지원서 작성 및 면접스킬 기법
조직원이 가져야 할 CS 마인드 및 스킬 기본과정
CS 스킬 업 과정

주요 출강처

한국표준협회, 한국농어촌공사, 공군전투비행단 등

저 서

정 연 아 (鄭蓮雅)

정연아이미지테크연구소 대표
(사)이미지컨설턴트협회 회장

Mobile 010-3758-2001
E-Mail imagetech@hanmail.net
Homepage

학 력

세종대학교 응용미술학과 졸업('81)
홍익대학교 산업미술대학원 석사('15)

전문 분야

PI, 면접, 패션, 비즈니스 매너, 보이스, 컨설팅, 미디어 트레이닝

경 력 / 자 격

대기업 CEO 및 기업임원 이미지컨설팅 진행
조선일보 주최 청년창업자문기관 선정('03)
KBS, MBC, SBS TV, 라디오 300여회 방송출연
국무총리실 미디어 이미지트레이닝 진행('09)
국무총리실 '민간홍보자문단' 자문위원 위촉('10)
문화관광부 미디어 이미지트레이닝 진행('14)

강의 내역

성공하는 사람에겐 표정이 있다, CEO의 이미지 리더십
Opinion leader의 이미지 리더십
성공면접을 위한 이미지컨설팅, 개인 컨설팅 및 그룹 컨설팅
VIP컨설팅, 이미지컨설턴트 양성과정
전문인 세미나, 대학생 취업캠프, 인성교육

주요 출강처

대기업, 공기업, 지방자치단체, 대학교, 호텔, 병원 등

저 서

행복한 크리스천에겐 표정이 있다(두란노,'08)
매력은 설득이다(랜덤하우스코리아,'11)

주 선 희 (朱宣姬)

원광디지털대학교 얼굴경영학과 명예교수
(사)문화인재경영협회 회장

Mobile	010-3423-3030
E-Mail	jsh80000@gmail.com
Homepage	

학 력

대전대학교 철학과 문학 석사('02)
경희대학교 행정대학원 사회복지학 석사(사회복지사 1급,'02)
경희대학교 대학원 사회학 박사('04)

전문 분야

이미지, 인상과 인재관리, 면접 코칭

경 력 / 자 격

중앙일보 '주선희의 Success 인상학' 연재
동아일보 '주선희의 인상보기 희망보기' 연재
국가경영전략연구원 운영자문위원, 조선일보 노조고문
고도원의 아침편지 재단이사, We Start 운동본부 자문위원
국학원 자문위원, 코리아 메디케어, 소방방재청 정책자문위원
자연보호 중앙회 자문위원, 특임장관실 자문위원

강의 내역

조직문화를 효과적으로 기획하는 인재관리
성공하는 경영자를 위한 인상관리, 대기업 임원면접

주요 출강처

청와대, 삼성, SK, GS, 현대자동차, 국공립대학교 CEO, CFO과정
KBS, SBS, MBC, EBS, YTN, 조선일보, 동아일보, 중앙일보 등

저 서

얼굴경영(동아일보사,'03)
얼굴경영 2(오픈하우스,'13)
얼굴 읽어주는 여자, 얼굴 고쳐주는 남자(오픈하우스,'13)
나를 바꾸는 인상학의 지혜(동아일보사,'14)

홍 재 경 (洪在慶)

House of the Purple 대표
(사)한국소믈리에 협회 이사

Mobile	010-9247-4786
E-Mail	wwwine@hanmail.net
Homepage	

학 력

동국대학교 법학과 졸업('93)
건국대학교 산업대학원 생물공학과(와인전공) 석사

전문 분야

소믈리에, 와인행사 진행, 와인너리 투어, 글로벌 매너
서비스교육

경 력 / 자 격

조선호텔 소믈리에 및 지배인('96~'08)
한국소믈리에협회 회장
한국소믈리에학회 사무국장
한국소믈리에협회 감사
MBC '경제야 놀자' 와인 감정 출연
KBS '수요기획' 막걸리 감정 출연 등

강의 내역

호텔의 식음관리론, 와인과 국제회의, 와인과 비즈니스

주요 출강처

신한은행, 대우증권, 한양대학교, 원광대학교, 이화여자대학교 등

저 서

홍재경의 와인클래스(이숲,'11)
홍재경의 테이블 매너 클래스(인미디어,'13)

인문학 · 예술 · 종교

고 두 현 (高斗鉉)

한국경제신문 문화에디터
시인

Mobile 010-2379-0238
E-Mail kdh@hankyung.com
Homepage

학 력

경남대학교 국문과 졸업('87)
서상대학교 경제대학원 OLP과정 수료

전문 분야

인문학(시+스토리텔링), 창의력(은유의 상상력)
감성경영(시적 영감)

경 력 / 자 격

중앙일보 신춘문예 시 부문 당선('93)
여수엑스포 설계 심의위원
교보문고 북멘토

강의 내역

시인들에게 배우는 창조의 지혜, 시인들의 영감을 훔쳐라
곡선이 이긴다, 필사하면 창의력이 좋아진다
기업과 함께하는 감성경영 여행

주요 출강처

포스코, 기업은행, 세계경영연구원(IGM), 전경련국제경영원
삼성생명, 서울대학교대학원, 청와대, 서울시 등

저 서

시 읽는 CEO(21세기북스,'07)
옛시 읽는 CEO(21세기북스,'08)
곡선이 이긴다(공저)(리더스북,'11)
미래 10년 독서 1, 2(도어즈비즈,'11)
마흔에 읽는 시(추수밭,'13), 달의 뒷면을 보다(민음사,'15)

곽 윤 섭 (郭潤燮)

한겨레신문사 스페셜콘텐츠팀 선임기자

Mobile	010-2498-4569
E-Mail	kwaksaw@naver.com
Homepage	

학 력

고려대학교 신문방송학과 졸업('89)
고려대학교 언론대학원(영상 전공) 석사

전문 분야

사진교육, 사진 컨텐츠, 포토저널리즘

경 력 / 자 격

미국 미주리주립대학교 포토저널리즘 스쿨 연수
한겨레 포토워크숍 책임강사(現)
고려대학교 미디어학부 언론대학원 강사(現)
KT&G 상상마당(춘천) 사진강사(現)

강의 내역

생활사진, 거리사진, 스냅사진, 포토저널리즘, 예술사진

주요 출강처

고려대학교, 한겨레교육문화센터, 한국언론진흥재단 등

저 서

나의 첫 번째 사진책(한겨레출판,'06)
나의 두 번째 사진책(한겨레출판,'07)
내 사진에 힘을 주는 101가지(동녘,'09)
이제는 테마다(동녘,'10)
풀뿌리포토저널리즘(눈빛,'15)

김 명 섭 (金明燮)

명이벤트그룹 대표
편놀이문화교육원 대표

Mobile	010-5286-2542
E-Mail	kmsceo@empas.com
Homepage	www.bingoplay.co.kr

학 력
관동대학교 경영학과 중퇴('82)

전문 분야
펀놀이, 레크리에이션, 기업이벤트

경 력 / 자 격
산업레크리에이션 전문지도자
한국표준협회 연수원 전임강사
한국이벤트레크리에이션협회 운영위원
여성중앙 여성대학 강사, 서울지하철연수원 지도강사
중앙노동경제연구원 지도강사, 한국노동교육원 지도강사
펀놀이강사 1호(빙고올림픽 개발자,`12)

강의 내역
소통이 필요할 때, 조직활성화가 필요할 때
역량강화가 필요할 때, 동기부여가 필요할 때
어울림이 필요할 때, 빙고올림픽, Ice Breaking
Team Building, 레크리에이션, 빙고올림픽 · 워크숍 체육대회
펀게임빙고 올림픽, 한마음 체육대회

주요 출강처
한국토지신탁, 삼성전자, SK글로벌, 롯데닷컴, 현대오일뱅크
아주대학의료원, 근로복지공단, 삼성전자, 삼성SDS, KGB택배
메리어트호텔, 삼성물산, 애경그룹, 서울대학교, 동아제약
현대모비스, 한국가스공사, 신세계몰, 롯데카드, 아트박스
미래엔, 이마트, 통계청, 김안과병원, iMBC, 푸본현대생명 등

저 서
산업웃음 통조림(경원각,`89)

김 신 영 (金新榮)

가천대 독서코칭 책임교수
시인 · 작가

Mobile	010-8632-0578
E-Mail	ksypoem@naver.com
Homepage	

학 력

중앙대학교 국어국문학과 대학원 졸업 문학박사

전문 분야

문학, 시 창작, 독서코칭, 글쓰기, 댓글문제 진단
인문역사학, 여성문제

경 력 / 자 격

시인등단 동서문학(가벼운 섬)('94)
한국연구재단 연구지원 작가, 시와문화 편집위원
중앙대문인회 사무국장, 이천문인협회 회장
심산재단 시문학상 수상, 기독여성신문여성지도자상
홍익대학교, 대전대학교 문예창작학과 외래교수
호서대학교, 협성대학교, 삼육대학교 등 외래교수

강의 내역

문학 강연, 시와 상징, 역사적 관점에서 본 여성의 지위
여성배재의 흑역사, 시와 건축, 댓글 사회학
여성시의 상징, 여성학, 여성의 건강과 권리보호
댓글문제, 시창작 강의, 문예창작, 나도작가 작가양성

주요 출강처

홍익대학교, 대전대학교, 호서대학교, 협성대학교
삼육대학교, 이천문화재단, 이천시립도서관, 각종 백일장 심사위원
문학토크 진행위원 등

저 서

시집-화려한 망사버섯의 정원(문학과지성사,96)
평론집-현대시, 그 오래된 미래(한국학술정보,'07)
시창작론집-아직도 시를 배우지 못하였느냐(행복에너지,'20)
시집-마술상점(시인수첩,'21)
화려한 망사버섯의정원(복간본)(더푸른,'25)

김 영 수 (金瑛洙)

중국 역사학자

Mobile	010-7258-8622
E-Mail	allchina21@naver.com
Homepage	

학 력

한국정신문화연구원 석사('89)
한국정신문화연구원 박사과정 수료('93)

전문 분야

사마천과 사기연구, 중국 역사문화 심층연구
중국 역사문화 탐방 및 기획

경 력 / 자 격

영산 원불교대학교 교수
중국 사마천장학회 설립
중국 사마천학회 이사(現)
중국 소진학회 이사(現)
한국 사마천학회 이사장(現)
중국 섬서성 한성시 사마천학회 정회원(現)

강의 내역

사기와 중국, 사기의 리더십, 역사를 통한 리더십 함양
사기의 고사성어와 인문학적 통찰력
역사를 현대경영(조직)에 접목시키는 응용역사학 분야 개척
중국의 소프트타워 전략의 실체와 대응책
사마천의 사기를 통한 인간통찰
중국 상인들의 치부 방법과 역사 현장 탐방

주요 출강처

삼성, LG, GS, 세계경영연구원, 청화대학, 국세청, 국정원
서울시시민대학, 공무원연수원, 법무연수원, 한국생산성본부
한국전통문화대학, 전국 공공도서관, 지자체 등

저 서

삼십육계(창해,'22), 알고 쓰자 고사성어(창해,'23)
사마천, 사기 100문 100답(창해,'23)
오십에 읽는 사기(유노북스,'23)
성공하는 리더의 역사공부(창해,'23)
리더십 학습노트 66계명(창해,'24), 용인 66계명(창해,'25)

김 우 정 (金佑政)

생각식당 대표이사
대종상영화제 총감독

Mobile	010-9069-4108
E-Mail	ceo@storee1.com
Homepage	insightkitchen.net

학 력

연세대학교 임상병리학 전공/경영학 부전공 졸업('00)
한국학중앙연구원 한국학대학원 석사 수료('08)

전문 분야

스토리텔링, 통찰력, 글쓰기, 문화마케팅

경 력 / 자 격

서울시 홍보 자문위원
춘사국제영화제 총감독('20~'22)
대종상영화제 총감독('22~現)
더피알 고정필진('23~現)
씨네플레이 객원기자('23~現)

강의 내역

통찰력, 브랜드 스토리텔링, 창조리더십, 감성지능

주요 출강처

전국경제인연합회, 삼성전자, CJ인재원, SK텔레콤 등

저 서

창조경영시대의 문화마케팅(공저)(문화관광부,'06)
돈과 예술의 경제학(북카라반,'09)
하이트렌드(공저)(21세기북스,'09)
만화콘텐츠와 스토리텔링(공저)(북코리아,'09)
기획자의 생각식당(홍익출판미디어그룹,'20)

김 이 재 (金伊財)

경인교대 사회과교육과 교수

Mobile	010-6259-3542
E-Mail	kimeje33@gmail.com
Homepage	

학 력

서울대학교 지리교육과 학사 졸업('94)
서울대학교 국제대학원 지역연구 석사 졸업('00)
서울대학교 지리교육과 박사 졸업('05)

전문 분야

비즈니스 지리학(地經學)
지정학/세계문화/자연환경 이해(Big Geography)
지리적 상상력 및 지도력(地圖力), 동남아 진출 전략

경 력 / 자 격

싱가폴국립대 아시아연구소 연구원('03~'04)
한국 교육과정평가원 부연구위원('05~'06)
런던대 교육연구대학원 연구원('06~'08)
세계지리학연맹(IGU) 아시아 대표위원('12~'15)
EBS세계테마기행 유럽/아시아/아프리카 큐레이터('12~現)
중앙일보, 동아일보, 경향신문 칼럼니스트('15~現)

강의 내역

부와 성공의 비밀, 지도력(地圖力)
운명을 바꾸는 힘, 지리적 상상력
ESG 경영을 위한 비즈니스 지리학
4차 산업혁명 시대 생존 전략, 커넥토그래피
창의성과 기업가 정신을 고취하는 공간의 힘
동남아 문화 및 비즈니스 환경 이해

주요 출강처

삼성인재개발원, 현대경제연구원, 한국표준협회, 중앙공무원연수원
JTBC 등

저 서

펑키 동남아(시공사,'12)
내가 행복한 곳으로 가라: 운명을 바꾸는 힘, 지리적 상상력(샘터,'15)
부와 권력의 비밀, 지도력(地圖力)(쌤앤파커스,'21)
지리학이 중요하다: 세계는 지리로 작동한다(김영사,'22)

김 지 용 (金知勇)

국민대학교 겸임교수

Mobile	010-6850-6007
E-Mail	kimjy1112@naver.com
Homepage	

학 력

건국대학교 무역학사
국민대학교 정치학(글로벌 안보리더십) 석사
국민대학교 정치학(안보 전략 전공) 박사

전문 분야

안보전략, 인성교육, 리더십, 사회복지

경 력 / 자 격

국민대학교 정치대학원 겸임교수
한양대학교 행정부서대학 리더십센터 겸임교수
신한대학교 사회과학대학 사회복지학과 강사
은샘요양원 대표('20~現)
신한대학교 강사(現)

강의 내역

여군 역할 확대, 통일과 국가전략, 한미관계, 인성리더십
로컬 거버넌스, 최신 조직관리 세미나, 꿈의 총량이 국력

주요 출강처

국민대학교, 한양대학교, 신한대학교, 성신여자대학교, 신흥고교 등

저 서

명강사 25시(공저)(행복에너지,'16)

김 지 환 (金智煥)

미래창조연구소 소장

Mobile	010-2626-5543
E-Mail	dkfdkdi@naver.com
Homepage	

학 력

홍익대학교 광고홍보대학원 멀티미디어광고학과 졸업('01)

전문 분야

세계문화예술, 체험여행, 상상프로그램 개발, 퍼실리테이션

경 력 / 자 격

남서울대학교 애니메이션학과 겸임교수
청강문화산업대학 겸임교수
중앙일보 신문활용학회 연구위원
카툰 일러스트레이터
(사)한국코치협회 편집위원

강의 내역

융합사고 레오나르도 다빈치처럼
창조적 문제해결 파블로 피카소처럼
힐링 lecture 콘서트, 예술 아트 커뮤니케이션
문화예술 직업진로 설계, 조직문화 커뮤니케이션
아트 커뮤니케이션, 창조적 문제해결 파블로 피카소처럼

주요 출강처

서울시인재개발원, 한국능률협회, 행정자치부, 삼성전자 등

저 서

열려라 글귀 뚫려라 말귀(공저)(중앙일보,'00)

김 진 배 (金鎭培)

한국유머센터 대표
연세대학교 유머스피치과정 책임교수

Mobile	010-3784-5378
E-Mail	humor119@naver.com
Homepage	

학 력

연세대학교 졸업('90)
감리교신학대학교 신학대학원 신학 석사('92)

전문 분야

스피치, 소통, 유머

경 력 / 자 격

교통방송 유머칼럼리스트

강의 내역

유쾌한 소통, 유쾌한 리더십, 유쾌한 자녀교육, 유머교수법

주요 출강처

삼성전자, 국민은행, 힐튼호텔, 경기도공무원교육원, 서대문구청 등

저 서

유머가 인생을 바꾼다(다산북스,'04)
유쾌한 유머(나무생각,'06)
소통유머(나무생각,'08)

김 태 훈

경남대학교 심리학과 교수

Mobile	
E-Mail	taehoonk@kyungnam.ac.kr
Homepage	

학 력

고려대학교 심리학과 학사 졸업('97)
고려대학교 심리학과 석사 학위 취득('99)
미국 오하이오주립대학교 심리학과 박사 학위 취득('09)

전문 분야

리더십, 소통, 창의, 수면

경 력 / 자 격

육군사관학교 심리학과 전임강사('00~'02)
오하이오주립대학교 심리학과 전임강사('10~'12)
국가생명윤리정책원 공용IRB 심의위원('14~現)
한국의료분쟁조정중재원 조정위원('19-現)

강의 내역

미래 사회의 리더십
공감의 함정
창의적으로 일하는 법
불안하고 불확실한 시대에 행복 찾기
잠은 타협의 대상이 아니다

주요 출강처

삼성인력개발원, 삼성전자, KCC인재개발원, LG인화원, LG CNS

저 서

인지심리학은 처음이지(북멘토,'22)
이그노벨상 읽어 드립니다(한빛비즈,'22)
깊은 생각의 비밀(저녁달,'24)
버퍼링씽킹(투래빗,'25)

김 현 아 (金賢雅)

아트디렉토리연구소 소장

Mobile	010-4437-7476
E-Mail	hyaykim@naver.com
Homepage	

학 력

서울대학교 미술대학 조소전공 졸업('09)
서울대학교 미술대학원 조소전공 석사('12)
미국 Hunter College MFA(Combined Media 전공)('15)

전문 분야

현대미술, 창의성 개발, 현대미술 비평, 미술 감상법

경 력 / 자 격

2009 신진 조각가 展(김종영 미술관)('09)
국제 인천 여성미술 비엔날레 참가

강의 내역

현대미술을 통한 창의적 자아 발견
미술을 통한 창의적 비즈니스 전략

주요 출강처

한국생산성본부, 우송대학교, 카이스트, 선화예술학교
한국전력공사, 새마을금고, 현대백화점, 한국농어촌공사
일성신약, 한국도로공사, 한국중부발전 등

저 서

노 엘 라

바이올리니스트(작가 · 감독 · 배우)
아트라이프코치 · 컨설턴트

Mobile	010-4753-6957
E-Mail	noellasarang@naver.com
Homepage	www.noella.co.kr

학 력

미국 New England Conservatory 음악 학/석사
미국 Florida State University 음악 박사
터키 비너스 커뮤니티 어워드 명예박사

전문 분야

바이올린, 음악, 미술, 동기부여, 예술, 창의, 심리, 융합

경 력 / 자 격

미국 보스톤 골든 칼리지 강사, IGM Global 비즈킷 인문학 교수
평창올림픽 성공기원 캠페인 〈원빅토리〉 총 감독
뮤직카우와 함께하는 〈노엘라의 뮤직 테라피〉 MC
로테르담 독립영화 페스티벌 각본상, 블랙스완 영화제 감독상
파리 필름 어워드 여우주연상
국제공인 아트라이프 코치(IPHM, IAOTH, CMA)

강의 내역

라이프콘서트: 예술, 나를 변화시키는 힘
렉처콘서트: 그림이 들리고 음악이 보이는 순간
힐링 토크 콘서트: 노엘라의 뮤직 테라피
북 콘서트: 소설을 음악처럼, 음악을 소설처럼-빨주노초파람보

주요 출강처

청와대, 삼성, 포스코, 서울대학교, 한국생산성본부, 현대카드
문화체육관광부, 보건복지부, 국립현대미술관, 알리안츠, Tedx
현대백화점, LS미래원, 한양대학교, 성균관대학교 등

저 서

그림이 들리고 음악이 보이는 순간 1(나무수,`10)
그림이 들리고 음악이 보이는 순간 2(나무수,`14)
빨주노초파람보(시루,`18)
Alchemy in Venice(SuArt Sudio,`24)
영혼의 이중주(스튜디오오드리,`24)

노 혜 경 (盧惠京)

호서대학교 교수

Mobile	010-9880-0240
E-Mail	hkroh68@hotmail.com
Homepage	

학 력

연세대학교 사학과 대학원 한국사 석사('95)
한국학중앙연구원(역사 전공) 박사('05)

전문 분야

리더십, 경영전략, 인문학, 한국사, 문화사

경 력 / 자 격

UCLA Postdoctoral Scholar
덕성여자대학교 연구교수, 실학박물관 학예사
광운대학교, 충북대학교, 강남대학교 강사
동아 비즈니스 리뷰(DBR) 칼럼 연재
tvN 벌거벗은 세계사 방송출연
한국경영사학회 상임이사(現), 한일경상학회 이사(現)

강의 내역

조선 국왕 리더십, 영조와 정조의 국가 경영
조선후기 국가행정
인문학적 통찰, 뇌물의 역사
역사에서 배우는 경영의 지혜
(경제사, 과학기술문명사, 상업사, 문화예술 등)

주요 출강처

SERI CEO, 한국행정연구원, 건강보험공단인재개발원, KCC
서울시교육청 등

저 서

개성부원록(공저)(혜안,'15)
뇌물의 역사(공저)(이야기가있는집,'15)
역사학자들이 본 역사 속 행정이야기(공저)(혜안,'17)
두 리더: 영조 그리고 정조(뜨인돌,'20)
조선후기 중앙관청의 숨은 실세, 경아전(세창출판사,'23)

박 우 성 (朴宇成)

창조력개발원 원장

Mobile	010-5212-6255
E-Mail	cdico@naver.com
Homepage	blog.naver.com/cdico

학 력

동아대학교 문리대 음악교육과 졸업('74)
연세대학교 교육대학원 산업교육과 졸업('83)
인하대학교 대학원(교육사회학 전공) 교육학 박사('06)

전문 분야

신바람 한마당, SPOT 교육진행 기법

경 력 / 자 격

국가무형문화재 제18호 예능이수자(동래야류)('82~現)
(주)CDI이벤트 대표이사('95~'01)
한국산업교육학회 총무이사('99~'02)
천안외국어대학 평생교육과 겸임교수('99~'02)
평생교육사 제1급('11)
한국산업교육협회 회장('24~現)

강의 내역

민속 체험 어울림 한마당
모듬북 난타 퍼포먼스
전통문화의 이해(강의)
만남과 대화(커뮤니케이션 실습)

주요 출강처

대림그룹, 신한금융투자, 콘래드호텔, 새한프라텍, GS칼텍스
한국전력기술, 휠라코리아, 대림코퍼레이션 등

저 서

재미있는 레크리에이션(한국산업훈련연구소출판국,'91)
창의력 발휘와 아이디어 창출 연습하기(새봄문화사,'14)

박 재 희 (朴在熙)

동서대학교 석좌교수

Mobile	010-9522-7460
E-Mail	taoy2k@empal.com
Homepage	

학 력

성균관대학교 동양철학과 졸업('87)
성균관대학교 대학원 철학 석사('89)
성균관대학교 대학원 철학 박사('97)

전문 분야

손자병법, 전략적 리더십, 경영전략, 고전, 인문학
명심보감과 성과관리, 동양 고전과 인재
노자의 역발상, 논어의 역경극복

경 력 / 자 격

성균관대학교 유학대학원 경전학과 주임교수('98)
포스코 전략대학 석좌교수('10~'14)
한국예술종합학교 전통예술원 교수('11)
성균관 교육원장('14~'15)
서울시 문화재전문위원, 국회 인성함양자문위원
육군본부 정신분과 자문위원, 전주시 조선특구개발 자문위원

강의 내역

경영전략, 생존전략, 성과관리, 리더십, 중용, 위기극복

주요 출강처

삼성전자. 카이스트, 동원그룹, 법무연수원, 서울대학교병원, 외교부
하나투어, 삼성그룹, 금호석유화학그룹, 관세청, 제주삼다수
LG전자, 한국도로공사, 검찰청, 국정원, 육군본부 등

저 서

내 인생을 바꾸는 모멘텀 3분 古典(작은씨앗,'10)
나를 돌아보는 모멘텀 3분 古典 2(작은씨앗,'13)
고전의 대문: 사서편(김영사,'16), 마음공부 명심보감(열림원,'17)
아침을 여는 고전일력(김영사,'22)
리더라면 손자병법(김영사,'24)

박 종 평 (朴鍾平)

이순신 장군 연구가
역사 칼럼니스트 · 작가

Mobile	010-3368-9239
E-Mail	goldagebook@naver.com
Homepage	blog.naver.com/yisunsin21

학 력

서강대학교 정치외교학과 졸업('89)
고려대학교 대학원 정치외교학과(중국정치 전공) 석사('92)

전문 분야

이순신 리더십, 인문학 강의, 책 쓰기와 출판, 마케팅 노하우

경 력 / 자 격

아리랑TV 기획실 · 대외협력팀 근무, 국회의원 보좌관
골든에이지 출판사 대표
KBS, MBC, SBS, MBN 등 방송 출연, 팟캐스트 〈난중일기〉
국민일보 월간중앙, 일요서울 등 각종 매체 칼럼 기고
국방FM 〈국방광장 - 이순신에게 배우는 진심진력〉 정기 출연

강의 내역

하늘을 감동시킨 이순신의 진심진력(盡心盡力) 리더십
이순신의 소통과 혁신 전략, 이순신의 불패의 승리 전략
이순신의 청렴정신

주요 출강처

중소기업진흥공단 연수원 등

저 서

흔들리는 마흔 이순신을 만나다(흐름,`13)
진심진력: 삶의 전장에서 이순신을 만나다(길벗,`14)
롤모델 이순신(꿈결,`15)
해서열전, 난중일기 편(공저)(글항아리,`16)
이순신, 지금 우리가 원하는(꿈결,`17)

백 미 현 (白美鉉)

KC대학교 교수

Mobile	010-5262-9311
E-Mail	artbunker@hanmail.net
Homepage	

학 력

독일 Hochschule Der Kuenste(現 UDK) 조각마이스터(`93)
독일 Hochschule Der Kuenste(現 UDK) 문화사업 석사(`93)
중앙대학교 교육학 박사(`11)

전문 분야

미술사, 두뇌훈련, 여가, 예술

경 력 / 자 격

뉴욕 링컨인스티튜트 국제교사 워크숍(`08)
영국 왕립예술대학 교환학생(RCA)
한국직업능력평가심사원 평가위원(`15~現)
서울시 혁신기획단(`16~現)
한국직업능력심사평가원 위원

강의 내역

심미적 경험을 활용한 창의적 두뇌훈련
진지한 여가
교양으로 만나는 미술사

주요 출강처

KCC, 주택공사, 강남구청, 중앙대학교 등

저 서

짱이와 떠나는 신나는 미술사여행 1~5(신원,`03~`05)
미술사조(헤밍웨이,`05), 레아와 흔들리는 이(장원,`05)

유 명 옥 (兪明玉)

(사)서울아리랑보존회 이사장
서울아리랑예술단 단장

Mobile	010-5213-7333
E-Mail	optical1956@hanmail.net
Homepage	ktmta.com

학 력

동방문화대학원 대학교 석 · 박사 졸업

전문 분야

아리랑, 인문학, 국악공연(노래, 무용)
아리랑 음악치유 강의(아리랑체조, 이론, 실기, 치매 등)

경 력 / 자 격

전국아리랑경연대회 1~13회 대회장('11~'23)
국제신학대학원대학교 전통음악치유 초빙교수
(사)한문화진흥협회 전통음악 자문위원
중요무형문화재 제29호 서도소리 이수자
전북무형문화재 제15호 호남살풀이 이수자

강의 내역

아리랑 인문학(역사를 중심으로)
아리랑 음악 치유(아리랑체조, 우리 몸의 구조, 생리, 병리)
한글과 음양오행(건강하게 노래 부르기)
내손을 약손으로 저자 직강

주요 출강처

경기대, 국제신학대학원대학교, 송파문화원, 평생교육원 등

저 서

치유의 노래 아리랑 부르면 건강해진다(다우,'11)

윤 태 원 (尹泰源)

한국음악치료연구소 소장

Mobile	010-8652-1165
E-Mail	healing7575@naver.com
Homepage	www.ahamusic.com

학 력

명지대학교 사회교육대학원 졸업('90)

전문 분야

음악, 음악치료, 커뮤니케이션, 정신분석 음악심리치료

경 력 / 자 격

세종대학교 예술치료학교장('00~'04)
독일 Seigen대학 음악치료 수료('01)
국무총리실 직업능력개발원 민간자격국가공인 심의위원('01)
독일 막데부르그대학 정신분석음악치료사 수료('02)
동부산대학교 음악과 예술치료 전공교수('10~'20)
한국예술치료협회 회장(現)

강의 내역

음악치유와 인성교육, 음악을 통한 커뮤니케이션
음악과 정신건강, 소리건강법
힐링 사운드 합창단 체험지휘
치유노래를 통한 창의성 향상
치유음악명상을 통한 용서치료
치유음악동작을 통한 조직활성화

주요 출강처

NHN, 삼성SDS, 삼성전자, 롯데쇼핑, 유한킴벌리, 국립보건원
전남성폭력상담소, 순천교도소, 경기도립노인전문용인병원
서울시까리따스데이케어센터, 종교기관 등

저 서

치료레크리에이션(하나의학사,'93)
음악치료와 재활(책과 공간,'04)
어린이 청소년 어떻게 사랑할 것인가(공저)(청림출판,'04)

이 보 영 (李寶寧)

ShakeNSpeak 대표이사
한국중등영어교육학회 부회장

Mobile	010-5055-7051
E-Mail	angiephillip@gmail.com
Homepage	

학 력

이화여자대학교 영어교육학과 영어교육학 졸업('88)
한국외국어대학교 동시통역대학원 한영과 석사('90)
이화여자대학교 영어교육학 박사('10)

전문 분야

언어학습 전략, 영어교육 전략, 영어발음 교육, 비즈니스영어
성인영어, 자녀 영어교육

경 력 / 자 격

이화여대 외국어교육특수대학원 부원장
TESOL 학과장/조교수, 서울사이버대학교 교수
EBS-FM Start English 집필 및 진행 ('21~'23)
한국응용언어학회 이사, 한국중등영어교육학회 부회장
조세연구위원회 연구위원(現)
EBS라디오 EasyEnglish 집필 및 진행(現), Speech Trainer

강의 내역

효과적인 영어교육 방법, 직장인을 위한 영어학습 전략
세계화와 영어능력
영어 발표, 발음 교정

주요 출강처

카이스트, 청와대경호실, 제주교육청, SKC&C, 현대백화점
중앙공무원교육원, 삼성전자, 삼성인력개발원, 삼성생명
뉴스킨, 로레알, 신세계백화점, LG전자, 이마트, 한미연합사

저 서

이보영의 여행영어회화(키스톤,'17)
이보영의 말문영어(키스톤,'20)
이보영의 영어힐링(다락원,'23)
이보영의 파닉스 사이트워드(JRC,'23)
이보영의 120분 영어회화, 문법시리즈(넥서스,'23)

이 수 민

커넥트아트프로덕션 대표

Mobile	010-8932-6378
E-Mail	violinsarah@naver.com
Homepage	

학 력

서울대학교 음악대학 기악과 졸업('10)
서울대학교 음악대학 기악과 석사('12)
미국 인디애나대학교 음악대학 연주자 과정 졸업('14)

전문 분야

예술, 인문학, 창의성, 힐링, 리더십

경 력 / 자 격

부천 필하모닉 오케스트라 단원('10~`11)
제2창의예술교육센터 강사, 서초여성가족플라자 강사
용인문화재단 창의예술아카데미 강사
서초혁신교육지구 강사

강의 내역

오감 앤 클래식
음악을 그리다
예술 속 여성

주요 출강처

삼성인력개발원, 서울아산병원, 국립외교원, 경기도시공사
국민건강보험공단, 전라북도인재개발원, 경기도외국어연수원
한국지역난방공사, 한국산업은행, LH한국토지주택공사
오류아트홀, CGV청담, 용인문화재단 등

저 서

이 현 춘 (李賢春)

이현춘 힐링센터원장
원광대학교 평생교육원 전담 교수

Mobile	010-6613-9716
E-Mail	lhc9716@hanmail.net
Homepage	blog.naver.com/lhc9716

학 력

원광보건대학교 사회복지학과 졸업
원광대학교 경영대학원 재학 中

전문 분야

유머, 소통, 대인관계, 변화관리, 리더십, CS

경 력 / 자 격

국제웃음매직레크협회 회장
한국강사은행 석좌교수
국제서비스협회 전임교수
전주교육대학교 CEO 과정 수료
KBS 전주 아침마당, 금강방송, MBC 2시 만만세
TBN 전주 교통방송 출연

강의 내역

직무 스트레스 관리
조직활성화, CS, 힐링 · 웃음과 레크리에이션

주요 출강처

전북도청, 익산시청, 전주시청, 김제시청, 천안시청
순천시청, 순창교육청, LG화학, 전북교육청, 익산교육청
원광대학교, 전북농협, 전북농어촌공사, 보훈청, 행정부
산림항공부, 동대문구청, 대전조달청, OCI, 국립종자원 등

저 서

임 나 경 (林奈炅)

(사)국제자연치유사랑협회 이사장
국제다문화 평생교육원장

Mobile	010-2263-7257
E-Mail	lms260@hanmail.net
Homepage	

학 력

수원대학교 미술대학원 화예조형학 미술석사 졸업
상명대학교대학원 환경자원학과 환경조경학전공 이학박사

전문 분야

조형디자인, 생태교육, 다문화교육, 미학개론, 화예디자인, 인문학

경 력 / 자 격

동국대학교(미래융합교육원)국제자연치유사과정 주임교수
오산대학 이벤트연출과 겸임교수
고려대명강사최고위과정 6기 수료
국제다문화평생교육원 원장
인천대학교 화훼학과(학점제) 강사
(사)영등포구 소기업소상공인회 교육이사

강의 내역

미학으로 해석하는 삶
오감을 느끼는 생태교육
화예치유로 건강한 삶 누리기
화예치유로 힐링되는 건강한 삶
인문학 특강

주요 출강처

국제다문화평생교육원, 동국대학교 미래융합교육원
영등포평생교육 바우처

저 서

임 용 한 (林容漢)

KJ&M 인문경영연구원 대표

Mobile	010-5411-4043
E-Mail	0011jb@gmail.com
Homepage	

학 력

연세대학교 사학과 졸업('88)
연세대학교 대학원 사학과 한국사 석사('91)
경희대학교 대학원 사학과 한국사 박사('97)

전문 분야

전쟁사, 리더십, 한국 인물사

경 력 / 자 격

충북대학교 연구교수

강의 내역

전쟁사로 보는 경영의 지혜, 조선의 국왕과 리더십
명장들의 리더십, 위기, 창조의 전략

주요 출강처

공군사관학교, 경희대학교, 광운대학교, 삼성 SERICEO
박물관, 한국콘텐츠진흥원 등

저 서

전쟁과 역사 1~3(혜안,'00~'07)
한국고대전쟁사 1~3(혜안,'12)
세상의 모든 전략은 전쟁에서 탄생했다(교보문고,'12)

전 경 일 (全京一)

인문경영연구소 소장
카인즈교육그룹 대표

Mobile	010-3567-1589
E-Mail	humanity@kindssoft.com
Homepage	www.humanity.kr

학 력

미국 뉴욕시립대 대학원, TV&Radio(방송경영학 전공) 석사('95)

전문 분야

리더십, 의사소통, 조직문화, 갈등해결, 성장전략, 창조혁신
위기관리, 인문학, 감성경영, 초영역인재, 변화관리, 역사인물

경 력 / 자 격

삼성전자('96~'99), 〈세계의 문학〉 시 등단('99)
야후(Yahoo)코리아('03~'06), (주)케이티프리텔(현KT)('05~'09)
대통령 직속 동북아시대위원회 동북아시대 세종 프로젝트 자문('07)
(광화문 세종상 건립 기여)

강의 내역

경제 위기시대, 이순신 필사의 승리 전략
고전과 경영사례 통한 인문경영 인사이트 찾기
불황을 이기는 세종의 창조적 경영전략
세상을 이끄는 Good to Great의 인문경영 인사이트
인문에서 배우는 청렴과 윤리정신
인문학은 조직구성원의 사명감을 어떻게 높이는가

주요 출강처

삼성엔지니어링, SKT, 삼성증권, 쌍용레미콘, 대우건설
LG디스플레이, 경기도인재개발원, 국민체육진흥공단
삼성경제연구소, 현대경제연구원, 서울대학교최고융합과정
서울시인재개발원, 서울시립대학교, 중앙대학교, 나사렛대학교

저 서

광개토대왕 대륙을 경영하다(휴먼비즈니스,'07)
창조의 CEO 세종(다빈치북스,'10)
이끌림의 인문학(다빈치북스,'14)
이순신, 경제전쟁에 승리하라(다빈치북스,'22)

정 연 식 (鄭然植)

인문경영연구소 소장
카인즈교육그룹 대표

Mobile	010-9888-2566
E-Mail	biztalk@empas.com
Homepage	www.careernlife.com

학 력

서강대학교 경영학과 졸업('95)
가톨릭대학교 대학원 심리학 석사('97)
가톨릭대학교 대학원(조직 및 산업심리학) 박사 수료('06)

전문 분야

커리어 개발, CDP, 인간관계, 상사관리, 부하관리, 리더십

경 력 / 자 격

직업상담사, 상담심리사, 산업상담사, 크레듀 사이버 강사
MBC FM라디오 김성주의 굿모닝 '직장인 칼럼' 방송
경기방송 '김현철의 해피타임'에서 직장인 상담
직장인 상담사이트(www.biztalk.pe.kr) 운영
직장인 홈페이지(www.sman.co.kr) 개인상담 컨설턴트
상담포털(www.counpia.com) 전문기자 단장

강의 내역

상담기법 및 코칭, 팀장을 위한 커뮤니케이션 스킬
셀프리더십, 핵심리더를 위한 '커리어 개발' 1일 워크숍

주요 출강처

삼성전자, LG생활건강, 포스코ICT, LS미래원, 서울대학교 등

저 서

직장인 프로 vs 포로(더난출판사,'04)
자기중심의 인생경영(리더스북,'06)
꿈을 이루어주는 세 개의 열쇠(더난출판사,'09)
원하는 삶이 어떻게 일이 되는가(더난출판사,'16)

조 정 현 (曺正鉉)

한국사진작가협회 수원지부 교육강사

Mobile	010-2778-9597
E-Mail	johanjo@hanmail.net
Homepage	

학 력

아주대학교 공과대학 기계공학과 졸업('82)

전문 분야

사진, 영상, 촬영, 프로필사진, 드론, 사진치유

경 력 / 자 격

아주대학교 공공정책대학원 사진강사('16~現)
수원시청 사진강사(現)

강의 내역

사진으로 하는 힐링(기초/중급/고급)
드론 사진/영상 촬영
프로필 사진

주요 출강처

아주대학교 공공정책대학원, 수원시청

저 서

최 동 호 (崔東虎)

스포츠평론가

Mobile 010-2704-9072

E-Mail faith0001@naver.com

Homepage

학 력

경희대학교 일어일문학과 졸업('94)

전문 분야

스포츠, 체육철학, 스포츠인문

경 력 / 자 격

IB스포츠 신사업개발팀 팀장('06~'08)
문화연대 체육문화위원회 운영위원('12~'14)
체육단체연대 공동대표('14~'16)
문화체육관광부 3.0위원회 위원('14~'16)
대한체육회 스포츠공정위원회('15~'16)
프로스포츠협회 이사('15~16), 스포츠문화연구소 소장('18~現)

강의 내역

스포츠를 통해 본 리더십, 스포츠마케팅의 한계와 기업문화
스포츠란 무엇인가?(스포츠의 효용, 공정사회)
한국스포츠사(시대정신의 구분에 따른 한국스포츠사)
스포츠 비판(한국스포츠의 문제점 비판)

주요 출강처

삼성SDI, 한국인사관리협회, 현대중공업 등

저 서

생각하는 축구 교과서(휴머니스트,'14)
생각하는 야구 교과서(휴머니스트,'16)
생각하는 올림픽 교과서(천개의 바람,'18)

최 병 기 (崔柄基)

(사)서울평생교육원 원장
한국경영문화연구원 원장

Mobile	010-3779-9857
E-Mail	chbk3@naver.com
Homepage	www.speace.or.kr www.kmci.moddoo.at

학 력

영남대학교 경영학과
중앙대학교 국제경영대학원 경영학과('02)

전문 분야

인문소양, 리더십

경 력 / 자 격

통일교육전문위원('78~'02)
선문대학교 교양학부 겸임교수('99~'15)
방자치인재개발원 초빙교수('05~'20)

강의 내역

슬로우 라이프의 미학
수퍼에이지의 삶
소통과 공감의 지혜
주민자치시대의 시민의식

주요 출강처

여주시주민자치위원, 오산시주민자치위원, 은평구문화시민포럼
제천시은빛청춘포럼, 종로평생교육원, 서울평생교육원

저 서

최 지 혜 (崔智惠)

안드라고지랩 지안 대표

Mobile	010-8787-4795
E-Mail	jh_choi4795@naver.com
Homepage	blog.naver.com/wisdom_insight_jian

학 력

서울대학교 고고미술사학과 졸업('08)
고려대학교 교육대학원 평생교육 전공 석사 졸업('20)
고려대학교 대학원 교육학과 HRD&ACE 수료('23)

전문 분야

미술인문학, 리더십, 커뮤니케이션, 문제해결 등

경 력 / 자 격

복지인재원 외래 강사('19~現)
병무청사회복무연수센터 외래 강사('19~現)
고려대학교 HRD정책연구소 연구원('19~現)
국토교통인재개발원 외래 강사('20~'21)

강의 내역

미술을 통한 감성소통, 미술을 통한 창의적 리더십
미술을 통한 변화관리 리더십, 조직소통 및 조직활성화
리더의 감정관리와 감성소통, 문제해결, 소통방법

주요 출강처

SK하이닉스, 보령, 현대파워텍, KCTC, KT Estate, IVIs
보림로지스틱스, 한국산업기술시험원, 복지부, 대한상공회의소
대구은행, 중소기업지원청, 강원도청 도로교통공단, 식약처 등

저 서

밀레니얼 워커십(북인사이트,'23)
화가의 시선: 인상주의 화가에게서 배우는 변화관리리더십
(Lim,'23)

편 현 주 (片賢朱)

미술랭가이드 대표

Mobile	010-5303-3212
E-Mail	com88944@gmail.com
Homepage	sites.google.com/view/mesul

학 력

서울시립대학교 도시과학대학원 공행행정 전공('16)

전문 분야

인문학, 힐링, 스트레스, 리더십, 소통

경 력 / 자 격

서울시 시민청 '정책을 말하다' 디렉터('16~'19)
국립현대미술관 '문화다양성' 강사('20~'21)

강의 내역

인문학, 창의력 · 아이디어 개발, 비즈니스 모델링

주요 출강처

삼성생명, 메르세데스벤츠코리아, HD현대인프라코어, 도이치뱅크
존슨앤존슨, 로레알코리아, 중소벤처기업진흥공단, 광명평생학습관
인천연수구립도서관, 과천비행지구, 금천문화재단, 편지문학관
돌곶이생예술문화센터, 의정부시청, 국립생태원, 경기도평택교육청
중앙대학교최고고위정책과정, 경북인재개발원

저 서

함 인 희 (咸仁姬)

이화여자대학교 사회학과 교수

Mobile	010-3133-2268
E-Mail	hih@ewha.ac.kr
Homepage	

학 력

이화여자대학교 사회학과 졸업('81)
이화여자대학교 대학원 사회학 석사('83)
미국 Emory University 사회학 박사('91)

전문 분야

다양성, 가족변화, 세대변화, 신세대, 여성리더십

경 력 / 자 격

이화여자대학교 사회과학대학 학장
이화여자대학교 경력개발센터, 리더십개발원 원장
정부공직자 윤리위원회 위원
중앙인사위원회 위원

강의 내역

한국사회변화 Trend와 Work Life Balance
신세대(Z세대, 밀레니얼 세대): 이해와 소통
가족의 변화: 쉰 이후 50년
다양성 매니지먼트, 여성리더십의 뉴 패러다임

주요 출강처

저 서

가족과 친밀성의 사회학(다산출판사,'15)
오늘의 사회이론가(도서출판 한울,'16)
인간행위와 사회구조(이화출판문화원,'18)
가족난민: 싱글화의 미래, 양극화된 일본인의 노후(그린비,'19)

황 상 민 (黃相民)

심리상담가
방송인

Mobile	010-3432-2439
E-Mail	whang.sangmin@gmail.com
Homepage	

학 력

서울대학교 심리학과 졸업('85)
미국 Harvard University 심리학 석 · 박사('88 · '92)

전문 분야

심리, 소비자행동, 리더십, 개인성격, 성격과 진로, 성인발달

경 력 / 자 격

연세대학교 심리학과 교수 · 인간행동연구소장
세종대학교 교육매체센터 연구소장 · 학생생활연구소장 · 교육학과장
한국주관성연구협회 편집위원장
Journal of Human Subjectivity 편집위원
팟캐스트 〈황심소〉 제작 및 진행

강의 내역

한국인의 심리, 리더십 개발, 소비자심리

주요 출강처

코웨이, 하나로유통, 본태박물관, 대전시민대학, 전주시민대학 등

저 서

독립연습(생각연구소,`12), 대통령과 루이비통(들녘,`12)
안철수냐 문재인이냐(예옥,`12), 나란 인간(푸른숲,`14)
The New Consumer Psychology(Routledge,`15)
마음 읽기(넥서스,`16), 공부 삽질하지마라(들녘,`16)
좋은 대통령이 나쁜 대통령 된다(푸른숲,`17)

웰니스 · 힐링

강 민 희 (姜慜熙)

프리랜서 강사

Mobile	010-4720-8883
E-Mail	kangmini@hanmail.net
Homepage	

학 력

대구한의대학교 보건학부 · 산업안전 · 청소년교육상담학 학사
인하대학원 지속가능경영학 석 · 박사과정 中

전문 분야

힐링, 소통, 리더십, 갈등관리, ESG
법정의무교육, 이미지메이킹(퍼스널컬러 진단), 비즈니스 매너
디지털 리터러시, 미술과 컬러 심리, 아로마 테라피

경 력 / 자 격

꽃길 연구소 대표
대구시 청소년지원재단 이사
대구시 청년위원회 위원
대통령직속 청년위원회 또래멘토
차의과대학병원 총무팀(병원장 비서)
KMI한국의학연구소 원무과 병원코디네이터

강의 내역

힐링 스트레스 관리, 소통
5대 법정의무교육(성희롱 예방, 개인정보보호 등)
이미지 메이킹(퍼스널 컬러 진단)
비즈니스 매너 및 동기부여 특강
서비스 마인드 및 갈등 관리 특강
힐링과 아로마 테라피

주요 출강처

이든네이쳐, 농우바이오, 더바른정형외과, 건강심사평가원
365연합의원, 다보스종합병원, 셀텍, 힐링샘, 릿첼코리아
아이디헤어, 진성이엔지, 제이디패션코리아, 파워쏘, 브랜빌
퍼스트클래스, 유로초이스, 네오텍, 안산모터스, 삼호기계
청주대산학협력단, 유진에어텍, 삼호기계, 애디언트코리아 등

저 서

김 낙 완 (金洛完)

Hand 2 Health 대표

Mobile	010-5332-3717
E-Mail	0113323717@naver.com
Homepage	cafe.naver.com/bizms

학 력

용인대학교 유도학과 졸업('91)
호주 College of Natural Therapies(마사지 전공) 졸업('96)

전문 분야

건강관리, 의료, 보건, 건강, 조직 활성화, 커뮤니케이션

경 력 / 자 격

한국능률협회, 한국생산성본부, 한국표준협회 전문위원
한국품질재단, 한국금융연수원 전문위원
YBM비즈 등 100여 업체 산업교육 컨설팅社(HRD) 전문위원

강의 내역

힐링특강, 손을 통한 근 골격계 피로해소
자기경영을 위한 건강관리
Fun & Health(앉아서 건강을 Hand 2Health)
적극적 건강관리 하루 & 1박 2일 과정
Kill Stress관리 MS체조
T-shirts 걸작(팀 빌딩 프로그램)

주요 출강처

금융연수원, 안전보건공단, 한국상하수도협회, 한국중부발전
농업기술센터 등

저 서

김 소 연 (金昭延)

소원살롱문화예술공간 대표
한국아트테라피협회 협회장

Mobile	010-5678-6927
E-Mail	sowoncalli@naver.com
Homepage	blog.naver.com/sowoncalli

학 력

중앙대학교 영어학과, 심리학(부) 졸업('08)

전문 분야

힐링, 캘리그라피, 원예, 아로마. 스트레스 관리, 웰니스

경 력 / 자 격

일산차병원 외래강사('22~'25)
코오롱인재개발원 외래강사('22~'25)
인천광역시 서구 발달장애인 평생교육센터 교육강사('22~'25)

강의 주제

힐링, 원예, 아로마, 비전, 동기부여, 스트레스

주요 출강처

삼성카드, HD현대건설, 엘지유플러스, 한국투자증권, 현대글로비스
한화호텔&리조트, 다산콜재단, 현대자동차증권, 코오롱, BGF, 롯데
현대글로비스, CJ ENM, 에코프로, IBK기업은행, SPC
국민건강보험공단, 인천국제공항공사, 한국도로공사
한국열린사이버대학교, 경찰청, 일산차병원, 경남대학교 등

저 서

김 윤 세 (金侖世)

(주)인산가 회장
전주대학교 경영행정대학원 객원교수

Mobile	010-3793-9585
E-Mail	yskim1955@hanmail.net
Homepage	www.insanga.co.kr

학 력

한국고전번역원 부설 고전번역교육원 연수부 2년 졸업('80)
한국고전번역원 부설 고전번역교육원 연구부 3년 졸업('87)

전문 분야

경영전략, 대체의학, 자연치유의학, 바이오식품 창업
사서삼경을 비롯해 도덕경, 금강경 등

경 력 / 자 격

대한민국 식품명인(죽염제조 분야)(해양수산부)
건강 월간지 '仁山 의학'발행인 겸 편집인('91~現)
KAIST AIM(최고정보경영자과정) 제16기 수료('02)
광주대학교 대체의학과 조교수('12~'16)
국제한식조리학교 명예교수('16)
산업자원부 · 한국표준협회 주관 명품창출 CEO포럼 회장('21~現)

강의 내역

자연요법 및 자연치유 건강 힐링 프로그램
인산의학과 한식의 어울림, 한 생각이 암을 물리친다
順理자연의 의학과 그 요법
천동설의 투병 의료에서 지동설의 양생 의료로의 전환
세균, 바이러스 등 병원체와의 싸움을 넘어 인체 자연치유 능력 강화가 문제의 근본 해결책이다.

주요 출강처

경남공무원교육원, 전북공무원교육원, 전남공무원교육원
부산약사회, 특전사 3공수여단, 11공수여단, 13공수여단
삼성전자사장단 건강특강, 국가기록원, 7사단, 부삭국세청
제주테크노파크, 경상남도영양사협회, 한국가스안전공사 등

저 서

한 생각이 암을 물리친다(인산가,'02)
내 안의 의사를 깨워라(중앙미디어,'12)
내 안의 자연이 나를 살린다(조선뉴스프레스,'16)
東師列傳 한역본(조선뉴스프레스,'17)
노자건강학 '자연치유에 몸을 맡겨라'(조선뉴스프레스,'19)

김 태 흥 (金泰興)

감정노동연구소 대표
본능대학교 대표

Mobile	010-2723-6489
E-Mail	taehoong@naver.com
Homepage	

학 력

연세대학교 지질학과 졸업('81)

전문 분야

감정노동, 4차산업혁명 시대의 리더십과 창의성 강의
힐링인문학, 심리학, 조직활성화

경 력 / 자 격

감정노동관리사 자격증 발급권자
광고대행사 (주)컴투게더 부사장

강의 내역

리더십과 창의성, 본능심리학, 관리자 역량강화, 조직활성화
감정노동관리사 자격증 과정

주요 출강처

삼성전자, 현대자동차, 포스코인재개발원, 중앙공무원교육원
국립의료원, 아산병원, 상공회의소 등

저 서

감정노동의 진실(올림,'14)
무엇이 나를 미치게 하는가(두앤북,'19)
나는 대한민국강사다(공저)(올림,'21)
갈등(행복에너지,'22)

김 희 주 (金希柱)

요가플러스 센터장
미래사회교육개발원 전문위원

Mobile	010-8382-6165
E-Mail	presentedu@hanmail.net
Homepage	

학 력

한신대학교 사회교육원 사회교육 전문과정 수료

전문 분야

건강관리, 요가, 명상, 웰빙

경 력 / 자 격

유머경영학회 이사, 사회교육협회 이사
한옥에서 찾는 한국인의 건강유산 연구위원
한국생산성본부 외래강사, 국제종합요가협회 1급 지도강사
카네기 최고경영자과정 수료
한국라이프코치 강사양성과정 수료

강의 내역

건강 · 힐링, 웰빙시대의 건강생활, 현대인의 건강창조
지속가능한 건강특강, 명상과 힐링, 요가 테라피와 명상

주요 출강처

미래사회교육개발원, 한국생산성본부, 대우중공업, 풀무원
동양제과, CJ물류팀, 삼성기술원, SK, 기아자동차 등

저 서

안 동 환 (安東煥)

숨아카데미 원장

Mobile	010-3732-0110
E-Mail	hankigong@hanmail.net
Homepage	

학 력

서강대학교 사학과 졸업('82)
원광대학교 동양학 대학원 기공학 석사('00)

전문 분야

명상, 코칭, 힐링, 대체의학

경 력 / 자 격

(주)유비케어 상무 · 헬스디자인연구소 소장('09~'14)
경희대학교 한방병원 재활의학과 산학협동 연구위원
한국예술종합학교 원광대학교 외래교수
한국윤리경영학회 이사, 방정환재단 이사
다산문화교육원 이사

강의 내역

갈등관리, 생애설계, 리더십, 애니어그램, 노사관계
생활명상, 단전호흡, 기체조, 요가
스트레스 관리와 몰입도, 회복탄력성 향상을 마음 챙김 명상
건강, 성공과 행복을 위한 SLT(Self Leadership Training)
집중력 · 평정심 · 창의성 개발을 위한 몸맘숨 명상과
감성지능 개발훈련, 심신건강을 위한 명상

주요 출강처

현대자동차, 콘티넨탈, 원진그룹, 신세계, 에쓰오일, SK텔레콤
SK건설, LG유플러스, 국민은행, 한국리서치, 신용협동조합
고용노동연수원, 아주대학교 등

저 서

몸맘숨(바오출판사,'16)

윤 수 진 (尹修珍)

힐링컴즈 대표 · 수원메디칼약국 대표약사
Medical Writer

Mobile	010-4329-9753
E-Mail	pharm99@naver.com
Homepage	healingcomz.com

학 력

성균관대학교 약학부 졸업
성균관대학교 임상약학대학원 석사

전문 분야

건강관리, 의약품 마케팅 컨설팅
블로그 마케팅, 주부 관점의 스토리텔링

경 력 / 자 격

한국얀센 마케팅 담당, 보령제약 마케팅 담당
MMK Communications Medical Writer
새서울약국 대표, 네이버 맘키즈 대표 작가(엄마는 전문가)
경기 마약퇴치운동본부 강사
대한약사회 약바로쓰기 운동본부 강사
경기/제주6차산업 전문코칭위원(스토리텔링)

강의 내역

스토리텔링 중심의 O2O 마케팅
제약 마케팅 SNS
미디어 속 제약 마케팅의 흐름과 전략
Medical Writing, 살아남는 블로그 글쓰기
의약품 바로 알고 사용하기
아토피와 알레르기 질환 관리

주요 출강처

대한약사회, 경기도약사회, 수원시약사회, 매일경제
롯데카드, 현대백화점, 성균관대학교, 숙명여자대학교
성남시중원도서관 등

저 서

약사가 말하는 약사(공저)(부키,`13)
사례중심의 약물치료학(신일북스,`13)
엄마는 약선생(한빛라이프,`14)

이 광 연 (李光淵)

이광연한의원 원장
경희대학교 한의대 외래교수

Mobile	010-5470-6656
E-Mail	herb640@hanmail.net
Homepage	http://www.lkyhanbang.com

학 력

동국대학교 한의과대학 졸업('93)
경희대학교 한의과대학원 한의학 석사('00) · 박사('05)
경희대학교 의과대학 의학 박사('08)

전문 분야

직장인과 기업 CEO 스트레스 해소, 건강관리

경 력 / 자 격

한양대학교 신약개발학과 시간강사
노인복지의료봉사 동의난달 이사장
KBS1 라디오 '이충헌 기자의 건강플러스'
KBS3 라디오 '출발, 멋진 인생' 고정출연(現)
SBS 좋은아침 고정 출연(現)

강의 내역

직장인의 건강관리
만병의 근원 스트레스 해소하기
만성피로 풀고 살아가기
내 몸에 맞는 건강법
약이 되는 음식이야기
내가 먹는 음식이 내몸을 만든다

주요 출강처

LG인화원, 롯데건설, 한국전력공사, 한국수자원공사
공항공사, 서울지방경찰청, 대한상공회의소, 대한항공, 강서문화원

저 서

성공을 좌우하는 직장인 건강법(청계,'12)
성공한 CEO의 건강 이야기(청계,'12)
100세 어르신들의 건강보감(청계,'12)
새로운 인생의 시작 갱년기와 건강한 정력이야기(청계,'14)
의사들도 무서워하는 치매(중풍) 한방으로 다스리기(청계,'14)

이 은 정 (李銀貞)

인성아카데미 대표

Mobile	010-4922-2545
E-Mail	i-lej@hanmail.net
Homepage	

학 력

제주대학교 가정교육 석사('03)
대구대학교 특수교육 석사('07)
제주대학교 일반대학원 이학 박사('12)

전문 분야

힐링과 명상, NLP코칭 커뮤니케이션 스킬
스트레스 해소, 자존감 향상, 안전교육

경 력 / 자 격

한라대학교 호텔조리학과 외래교수('06~'12)
제주대학교 생활환경복지학부 전담교수('09~'15)
한국지도자아카데미 기회장, 바이탈경영교육원 교수
바르게살기운동 경기도협의회 부회장
행안부 · 국방부 안전교육 전문강사
경기도 민간강사(화재 및 교통 안전교육, CPR)

강의 내역

에니어그램 기초 · 심화, 강사과정 독서코칭, 공직가치
솔숲리더십, 인성리더십, 퇴직공무원 가족과의 대화법
직장 스트레스와 직원 간 소통 인성교육
감성플러스: 정서적응 지원 프로그램
가족의 행복 · 자녀 양육기 부모교육, 자녀와의 소통법
평생교육 매니저 양성과정, 마을활동가 양성과정

주요 출강처

제주대, 국제대, 한라대, 우송대, 백석대, 국세공무원교육원
동두천시청, 경상북도 공무원연수원, 경기도율곡연수원
여성가족연구원, 제주권역재활병원, 제주대학병원, 고용노동연수원
서귀포시청, 제주도청 등

저 서

톡톡튀는 매일명상(유페이퍼,'22)
속도를 줄이면 비로소 보이는 것들(공저)(더로드,'22)
행복의 열쇠, 매일명상(유페이퍼,'23)
에세이처럼 살고 싶다(공저)(북랩,'24)
당신의 오늘은 안녕한가요(미다스북스,'25)

최 미 애 (崔美愛)

한국행복웃스힐링협회 대표

Mobile	010-9253-6822
E-Mail	meyae123@hanmail.net
Homepage	blog.naver.com/meyae123

학 력

전주기전대학교 식품영양학과 졸업('90)
경안신학대학원대학교 사회복지학과 석사졸업('16)

전문 분야

웃음행복 테라피, 슬기로운 여가설계, 스트레스 관리
부모교육, CS교육, 감정코칭, 건강관리, 음악테라피
감성소통, 펀리더십, 영양교육, 생명존중, 웰빙 · 웰다잉

경 력 / 자 격

충청북도 도민홍보대사, 대한민국 명강사연합회 부회장
국민연금공단 노후준비전문강사
한국생산성본부 시니어 CS전문강사
세계사이버대학교 사회복지학과 겸임교수
한국노인통합교육개발원 전임교수(실버웃음치료 전문지도사)
대전웰다잉연구소 전임교수, 자활지역센터 소양교육 전문강사

강의 내역

웃음꽃 행복테라피, 스트레스해소와 건강관리, 웰다잉
슬기로운 여가생활, 슬기로운 건강관리, 시니어 CS교육
감성소통의 기술, 부부소통리더십
우울증과 치매예방교육, 인지 음악테라피, 활기찬 백세인생
힐링댄스테라피, 실버웃음코칭 전문지도자 1급 자격과정

주요 출강처

국방부, 국방과학연구소, 수협중앙회연수원, 경찰인재개발원
경찰청, 소방학교, 한국능률협회, 충남공무원교육원, 보훈청
대전청사, 국민연금공단, 공무원연금공단, 제천경찰수련원
충북자치연수원, 충북교통연수원, 농협, 수협, 현대제철
한국가스공사, 농업기술센터 등

저 서

글로벌 인성리더십(공저)(책과나무,'16)
인생2막까지 멋지게 사는 기술 재미(공저)(행복에너지,'17)
최미애의 신나는 웃음세상(아이프렌드,'18)
웃음, 한 스푼!(유페이퍼,'25)

최 영 인 (崔寧仁)

안산대학교 웰니스센터 조교수

Mobile	010-2477-1980
E-Mail	rehab.youngin@gmail.com
Homepage	www.ansan.ac.kr

학 력

안산대학교 물리치료과 졸업('06)
용인대학교 재활보건과학대학원 물리치료학 석사('10)
한서대학교 일반대학원 물리치료학 박사('19)

전문 분야

통증치료, 교정운동, 바른 자세

경 력 / 자 격

한국생활스포츠연합회 재활 및 교정운동 전임강사
안산시 단원보건소 재활운동 강사
(재)국민체력센터 부설 바른체형교육원 수석강사
영진 사이버대학교 뷰티 · 헬스 연구회 바른체형 초빙강사
슬래시파이프 국제 마스터 트레이너
블랙롤 국제 마스터 트레이너

강의 내역

바른 자세의 중요성 및 유지 전략
셀프마사지 - 목, 허리, 어깨 통증의 해결
재활 및 교정운동, 체형교정운동 전문가 양성

주요 출강처

안산대학교, 경북전문대학교, 경인교육대학교 한국생활스포츠연합회 안산노인대학 등

저 서

기능향상을 위한 재활운동(역서)(영문출판사,'12)

최 정 미 (崔廷美)

임지향아트스토리 미술심리상담소 부센터장

Mobile	010-8581-1609
E-Mail	jeong814@naver.com
Homepage	blog.naver.com/jeong814

학 력

대구사이버대학교 미술심리 학사
건국대학교 교육대학원 석사
성신여자대학교 일반대학원 박사과정 中

전문 분야

미술치료, 미술심리, 사회심리, 미술상담

경 력 / 자 격

동대문 위앤아이 미술미리상담센터 미술심리상담사(2年)
한국민간자격개발원 교육강사(`12~現)
미술심리상담사 직업체험 강의(`12~現)

강의 내역

미술치료, 미술심리를 활용한 심리여행
심리학적으로 풀어보는 자기 직면과 나 알아가기
사회심리학적으로 풀어보는 인간관계 고민해결

주요 출강처

경기도 및 지방주민센터

저 서

최 정 열 (崔正烈)

피트니스요가센터 원장
마음챙김명상센터 원장

Mobile	010-7999-8484
E-Mail	antarang@naver.com
Homepage	mindwatching.co.kr

학 력

고려대학교 철학과 졸업('92)
고려대학교 정치외교학 석사('94)

전문 분야

요가, 명상, 스트레스 치유

경 력 / 자 격

한국피트니스요가협회 회장
한국마음챙김명상협회 회장
월간조선 요가칼럼 기고
영동세브란스 건강 · 요가칼럼 기고

강의 내역

이완과 휴식을 위한 요가, 집중과 몰입을 위한 명상
목표와 비전성취를 위한 명상, 스트레스 해소 명상
건강 및 매력몸매, 바른자세 및 치유를 위한 요가
몸 관리법과 명상을 통한 감정해소법
자세교정법과 명상을 통한 스트레스 해소법
건강운동법과 분노의 예방과 치유법

주요 출강처

포스코인재창조원, 국민체육진흥공단, LG전자, 에스티로더
한국은행, 삼성인력개발원 등

저 서

토탈뷰티(고려원북스,`05)

한 광 일 (韓光壹)

한국열린사이버대학교 석좌교수
재단법인 한국친환경재단 이사장

Mobile	010-5249-9200
E-Mail	recmen@naver.com
Homepage	www.ha.or.kr

학 력

연세대학교 사회복지학 석사('98)
서울대학교 산림환경 박사 수료('04)

전문 분야

펀 경영, 리더십, 웃음, 소통, 건강, 힐링

경 력 / 자 격

한국강사은행 총재
한국레크리에이션협회 회장
사단법인 국제대체의학협회 이사장
사단법인 국제웃음치료협회 총재

강의 내역

웃음은 경쟁력이다, 힐링과 소통, 스트레 스관리
즐거운 직장, 행복한 고객, 변화와 혁신

주요 출강처

서울대학교, 연세대학교, 삼성, LG, 포스코, 롯데, 국세청
경찰청, 검찰청 등

저 서

웃음치료(삼호미디어,`07), 한국의 명강의(마음의숲,`09)
매력의 기술(마음의숲,`10), 편경영 리더십(미래북,`10)
이기는 스타일(마음의 숲,`13), 자연치료(렛츠북,`15)
통합자연치료(한국경제신문,`18)
미세먼지 통합치료(서현사,`19) 등

홍 성 아 (洪性兒)

(주)여가학교숨쉴틈 대표
제주여가마을 촌장

Mobile	010-4167-4533
E-Mail	aunthong@hanmail.net
Homepage	slconsult.co.kr

학 력

숭실대학교 사회복지대학원 졸업('98)

전문 분야

여가상담, 여가설계, 긍정심리학

경 력 / 자 격

보건복지부 노후설계 매뉴얼 개발 연구집필
방송통신대학교 생애설계과정 공동개발 및 강의
육군본부 PTST 세미나 자문 및 군종장교 워크숍 운영
인사혁신처 국가공무원인재개발원 E러닝과정 공동개발 및 강의
마인드푸드(정신건강 레시피) 콘텐츠 개발 및 강의
노인여가 카운슬러 과정 개발 및 강의

강의 내역

신체/정서 영역: 마음을 살리는 음식, 마인드푸드
정신영역: 은퇴 후 여가설계, 워라밸, 스트레스

주요 출강처

GS칼텍스, 현대삼호중공업, 현대자동차, 현대백화점그룹, 롯데그룹
기아, 국가과학기술인력개발원, LG이노텍, 환경부, 통계청, 소방서
대전연구단지, 제주공공정책연구원, 김천시청, 대구중구청
대구동구청, 서울시인재개발원, 영천시청, 강동구청, 파주시청 등

저 서

알기쉬운 치료레크리에이션 실천기법(여가나눔,'05)
은퇴 후 여가설계(공저)(여가나눔,'17)

황 순 애 (黃順愛)

서울사회복지대학원대학교 평생교육원
주임교수

Mobile	010-3867-9256
E-Mail	bibi-46@hanmail.net
Homepage	happy1004c.modoo.at

학 력

서울사회복지대학원대학교(사회복지학 석사) 졸업
서울예명대학원대학교(사회복시학 선공) 박사 학위

전문 분야

스트레스 관리, 레크리에이션
사회복지학(사회복지법제론, 인간행동과 사회환경, 노인복지 등)

경 력 / 자 격

한글문해교육('19~'21)
해밀원격평생교육원 교강사('20~'22)
에듀사이버평생교육원 교강사('21)
진흥원격평생교육원 교강사('21~現)
서울사회복지대학원대학교평생교육원사회복지학교수('22~現)
예명대학원대학교 평생교육원 사회복지학교수('25~現)

강의 내역

직무 스트레스 해소, 행복, 웃음과 자신감, 레크리에이션
즐거운 삶 웃음으로 디자인하라~!, 내가 웃어야 거울도 웃는다
노인복지, 사회복지 실천론, 장애인복지론, 정신건강론

주요 출강처

광주사회복지협의회, 육군종합행정학교, 공무원연수원
대한노인회서울시연합회, 성내주민센터, 창원시청, 창원농협
청주mbc문화방송 등

저 서

자기계발 · 생애설계

강 창 훈

중앙이아이피(주) 대표이사

Mobile	010-5305-2083
E-Mail	jeipceo@hanmail.net
Homepage	www.jeip.co.kr

학 력

아주대학교 불문과 졸업
한국외국어대학교 경영대학원 석사 수료

전문 분야

은퇴, 생애설계, 재취업, 퇴직관리, 행복노후 설계

경 력 / 자 격

(사)고령사회고용진흥원 사무총장('11~'16)
은퇴경제연구소 대표
코레일 인사노무분과 자문위원('14~'17)
서울시 도심권 인생이모작 지원센터 운용위원(3年)
(유)청운사회복지진흥원 대표('14~'15)

강의 내역

퇴직 후 정부지원제도 활용하기
퇴직 후 재취업 시장의 이해
창업 시장의 이해, 시니어 구직시장의 이해 및 구직전략
사회봉사와 미래설계
자격증 취득을 통한 퇴직 후 다양한 사회참여활동
생애설계 · 변화관리 특강

주요 출강처

공무원연금관리공단, 건강보험공단, 서울시인재개발원
경남인재개발원, 한국수자원공사, 인사혁신처, 금융감독원
도시철도공사, 국회사무처, 한국전력기술, 서울메트로
경찰청, 농어촌공사, LH공사, 용산구청 종로구청, 국방부 등

저 서

은퇴 후 삶을 위한 희망메세지(일리출판사,'12)

김 세 우 (金世宇)

KSS(노하우석세스시스템) 대표

Mobile	010-5525-9009
E-Mail	system114@naver.com
Homepage	

학 력

중앙대학교 경영전문대학원 MBA 경영학 석사
세종대학교 경영학 (리더십 · 인사 조직 전공) 박사 수료

전문 분야

셀프리더십, 라이프 플래닝, 강사 트레이닝, 비즈니스 코칭

경 력 / 자 격

싱가폴 WBG 교육담당 · 글로벌디렉터('00~'02)
한국강사협회 자기계발분과위원장
제민일보 논설위원, 기업체사보 칼럼니스트
글로벌성공전략연구소 소장(現)
KSS 교육원 원장(現), 석세스월드 발행인(現)
삼성경제연구소 SERI PPS자기경영 포럼 대표(現)

강의 내역

동기부여, 조직 활성화 편 리더십, 변화관리와 자기혁신
비전 스쿨, 리더십 코칭, 전천후 강사과정
변화추진 셀프리더십, 글로벌 비즈니스 코칭
즐거운 일터 만들기 GWP, 석세스라이프 플래닝

주요 출강처

현대중공업, 삼성전자, 한화그룹, 동부그룹 등

저 서

인생을 성공으로 이끄는 셀프리더십(한솔,'06)
행복한 유머리스트(케이에스에스,'08)
프로의 열정과 도전(KSS,'11)
LDT프로강사 매뉴얼(KSS,'13)
지독한 자기경영 나는 지금 어디에 있는가(KSS,'19)

김 순 복 (金順福)

(주)한국강사교육진흥원장
가천대 명강사 최고위과정 책임교수

Mobile	010-9242-1701
E-Mail	ksb0229@naver.com
Homepage	kangsaedu1.me/

학 력

서울과학기술대 경영학 석사
캐나다 크리스천칼리지 상담학 박사

전문 분야

공문서/보고서 작성, 생성형 AI 활용 업무 효율화, PPT 디자인
강의교안 기획, 교수법, 강의역량 강화, 브랜드마케팅, DISC
소통, 자기계발, 스피치, 직무 스트레스 관리

경 력 / 자 격

(사)한국강사협회 상임이사('17~現)
에듀업원격평생교육원 운영교수('17~現)
한국강사신문 기자/칼럼니스트('19~現)
교육부 사단법인 한국청소년지도학회 서울센터장('20~現)

강의 내역

공공언어 바로알기, AI 활용 업무 효율화, PPT 디자인
보고 프레젠테이션, 강의 역량 스킬업
에고그램 진단 활용 생애 설계
에고그램 진단 활용 소통의 기술과 자기계발 전략
몸과 마음을 치유하는 감정자유기법 EFT
가천대 명강사 최고위과정, 나도 강사다 강사양성 총괄 운영

주요 출강처

국토교통부, 국가보훈처, 한전산업개발, 통계청, 경기도청
제주도청, 성남시청, 남양주시청, 인천시설관리공단. 통계교육원
대한간호교육연수원, 한국건강증진개발원, 제주탐라교육연수원
경기도교육연수원, 한국교통대, 강원소방학교, 충청소방학교
경북인재개발원, 경기도인재개발원, 전남교육연수원 등

저 서

100억짜리 강의력(한국강사교육진흥원,'24)
설렘주의보 등 감성시집 8권 (이지출판,'24)
나는 뼛속까지 강사다(한국강사교육진흥원,'24)
강사 바이블(한국강사교육진흥원,'25)
집중력 혁명(한국강사교육진흥원,'25)

김 한 준 (金漢準)

송곡대학교 객원교수 · 칼럼니스트
인라이프연구소 | 100라이프디자인센터

Mobile	010-7731-7015
E-Mail	charlykim@hanmail.net
Homepage	

학 력	전문 분야
연세대학교 교육대학원 인적자원개발 (HRD) 석사('04) 숭실대학교 대학원 평생교육학과 박사('13) 서울대학교 자연과학대학 SPARC과정 수료('16)	생애설계, 미래설계, 인생3모작, HRD전문역량 개발, 강사양성 역량평가 및 직급별 역량교육, Plantation(플랜테이션) 7테크 Leadership, 비전설정 및 시간관리
경 력 / 자 격	**강의 내역**
(주)비전홀딩스 대표이사/원장('04~'20) 경희대학교 겸임교수('06~'08), 성결대학교 겸임교수('11~'18) 숭실대학교, 건국대학교, 숭실대학교 교육대학원 외래교수 대통령직속 국가균형발전위원회 평가자문단 위원('19~'23) 한국토지주택공사 인재개발원 미래설계지원센터장('20~'21) 국토교통인재개발원 기획과장(서기관)('21~'24)	리더십, 세븐테크 리더십, 스피치 프레젠테이션, Plantation 자기혁명, 조직의 성과를 3배 높이기 위한 소통전략 직장에서 안짤리는 비법 A플레이어 행복한 인생 3모작을 위한 생애설계 세븐테크 리더십 (7 Tech Leadership) 신중년 인생3모작
주요 출강처	**저 서**
삼성전자, 삼성전기, LG그룹, 신세계, 금호타이어, 대우그룹 서울시인재개발원, 균형발전위원회, 상공회의소인재개발원 국가공무원인재개발원, 전남인재개발원, 전북인재개발원 LH, 국토교통인재개발원, 농식품공무원교육원, JDC 대학교CEO과정, 상공회의소CEO과정 등	SHRD가 경쟁력이다(공저)(BG북갤러리,'16) 대한민국 미생들에게 주는 7가지 선물(태인문화사'16) 진로탐색 네비게이션, 취업의 정석(공저)(형설출판사,'16) 세븐테크(태인문화사,'18), 평생교육프로그램(동문사,'21) 인적자원개발론(동문사,'23)

남 진 희 (南眞姬)

KSS 교육원장
석세스월드 편집위원

Mobile	010-5512-5009
E-Mail	eduisks@naver.com
Homepage	

학 력

부산교육대학교 졸업('88)
국제문화대학원대학교 이미지경영교육과 교육학 석사('08)
세종대학교 대학원 HRD 평생교육 박사과정 수료('11)

전문 분야

셀프리더십, 라이프 플래닝, 감성커뮤니케이션, 행복한 가족만들기

경 력 / 자 격

전남공무원교육원 외래교수('12)
전북교육연수원 외래교수('13)
노하우석세스시스템 전임강사(現)
안전인재개발원 외래교수, 제주매일신문 논설위원(現)
대한민국 전문강사 포럼 KSSF 전문위원(現)

강의 내역

셀프리더십
행복한 가족만들기(엄마의 리더십 아빠의 쇼맨십)
즐거운 조직문화 만들기, 감성으로 승부하라, 여성리더십
소통리더십 미래전망과 미래 트렌드 읽기, 라이프 플래닝
스트레스 관리, 전천후 강사과정, 창의적 교수법

주요 출강처

안전인재개발원, 세명대학교, LG공사, 경남대학교
광주인력개발원 등

저 서

엄마의 리더십, 아빠의 쇼맨십(KSS,'12)
남진희의 자기계발MAP(KSS,'13)
LDT 프로강사 매뉴얼(공저)(KSS,'14)

도 영 태

아하러닝연구소 대표
명지대학교 자연과학대학 외래교수

Mobile 010-2210-1064
E-Mail ahalearning@naver.com
Homepage

학 력

육군사관학교 졸업('91)
한양대학교 교육대학원 (교육심리학 전공) 교육학 석사('03)

전문 분야

직무능력 향상, 자기계발, 창의력, 기획력, 프레젠테이션
변화관리, 강사양성

경 력 / 자 격

파워피티 사외이사('02~'03), 한국표준협회 위촉강사('04)
경기도 인재개발원 위촉 초빙교수('04~'06)
롯데인재개발원 자문교수('06~'10)
관세청 교육개편 위원회 위원('08)
한국교통대학교 외래교수('10~'14), 한국능률협회전문교수(現)

강의 내역

자기계발 및 동기부여 특강, 기획능력 향상, 기획 문서작성
직장인 글쓰기, 강의기획, 스마트한 경력 기획
퇴직 없는 퇴직기획, 비대면 강의기법, 프레젠테이션 코칭
재택근무 시간(성과)관리기법, 보고서 작성 및 보고기법
공무원 승진대비 기획능력 평가 순비과정
명강사 강의기획 및 시연과정

주요 출강처

삼성전자, SK, 현대자동차그룹, 기아차, KB, 교보생명, KT
GS그룹, 롯데그룹, DB그룹, CJ그룹, 화승그룹, 코레일
한국은행, 한국전력공사, 한국농어촌공사, 한국가스공사
한국주택금융공사, 한국예탁결제원. 지방공기업평가원
서울시인재개발원, 경기, 충남, 전북, 전남, 경북 교육연수원 등

저 서

죽은 생각은 버리기(무한출판사,`12)
명강사 강의기획(더난출판,`16)
퇴직없는 인생기획(김영사,`19)
한번에 오케이 보고서 작성법(김영사`22)

박 병 일 (朴炳日)

한국첨단교육연구소 소장

Mobile	010-3210-5535
E-Mail	pa007@naver.com
Homepage	

학 력

서울교육대학교 사회교육과 졸업('80)

전문 분야

직업의식, 가치관, 자기혁신, 행복한 직장 만들기
인간관계와 소통

경 력 / 자 격

한국보이스카우트 지도자('80~'85)
한국인간교육원 수석팀장('86~'89)
월간 여성포럼 이사('89~'93)
마음문화센터연구소 지도교수(現)
중소기업진흥공단 연수원 상임교수(現)
중소기업 CEO 힐링 재활교육 NPO(現)

강의 내역

관리자 혁신 리더십 스킬, 의식변화 혁신마인드
신바람 직장 행복한 삶, 커뮤니케이션과 인간관계
경영전략 모의경영 게임, 의식과 행동혁신 과정
인간관계와 커뮤니케이션 과정

주요 출강처

중소기업진흥공단연수원, 공무원연금공단, 법무부연수원, 국정원
서울경찰청, 국민건강관리공단, 한국감정원, 한국은행, 카이스트
금오공과대학, 서울대학교, 신라호텔, 현대자동차연구소, 신한은행
아시아나항공, 풍산, 롯데백화점, 한국전력공사, 한국철도공사 등

저 서

박 상 현 (朴相鉉)

(주)DCMA 교육연구소 대표

Mobile	010-3784-8160
E-Mail	humorspot@hanmail.net
Homepage	

학 력

고려대학교 일반대학원 (여가학 전공) 박사 수료('15)

전문 분야

셀프리더십, 스트레스 관리, 힐링, 교수법, SPOT, 조직활성화

경 력 / 자 격

인하공전 어학교양학부 외래교수
롯데월드, 프로축구 FC서울 전속MC
고려대학교 명강사 최고위과정 전임강사

강의 내역

즐거운 자기경영, 힐링 스트레스, 긍정 마인드
커뮤니케이션, 조직활성화, 소통
교수법, SPOT · Ice Breaking, PPT 디자인 코칭

주요 출강처

서울교육연수원, 율곡연수원, 선거연수원, 우정공무원
보건복지인력개발원, 현대해상, 교보생명, 삼성화재, 코웨이
성북교육청, 강북교육청, 동서발전, 한국건강가정진흥원
금융연수원, 하남시청, 아모레퍼시픽, KT, KTIS, 농림식품부
산업기술진흥원, 롯데백화점 등

저 서

배 정 원 (裵貞媛)

행복한성문화센터 대표
세종대학교 겸임교수

Mobile	010-6249-4454
E-Mail	byavis01@naver.com
Homepage	

학 력

중앙대학교 신문방송대학원 언론학 석사('07)
이화여자대학교 일반대학원 보건관리학 박사과정 수료('12)
인제대학교 보건학 박사('16)

전문 분야

성 건강, 부부대화, 미혼 성교육, 성희롱 예방교육
학부모성교육 연애 및 사랑, 중노년 성교육

경 력 / 자 격

국방부 정책자문 위원, 국방부 국민소통 전문위원
제주 '건강과 성' 박물관 초대관장
연세대 간호대학 간호정책연구소 연세성건강센터 소장
한국양성평등교육진흥원 초빙교수, 대한성학회 회장
SBS 성교육 스페셜, tvN 유퀴즈, MBC 일타강사 출연
대한성학회 명예회장(現)

강의 내역

성희롱 등 폭력예방교육, 미혼 성교육
명화를 통한 성인문학, 한중일 춘화비교
은퇴자 부부, 대학생 성교육, 직장인 성교육, 부부교육
자녀성교육, 양육자 성교육, 중노년 성교육

주요 출강처

CJ그룹, 동아제약, 포스코건설, 한국방송광고공사, SBS
나주농어촌공사, 경북교육청, 인천교육청, 창원시청
한국전력본부, 삼성금융, IBK금융본부, 하나금융 등

저 서

니맘 내맘 얼마나 아니?(팜파스,'15)
명화 속 성 심리(한언,'17)
배정원 교수의 십대를 위한 자존감성교육(김영사,'22)
배정원 교수의 사랑학수업(행성B,'23)
우리들의 사춘기/성교육 만화 1, 2권(다산,'24)

서 일 정 (徐佚姃)

서일정 성공사관학교 총장
고려대명강사최고위 운영대표강사

Mobile	010-2766-5000
E-Mail	spm6787@naver.com
Homepage	ks5000.co.kr www.lms260.kr

학 력

한국방송통신대학교 경영학과 수료('75)
행정학사('12), 교육학 명예박사('19)
서울대 산업정책연구 MBA 수료

전문 분야

변화혁신, 자연치유건강학, 동기부여, CEO 지혜리더십
SNS마케팅, 소통, 조직활성화, 여성아카데미, 성공학
88자연치유건강

경 력 / 자 격

고려대명강사 최고위과정 운양 대표강사('15~現)
한국열린사이버대학교 통합예술치료학과 특임교수('16~19)
동국대 국제자연치유사과정 운영교수('20~現)
삼성전자 CS아카데미10년, 한국능률협회컨설팅 수석강사(現)
동방문화대학원 자연치유 박사과정 中('25)

강의 내역

최고경영자과정 CEO사장학, 소통과 화합, 동기부여
시간관리, 변화와 혁신, 인맥관리 성공학, 참여형 소통 훈련
마케팅 프로모션, 부부행복학, 시니어대학, 지혜리더십
여성지도자 한눈에 반할 매력학, 인간관계, 부부성공학
주부대학생 속시원하게 사는법, 명품CEO, 발발발 리더십
커뮤니케이션, 청바지리더십

주요 출강처

고려대학교 미래교육원, 농협여성대학, 삼성전자, 농업기술원
국회, 경남대학교, 동원대학교, 동국대학교, 전주대학교, 경주시청
아주대, 목포대, 세명대, CJB청주방송, 서군산농협, 경북도청 등

저 서

인맥의 신이 되라(가림출판사,'08)
당신 멋져, 원더풀 !(호이테북스,'08)
행복의 멘토 22(공저)(행복에너지,'12)
줌으로 1억 벌어Zoom(공저)(휴먼더보이스,'21)

심 동 철 (沈東哲)

굿스토리닷컴 회장 · CMO

Mobile	010-3900-6044
E-Mail	goldizzim@naver.com
Homepage	blog.naver.com/goldizzim story.kakao.com/shimdream

학 력

서강대학교 정치외교학과 졸업('78)
서강대학교 경영대학원 MBA 졸업('12)

전문 분야

경영전략, 기획, 스토리텔링 마케팅전략, SNS촌철활인
협상과 설득, 인생칼럼

경 력 / 자 격

명품창출 CEO포럼 인재영입위원장('18~'24)
서강대학교 정치외교학과 총동문회장 5대('20~'23)
식품의약신문 취재본부장('21), 검경합동신문 총재('22)
월간 넥스트이코노미 부사장 · 칼럼니스트('25)
대한민국 충효대상('25), K-글로벌스타 예술대상('25)
삼대인 홍삼볼 홍보대사('25), 광복80주년기념 경로대상('25)

강의 내역

실패학, 서바이벌 경영, 창조경영, 틈새 비즈니스 모델링
인생3모작, 작가론

주요 출강처

예수인교회, 예수사관신학원, WEM, 씨엠바더, 한국효도회
고양지회, 삼대인, 검경합동신문사, 다우문화, 서강대학교

저 서

디지털김치장수이야기(열린문화,'07)
가문의 부활(김치사오닷컴,'08)
인생김치이야기(나침반,'10)
촌철활인16(김치사오닷컴,'23)
어느 가난한 여자의 일생(굿스토리닷컴,'25)

오 미 라 (吳美羅)

(주)TNT오늘과내일 인재개발원 대표이사

Mobile	010-3446-5035
E-Mail	omr62@naver.com
Homepage	오미라.com

학 력

한국기술교육대학교 인력개발전문대학원(진로 및 직업상담 전공) 석사('08)
한국기술교육대학교 인력개발전문대학원(HRD전공) 박사

전문 분야

커리어컨설팅, 경력개발 및 관리, 조직활성화, 팀빌딩
리더십, 갈등관리 커뮤니케이션, 도형심리, 셀프 코칭

경 력 / 자 격

(주)SK에너지 Career EAP 수행(1,560여차 컨설팅)('07~'09)
국제도형심리협회 회장, 아시아커리어컨설턴트협회 회장
(사)한국코치협회 인증코치
한국열린사이버대학교 상담심리학과 특임교수(現)

강의 내역

자기분석과 경력개발, 자기경영과 인생설계
도형 심리 태극 리더십, 도형심리 활용 코칭스킬
코칭 리더십, 도형심리 진단자격 과정
카드활용 인성개발 코치과정, 커리어 코치과정

주요 출강처

SK에너지, 광명시청, 한국능력개발교육원, 건강보험공단, 노동부
(사)노사발전재단 등

저 서

도형심리로 '통'하는 관계심리학(높은오름,'10)
도형심리로 나를 읽는 기술 타인을 아는 지혜(높은오름,'10)

이 기 훈 (李起勳)

에스아이컨설팅 대표
에스포럼 대표

Mobile	010-6201-6054
E-Mail	sic323@hanmail.net
Homepage	blog.naver.com/sic547

학 력

연세대학교 경영대학원 경영학 석사('89)

전문 분야

퇴직과 은퇴, 셀프리더십, 리더십, 인간관계
갈등관리(골치 아픈 사람 다루는 방법), CDP, 변화관리

경 력 / 자 격

한국생산성본부 전문위원, 한국산업훈련협회 지도교수
한국표준협회 전문위원, 건설공제조합 겸임교수

강의 내역

당신의 경력을 디자인하라, 퇴직과 은퇴사이
행복한 은퇴를 위한 생애설계, 셀프리더십
골치 아픈 사람 다루는 방법, 스몰토크, 인간관계, 리더십
만사형통 소통스킬, 인문학 리더십, 사내강사 양성
퇴직과 은퇴사이, 퇴직자의 2가지 선택지

주요 출강처

현대중공업, 현대자동차, 롯데칠성, 현대ITC, LS일렉트릭
두산인프라코어, 세아베스틸, 다원시스, 세아홀딩스, SK하이닉스
포스코, 현대제철, 강남제비스코, 세미텍, 삼성SDI, 삼성전자 등

저 서

자기개발능력(박문각,`16)
성공적인 은퇴를 위한 생애설계(공저)(박문각,`17)
퇴직과 은퇴사이(한국경제신문사,`22)
퇴직자들이 울고 있다(바이북스,`25)

이 내 화 (李來和)

이내화 성공전략연구소
(Lee's Success Academy) 대표

Mobile	010-8949-8952
E-Mail	crelee@naver.com
Homepage	

학 력

고려대학교 노어노문학과 졸업('84)

전문 분야

성공학, 변화와 혁신, 조직활성화, 셀프리더십
성공취업전략, 인생설계

경 력 / 자 격

쌍용그룹 홍보팀 차장 · 사보 편집장 · 중앙연수원 연수팀장
쌍용양회 기획실 경영전략팀 차장
한국사보기자협회 부회장
한국능률협회, 한국표준협회 전문교수(現)
Son&Lee 컨설팅그룹 대표컨설턴트(現)
경희대학교 겸임교수(現)

강의 내역

생존하려면 DNA를 바꿔라
Rework ! 일과 일터를 재구성하라
이젠 Wenergy가 萬事다, 이젠 변화가 아니라 진화다
성공하는 직장인 직테크 7, 비즈라이테이션

주요 출강처

삼성전자, 삼성중공업, 현대자동차, 기아, 한국은행
한국IBM, 신한생명보험, 농협, KT, 현대카드, 현대증권 등

저 서

인생 10년을 바꾸는 하루 10분 습관(팜파스,'08)
살벌시대 슈퍼직장인 되기(북앤라이프,'09)
다 이룬 것처럼 살아라(조은책 만들기,'10)
웰 레스트(모아북스,'11)
액션플랜(모아북스,'12)

이 미 경 (李美京)

늘품심리상담연구소 대표
한국인권성장진흥원 교육본부장

Mobile	010-6655-9703
E-Mail	green3585@naver.com
Homepage	

학 력

신한대학교 생활문화대학원 석사 졸업('14)
커버넌트대학교 통합재활전공(심리) 박사 수료('18)

전문 분야

부모교육, 강사코칭, 유아교육, 보육, 가족상담
타로테라피, 도형상담심리, 강사양성과정
청소년 및 노인 프로그램 개발 및 자문, 청소년상담 및 코칭

경 력 / 자 격

서정대학교 아동청소년보육과 시간강사('17~'18)
경기북부육아종합지원센터 부모교육 전문가 및 상담사('19~現)
키드위즈(찾아가는 발달상담서비스) 연구위원('20~現)
한국강사교육진흥원 교육운영본부장('22~24)
한국강사교육진흥원 부원장('23~24)
한컷공감미술관 교육이사('23~現)

강의 내역

강사양성과정, 부모교육, 강사코칭, 팀빌딩, 회복탄력성
타로테라피 힐링, GPTI자격과정, 문제청소년 집단상담
건강걷기지도, 강사코칭, 스피치, 영유아 놀이지도, 가족상담
청소년 상담 및 인성교육, 노동인권교육, 학교폭력
장애인 동료상담사 과정 등

주요 출강처

신한대, 연천노인회관, 연천건강가정다문화지원센터
경기북부청사, 경기일자리재단, 한국강사교육진흥원
의정부시청소년상담복지센터, 양주시농업대학원
의정부평생학습원, 부산유아교육진흥원, 충주시보건소
경기도시가스공사, 강원소방학교, 조은장애인재활센터 등

저 서

안전교육지침서(공저)(부크크,'17)
놀이와 영유아교육(개정판)(공저)(태영출판사,'17)
그대 사랑처럼, 그대 향기처럼(공저)(이지출판,'22)
내 안에 꽃으로 핀 그대(공저)(이지출판,'23)
마음으로 그린 행복(이지출판,'24)

이 종 철 (李鍾喆)

기업신뢰소통연구소 대표

Mobile	010-3228-1160
E-Mail	jclee53@hanmail.net
Homepage	

학 력

고려대학교 경영대학 경영학과 졸업('79)
경희대학교 공공정책대학원 노동복지학과 행정학 석사('15)

전문 분야

건강한 기업문화를 통한 기업의 성장

경 력 / 자 격

한국타이어 상무(CFO 겸 경영지원본부장)
한국타이어 부사장(관리총괄)
(주)아트라스BX 대표이사 사장
중앙대학교 산학협력중점교수
전경련 중소기업자문단 경영자문위원

강의 내역

기업문화 제고, 가치관경영, 기업비전 및 중장기전략 수립

주요 출강처

중앙대학교, 한국내화, GWP코리아 등

저 서

기업가정신과 혁신(공저)(중앙대학교출판부,'15)

이 진 아 (李珍娥)

진앤교육컴퍼니 대표

Mobile	010-2039-5045
E-Mail	k536271@naver.com
Homepage	blog.naver.com/k536271

학 력

중앙대학교 GHRD대학원 인적자원개발학 졸업('18)

전문 분야

잡크래프팅, 셀프리더십, 동기부여, 마인드셋
조직 커뮤니케이션

경 력 / 자 격

(주)커리어넷 HR사업팀 사내강사('13~'18)
대한상공회의소 서울기술교육센터 재량교과 담당('21~現)
서일대학교 교양교과목 외래교수('24~現)

강의 내역

잡크래프팅을 통한 일의 의미 찾기(마인드셋, 동기부여)
팀 코칭(협업, 목표설정, 갈등관리)
세대 공존의 기술(세대 간 소통)
스스로의 성장 셀프리더십
Professional CS 마인드
탁월한 리더의 조건, 코칭리더십

주요 출강처

SK하이닉스, 삼성화재, LG유플러스, CJ CGV, 한솔그룹, LS그룹 수산그룹, 천안단국대병원, 동서식품, 아름다운가게, 하나손해보험 안랩, 녹십자EM, 코레일네트웍스, 에스알, 국민건강보험공단 국민연금공단, 건강보험심사평가원, 도로교통공단, 한국가스공사 한국가스기술공사, 한국동서발전, 한국지역난방공사 등

저 서

멀티잡 프로젝트(라온북,'22)
밀레니얼 워커십(Book Insight,'23)

이 춘 재

자두나무컨설팅 대표

Mobile	010-5247-4594
E-Mail	grnllee@naver.com
Homepage	blog.naver.com/grnllee

학 력

서강대학교 경상대학 경영학과 졸업('87)

전문 분야

퇴직(예정)자 진로설계, 노후 및 여가설계

경 력 / 자 격

삼성전자 한국총괄 마케팅 · 영업 부장('86~'15)

강의 내역

퇴직 후의 진로설계, 생애설계, 여가설계

주요 출강처

서울시인재개발원, 서울50+재단, 중앙교육원, 국방전직교육원
국민건강보험공단, 고용복지센터, 금융감독원, 충주시
울산시, 화성시, 세종시, 삼성전자, 현대제철, LG유플러스, KT
기아, 넥센타이어, 쌍용양회, DB동부화재, KGC 등

저 서

그 매장은 어떻게 매출을 두 배로 올렸나(갈매나무,`17)
퇴직 후에 어떻게 살지?(책과나무,`18)

장 성 철 (章盛喆)

국제성공학연구소 대표
데일리경제 회장

Mobile	010-3761-9113
E-Mail	successjsc@hanmail.net
Homepage	

학 력

서강대학교 경영전문대학원 MBA(경영학) 석사
가천대학교 경영대학원 경영학(인사조직) 박사

전문 분야

성공학, 실패학, 행복학, 인문학

경 력 / 자 격

카네기연구소 상무이사
미국 데일 카네기 교육 과정 강사자격증 취득
한국피닉스교육원 대표교수, 카네기 연구소 교수
호원대학교 무역경영학부 겸임교수
한국관광대학 호텔경영학과 외래교수

강의 내역

긍정의 힘과 잠재력, 위대한 발견
리더는 희망을 파는 상인이다
4차 산업혁명의 패러다임 무엇을 준비하고 대비할 것인가

주요 출강처

저 서

재미있게 일하는 301 가지 방법(물푸레,`01)
최고인맥을 활용하는 35 가지 비결(공저)(모아북스,`06)
작은 꿈이 꽃필 때(생각의 정원,`15)
4차 상업혁명의 패러다임(모아북스,`19)

전 준 석 (田準錫)

한국인권성장진흥원

Mobile	010-5318-0114
E-Mail	jjs01144@naver.com
Homepage	

학 력

연세대학교 행정대학원 사법전공 졸업(행정학) 석사(`09)
한세대학교 일반대학원 경찰학 전공 졸업(경찰학) 박사(`12)
중부대학교 인문산업대학원 한국어 졸업(교육학) 석사(`20)

전문 분야

4대폭력 예방, 양성평등, 성인지감수성, 학교폭력 예방
생명존중 자살예방교육, 직장내 장애인 인식개선
인권감수성, 청렴, 반부패방지, 강사코칭, 리더십

경 력 / 자 격

한국인권성장진흥원 대표, 중앙경찰학교 외래교수
경찰청 총경 퇴직, 한국양성평등교육진흥원 전문강사
한국생명존중희망재단 전문강사, 한국장애인고용공단 전문강사
한국인권강사협회 전문강사
서울시/경찰청 인권강사, 오산대학교 겸임교수(`11~`19)

강의 내역

통합폭력 예방 교육(성희롱, 성폭력, 가정폭력, 성매매)
성인지감수성, 양성평등, 학교폭력 예방, 인권 교육
생명존중 자살예방 교육, 직장내 장애인 인식개선
반부패교육, 청탁금지법, 절주예방 등

주요 출강처

통일부, 해양과학수산부, 과천도시공사, 국제대학교, 경찰청
소방청, 해양경찰청, 교육청, 이화여자대학교, 지방자치기관 등

저 서

범죄심리학(가람북스,`15)
그대 사랑처럼, 그대 향기처럼(이지출판,`22)
다시 태어나도 경찰(이지출판,`23)

정 연 동 (鄭然東)

(주)디원멀티캠퍼스 원장 · 이사

Mobile	010-5265-0076
E-Mail	oyama@daum.net
Homepage	

학 력

서울대학교 조소과 졸업('96)

전문 분야

CS전반, 미술, 인문학, 무술

경 력 / 자 격

(주)픽토특영제작실 대표이사, (주)아샤 교육원 이사
한국영상대게임애니메이션과 겸임교수
경기대학교 다중매체영상학부 강사
부천대학교, 공주대학교, 목원대학교 애니메이션과 강사
(사)열린세상 국민문화운동본부 이사
(사)대한합기도회 이사, (사)대한무에타이연맹 이사

강의 내역

DiSC, 리더십, 커뮤니케이션, 스트레스 관리
직장 내 성희롱 예방교육

주요 출강처

GS칼텍스, 삼성전자, 삼양사, 롯데리아, 평택시청
전남과학대학교, 경기도여성능력개발센터, 카이스트 등

저 서

정 옥 경 (鄭玉景)

(주)파워인진로상담센터 대표이사
청춘시니어스쿨협회 회장

Mobile	010-4702-1270
E-Mail	ooknara@hanmail.net
Homepage	

학 력

명지대학교 사회교육대학원(상담심리 전공) 교육학 석사('02)
인하대학교 대학원(교육사회학 전공) 교육학 박사('06)

전문 분야

노후준비, 경력개발, 인간관계, 심리검사, 스트레스 셀프리더십
학습상담

경 력 / 자 격

고려사이버대학교 외래교수, 한국고용노동연수원 외래교수
한국방송통신대학교 외래교수, 서울시교육청 학부모책 강사
경기도 꿈의대학 교수, 한국연금공단 노후준비서비스 강사
파워인진로교육발전소 소장('03~現)

강의 내역

경력개발, HRD, 직업상담, 스트레스 · 갈등관리, 힐링캠프
고충처리 상담, 셀프리더십 , 팔로우십, 인간관계 , 의사소통
동기부여, 자기계발, 긍정심리, 회복탄력성

주요 출강처

국토교통부, 고용노동부, 한국수자원공사, 경기도경찰청
아주대학교, 한국방송통신대학교, 고려사이버대학교, 재능대학교
인하공업전문대학교, 에듀윌, 롯데백화점, 한국산업안전협회
한국능률협회, 중소기업연수원, 인하대학교, 명지대학교, 동국대학교
경기경찰청, EBS 등

저 서

직업상담사 직어상담학(편저)(에듀윌,'17)
직업상담사 직업심리학(편저)(에듀윌,'17)
직업상담사2급 핵심이론서(공저)(에듀윌,'19)
직업상담사 2급 기출문제집(공저)(에듀윌,'19)

최 영 옥 (崔英玉)

백석문화대학교 디자인학부 시각디자인
교수 · 학부장

Mobile	010-2966-2930
E-Mail	ok747@bscu.ac.kr
Homepage	

학 력

청주대학교 산업디자인학과 학사(`79)
한양대학교 대학원 디자인학 석사(`83)
세종대학교 디자인대학원 박사(`05)

전문 분야

리더십과 코칭, 시간관리, 라이프 디자인, 트렌드, 열정적인 삶
시각 디자인, 브랜드 디자인, 디자인 마케팅

경 력 / 자 격

(주)대우전자 디자인실 근무(`83~`88)
(주)손에손 디자인실 부장근무(`92~`00)
청주대학교 예술대학 산업디자인학과 겸임교수(`99~`00)
동해대학교 디자인학부 시각디자인교수(`00~`07)
(사)한국상품문화디자인학회 부회장
(사)한국브랜드디자인학회 부회장, 연세대학교 최고경영자과정 수료

강의 내역

나의 삶을 디자인하자!, 나도 GOOD 디자이너랍니다
캡스톤 디자인 실제적 사례발표, 소소한 해피디자인
상상하면 이루어진다, 성공을 경험하자!
디자인 트렌드 예측, AI 시대 디자이너의 역할
트랜드 컬러 알고 나만의 컬러 만들기
소통 디자이너 되기!

주요 출강처

백석문화대학교, 백석대학교 교수학습개발원, 한세대학교
대덕대학교, 청주대학교, 상품문화디자인학회, 유알비, 영앤와이즈

저 서

지기구조의 활용과 패키지디자인(신성,`09)
IDEA스케치 쉽게하기(신성,`11)
패키지디자인전략과 지기구조활용(신성,`11)
시각디자이너가 알아야할 드로잉(신성,`12)
시각디자이너가 알아야할 타이포그래피(신성,`12)

최 용 균 (崔容均)

비전경영연구소 소장
한국코치합창단 지휘자

Mobile	010-9187-0911
E-Mail	tonggyun@naver.com
Homepage	visionpower.or.kr

학 력

인하대학교 기계공학과 졸업('86)
한양대학교 교육대학원 (상담심리 전공) 교육학 석사('07)
서울벤처대학원대학교 상담학 박사수료

전문 분야

리더십, 커뮤니케이션, 상담스킬, 코칭, 행복한 가정, 생애설계
행복한 일터 만들기

경 력 / 자 격

동양매직 교육팀장('87~'02), 트레이닝컨설팅 교육팀장('03~'05)
연세대학교 사회교육원 강사('05~'07)
EBS 특강: 직장인의 커뮤니케이션('06)
국제공인 NLP Trainer(메타컨설팅)('08)
MBTI, DiSC, TA, 에니어그램, NLP 트레이너
한국코칭학회 상임이사, 한국강사협회 부회장

강의 내역

감성코칭 리더십, 감사경영, 행복한 가정 만들기
감성커뮤니케이션 스킬, 팔로워십, 행복한 일터만들기
NLP 코칭스킬, 에니어그램 코칭, NCS 기반 교수법
MBTI 코칭, 인공지능 콘텐츠 제작기법

주요 출강처

삼성전자, 국민은행, 한국은행, LG전자, 외환은행
중앙공무원교육원, 경기주택도시공사, 공무원연금관리공단
한국기술교육대학교, 포스코, 현대중공업, 서울시인재개발원
경기인재개발원, 광주경영자협회 등

저 서

행복한 성공(성공시대,'11), 멘토 이야기(성공시대,'12)
최고의 강의(성공시대,'13), 실전현장코칭(동화세상,'20)
크리스천코칭디스커버리(아가페,'21)
기록하면 현실이 된다(두온교육,'25)
에니어그램코칭실제(유페이퍼,'25)

최 효 찬 (崔孝燦)

자녀경영연구소 대표

Mobile	010-9745-9416
E-Mail	romai@naver.com
Homepage	cafe.naver.com/apluschild

학 력

연세대학교 정치외교학과('89)
연세대학교 대학원(비교문학 전공) 문학 박사('06)

전문 분야

수필창작, 명문가자녀교육, 독서교육, 인문학, 인생2막

경 력 / 자 격

경향신문 기자('90~'06), 연세대학교 학부대학 강사('07~'10)
삼성경제연구소 SERI CEO 강사
연세대학교 미디어아트연구소 전문연구원('07~'20)
한국교원연수원 강사('16~'20), 경기도청 제안심사위원('18~'21)
국제PEN한국본부 한국문인협회 한국수필가협회 회원
제21회 원종린 수필문학상 작품상 수상

강의 내역

세계 명문가의 자녀교육 · 독서교육, 인문고전 100선 읽기
수필창작 강의, 인생2막 설계

주요 출강처

삼성패밀리오피스, 국립중앙도서관 등

저 서

5백 년 명문가의 독서교육(한솔수북,'14)
세계 명문가의 독서교육(위즈덤하우스,'15)
집은 그리움이다(공저)(인물과사상사,'18)
보드리야르 읽기(세창미디어,'19), 인문학미래경쟁력(글담,'21)
마흔, 아버지의 마음이 되는 시간(연암서가,'24)

탁 경 운 (卓璟雲)

가족소통연구소 대표

Mobile	010-6267-5727
E-Mail	gatong5@naver.com
Homepage	

학 력

단국대학교 전자공학과 졸업('92)
호서대학교 글로벌창업대학원 졸업('15)
호서대학교 일반대학원 테크노경영학과 박사 졸업('18)

전문 분야

가족소통 레시피, 놀이소통, 아빠의 양육참여, 가정교육
공감소통

경 력 / 자 격

행복한 아버지학교 총동문회 부회장
네이버 아빠놀이카페 전문위원, 네이버 아빠학교 선생님
보건복지부 100인의 아빠단 멘토('16~現)
(주)비앤에이컴퍼니 대표(現)
세무법인 두레 이사(現)

강의 내역

잠깐 멈춤: 소통과 공감
꿈 너머 꿈: 소통과 공감, 가족소통
아빠의 가족소통 프로그램 특강, 청년 리더십, 자기계발
아이디어 발굴

주요 출강처

저 서

아빠와 함께하는 10분 생활놀이(공저)(경행BP,'12)
나의 직업은 아빠입니다(고즈윈,'15)
명강사 25시(공저)(행복에너지,'15)

한 미 경 (韓美卿)

PurpleCube 대표
(사)창업창직교육협회 창업교육위원장

Mobile	010-3360-6523
E-Mail	hahn6520@gmail.com
Homepage	blog.naver.com/hahn50

학 력

성균관대학교 경영대학 경영학과('00)
연세대학교 경영대학원 경영학과 졸업('02)
호서대학교 벤처대학원 벤처경영학과 졸업('22)

전문 분야

생애설계, 창업, 창직, 취업, 직업상담, 경력관리, 커리어코칭
비즈니스코칭, 생성형 AI, 버크만, 창업/창직 컨설팅

경 력 / 자 격

연세대학교 기획실, 재무처, 고등과학원 부장/팀장('79~'20)
(사)한국코치협회 전문코치(KPC)('17~現)
서울시 50플러스재단 컨설턴트('21~'22)
고용정보원, 창업진흥원 전문위원('22~現), 직업상담사('23)
창업상담사('24), 버크만시그니처디브리퍼 퍼실리테이터('24)
은평구 소상공인 컨설턴트('25~現)

강의 내역

신중년 인생 재설계 코칭, 생애설계 상담
생애진로 교육, 인생 이음길 퇴직전환, 중장년 경력설계
생성형 AI를 활용하여 창업과 재취업 성공하기
비지니스모델 분석과 린캔버스 작성 및 실습
버크만 조직진단, 버크만 코칭
기업가정신 및 창업상담, 강점검사 및 그룹코칭

주요 출강처

노사발전재단, 부천여성청소년재단, 삼성디딤돌재단, 리상컴퍼니
인지어스, 행복인디제이, 제이엠커리어, 강화군창업일자리센터
인천미추홀여성인력개발센터, 서울시50플러스재단, 맥컨설팅
인생디자인네트워크, 한국코치협회, 이화여대, 국민대, 연세대
중앙대 등

저 서

황 경 하

한국지식문화원 인사총괄이사

Mobile	010-4017-5057
E-Mail	cho@kcbooks.org
Homepage	blog.naver.com/hkh250

학 력

한국방송통신대학교 국어국문학과 졸업('99)
경기대학교 서비스경영전문대학원 AMP 최고경영자과정
경기대학교 서비스경영전문대학원 석사과정 中

전문 분야

은퇴설계 지식창업교육, 은퇴설계 퍼스널 브랜딩
은퇴설계 책쓰기 과정, 시민기자 양성과정
은퇴설계 영화인문학

경 력 / 자 격

경기대서비스경영전문대학원
성산효대학원대학교 은퇴설계 책임교수(現)

강의 주제

지식창업, 책쓰기, 퍼스널 브랜딩, 인문학

주요 출강처

성산효대학원대학교, 경기대서비스경영전문대학원, 성북50플러스
평택대학교, 강내도서관, 송파도서관, 나사렛대학교

저 서

인생의 조각(한국지식문화원,'25)
지식창업 은퇴설계(한국지식문화원,'25)
두 번째 인생, 나는 다시피어난다(한국지식문화원,'25) 등

황 윤 원 (黃潤元)

중원대학교 총장

Mobile	010-8939-6000
E-Mail	ywhwang@cau.ac.kr
Homepage	

학 력

미국 University of Pittsburgh 행정학 박사

전문 분야

CSR, 사회공헌, 정부개혁, 지방자치, 정책이론

경 력 / 자 격

한국행정연구원 원장, 청와대 사회정책비서관
중앙대 부총장 · 대외협력본부장 · 행정대학원장 · 산학협력단장
한국사회공헌연구원 이사장
영국 런던정경대 기금교수, 미국 루이지애나주립대 객원교수
중국 국가행정학원 명예교수
국무총리실 정책평가위원회 위원

강의 내역

사회공헌, CSR, 정부개혁 · 정책이론, 행정학

주요 출강처

중앙공무원교육원, 지방공무원교육원, 서울시인재개발원
LG인화원 등

저 서

지방재정론(공저)(박영사,'97)
행정학원론(형설출판사,'99)
정부개혁론(법문사,'01)
싱크탱크와 국가경쟁력(나남,'02)
큐브 행정학(형설출판사,'19)

황 현 희 (黃炫喜)

소울콘텐츠 대표, 소울몬스터 이사
소울인코리아 협회 이사

Mobile	010-2583-1352
E-Mail	soul_contents@naver.com
Homepage	soulcontents.com/

학 력

공주대학교 경제학과 졸업('10)
광운대학교 교육대학원 코칭심리 석사 졸업('19)
숭실대학교 일반대학원 경영학(마케팅) 박사 졸업('22)

전문 분야

유형분석 및 창의적 문제해결
코칭(커리어, 부모, 감정, 강점), 심리검사(성향, 결혼, 민감도)
긍정심리학, 신제품 개발, 창의적 사고

경 력 / 자 격

대통령직속 청년위원회 청년대학교 멘토
EBS, 한국청소년동아리연맹 진로교육 강사
병무청 사회복무연수센터 강사
DIC 2018 DMC 창업경진대회 대상, 색채심리상담사 1급
2024 예비창업자패키지 선정
투자자산운용사, AFPK, 평생교육사2급, 코칭심리전문가

강의 내역

남양주시청 신규공무원 직장적응 멘토링 프로그램
부평구청 청년네트워크 대상 컬러테라피 프로그램
충남창조경제혁신센터 아이디어 창출, 컨셉롤 프로그램
색채심리성격유형분석 활용 자기이해, 스트레스 관리
조직활성화, 컬러테라피 등 10개 프로그램 운영
청년도전지원사업 동기부여, 구직기술, 취업역량 교육

주요 출강처

사회복무연수센터, 고용노동연수원, 교육청, 중소기업진흥원
국세청, 인천환경공단, LH, 대한체육회, 지방공기업평가원
서울시사회적경제지원센터, 남양주시청, 부평구청, 롯데인재개발원
동대문자활센터, 울산청년네트워크, 한국고용복지연합회
김포일자리센터, 안양청년센터 등

저 서

컬러아이덴티티(공저)(박영사,'25)

기타

김 광 회 (金光會)

이벤트큐 대표

Mobile	010-8208-5048
E-Mail	gwang3208@naver.com
Homepage	

학 력

중앙대학교 행정대학원 행정학 석사
경기대학교 일반대학원 관광학 박사

전문 분야

네트워크 마케팅, 축제기획, 유머, 웃음, 공식행사 MC

경 력 / 자 격

상주이야기축제 감독('16~'17), 영덕대게축제 감독('17)
유성온천축제 감독('18), 경기관광공사 10대 축제 평가위원
시흥갯골축제 감독(現), 영도다리축제 감독(現)

강의 내역

유머 · 웃음 · 건강, 레크리에이션 진행
MC 진행기법
SPOT 기법

주요 출강처

우송정보대학, 경기대학교, 서일대학교, 대전교육연수원 등

저 서

김 시 열 (金時烈)

투비 라이프시너지연구원 대표

Mobile	010-2399-3993
E-Mail	totaltech@korea.com
Homepage	

학 력

동양공대 기계공학과 졸업('75)
한양대학교 산업경영대학원 수료('00)

전문 분야

변화, 혁신, 소통, Life Synergy, 리더십, 동기부여

경 력 / 자 격

유한회사 듀폰 기술컨설팅
경기도 과학기술진흥협의회 기반기술분과 운영위원
한국디자인진흥원 디자인 개발 심의위원
라이프 코칭센터 설립 추진위원(現)
한국라이프시너지협회 창립 발기인(現)

강의 내역

성과창출을 위한 변화와 혁신
스트레스를 한방에 날려버리는 기술, 즐겁고 신나는 인생
성공적인 자기경영(詩를 통해 깨닫는 자기경영의 지혜)
Focusing과 셀프리더십

주요 출강처

삼성전자, 삼성로지텍, 한국가스공사, 대한지적공사, 한국도로공사
에이테크솔루션 등

저 서

박 수 창 (朴壽昌)

얼쑤글로벌 대표

Mobile	010-2373-2461
E-Mail	donasum@gmail.com
Homepage	www.alsoglobal.com

학 력

미국 스탠포드대학교 언어학과 졸업('81)

전문 분야

4차 산업혁명, 디지털 휴머니즘, 핀란드 4C
영어학습, 영어인터뷰

경 력 / 자 격

삼성전자 인력개발부 영어주임교수
한국능률협회 컨설팅 전문위원
한양대학교(안산) 국제어학원 전임강사
한세대학교 관광경영학과 겸임교수

강의 내역

디지털 휴머니즘, 핀란드 4C 교육 및 훈련
사명선언문 작성 및 훈련
Personal branding(나의 브랜드 찾기)
Elevator speech(30초 자기소개법)
영어인터뷰 방법론 & 캠프

주요 출강처

대학 취업, 교수학습센터 등

저 서

Smart Pronunciation(삼성전자 사내출판,'01)
Survival Technical English(삼성전자 사내출판,'02)

송 정 수 (宋政洙)

(주)인포그래픽웍스 대표이사

Mobile	010-8382-0752
E-Mail	ireland29@naver.com
Homepage	infographicworks.com

학 력

영남대학교 산업인터랙션디자인학과 졸업('08)

전문 분야

인포그래픽, 데이터 시각화

시각 컨텐츠를 활용한 SNS 마케팅 전략

경 력 / 자 격

한국인포그래픽포럼 운영위원('12)

국립한경대학교 디자인학과 출강('13)

대한민국 인포그래픽 어워드 조직위원('13)

강의 내역

인포그래픽 제작 및 활용, 인포그래픽 교육컨설팅

주요 출강처

SK텔레콤, 삼성그룹, Kipa디렉터스쿨, 숙명여대 등

저 서

인포그래픽 기획과 실전 전략(공저)(길벗,`13)

인포그래픽 인사이트 57(공저)(길벗,`14)

염 선 영 (廉善瑛)

(주)디스티프 대표

Mobile	010-4811-7780
E-Mail	kristi02@hanmail.net
Homepage	

학 력

경희사이버대학교 호텔경영과 졸업
세종관광대학원 호텔경영 석사 졸업
세종대학교 일반대학원 조리외식경영 박사 졸업

전문 분야

칵테일, F&B 서비스, 식음료업장컨설팅, 셀링스킬

경 력 / 자 격

쿠킹라이브러리 대표(압구정점, 여의도점)
현대카드 프리미엄 마케팅팀 대리
해비치호텔 신사지점 파트장, 신라호텔 F&B 캡틴
조니워커 스쿨 음료 강사, 한국바텐더협회 임원
한국산업인력공단 조주기능사 국가기술자격검정 실기감독관

강의 내역

음료 및 주류
F&B 서비스 스킬(테이블매너)

주요 출강처

한국한국바텐더협회, 롯데문화센터 등

저 서

칵테일 수첩(우듬지,`10)

우 판 사 (禹判士)

대한소믈리에협회장

Mobile	010-3919-1515
E-Mail	cesarewoo@gmail.com
Homepage	www.csa.so

학 력

영국 Landside College (모던스터디 · 경제학 전공) 졸업('00)
영국 Stow College (경영학 전공) 졸업('01)
이탈리아 John Cabot University 경제학 수료

전문 분야

와인, 위스키, 전통주, 승마, 서양역사와 문화, 창업

경 력 / 자 격

주한 프랑스대사관과 소믈리에자격 공식인증 협약 체결('09)
스위스 로잔호텔스쿨 답사 및 상호교류 협정
Monarchy블렌디드 위스키 상표 스코틀랜드 등록
리차드 페터슨과 위스키 전문가 자격 공동인증 협약 체결('10)
MBN 와인 전문가, BookTV 북토크쇼
경제 매거진 "이코노믹 리뷰" 등 출연

강의 내역

와인매너, 와인의 역사, 와인의 이해, 와인 인문학
와인과 음식의 조화

주요 출강처

삼성그룹, 대한소믈리에협회 등

저 서

스카치 위스키 그 전설의 고향을 찾아서(세림,`12)
우판사 교수의 와인교과서(지식여행,`13)

원 종 진 (元鍾鎭)

(사)한국개선협회 대표 전문위원

Mobile	010-3051-5167
E-Mail	wonjj@hia.or.kr
Homepage	www.hia.or.kr

학 력

한양대학교 행정대학원 경영학 수료('91)

전문 분야

개선제안, 업무혁신, 업무개선, 나내바 개선 제안

경 력 / 자 격

한국능률협회 제안팀장('84~'89)
한국능률협회컨설팅 전문위원('90~'93)
한국개선제안협회 대표('94~'97)
한국개선협회 이사장('98~現)

강의 내역

개선제안 이렇게 하라
나내바 개선제안 심사자 과정
나내바 개선제안 추진자 과정
나내바 개선제안 활성화 워크숍

주요 출강처

영풍전자, 여천NCC, 리홈쿠첸, 코오롱인터내셔널
한화씨엔피, 다이나텍, 디지아이, 신용보증재단 등

저 서

윤 형 식 (尹亨植)

CLO 컨설팅 대표
한국협업진흥협회 전문교수

Mobile	010-2221-4527
E-Mail	hsyoond@hanmail.net
Homepage	

학 력

고려대학교 교육학과 졸업('85)
한양대학교 대학원 교육공학 석사('98)

전문 분야

협업 활성화, 리더십 진단, 성과코칭, 변화관리, 성과관리

경 력 / 자 격

Aon Consulting 부사장, Hay Group Consulting 부사장
CAP Consulting 소장, LG인화원 전임교수, LG화학 교육부장
GE Work-Out 퍼실리테이터 및 GE CAP 코치
ACC(Associate Certified Coach)
PCCC(Professional Certified Corporate Coach)
CEP(Core Essential Program) Facilitator

강의 내역

시너지 창출을 위한 협업 활성화, 성과창출형 리더십 개발
조직혁신을 위한 변화관리
성과관리(Performance Management)
Collaborative Leadership(협업 리더십)
Business Coaching, Primal Leadership(감성 리더십)

주요 출강처

현대차그룹, LG그룹, GS그룹, 한국통신공사, 맥도날드, 한독
한국산업인력공단, 현대다이모스, 현대모비스 등

저 서

이 세 용 (李世鏞)

CHA의과학대학교 통합의학대학원
외래교수

Mobile	010-4028-3275
E-Mail	nlp230@naver.com
Homepage	www.MindNLP.com

학 력

언세대학교 교육대학원 산업교육학 석사('95)
서울 불교대학원대학교 심신치유교육학 박사과정 수료('08)

전문 분야

NLP, NLP심리기술 훈련, 창의력, 우수성 개발훈련, 코칭
심리교육훈련

경 력 / 자 격

美 University of California - NLPU Trainer과정 수료('03)
WABC 국제공인 비즈니스 코치과정 수료('05)
한국NLP상담학회 부회장('06)
(사)흥사단 이사, 도산청소년재단 이사('07)
한국NLP협회장('07), NLP심리치료협회장(現)
심리환경운동본부 본부장(現)

강의 내역

위기에서 기회를 만드는 심리우수성계발훈련
NLP 심리기술교육훈련, 직급별 분야별 심리우수성 계발훈련
NLP 리더십코칭, NLP 심리치료, 마음경영, 업무능력개발
직무우수성개발, 신바람을 일으키는 심리기술
위기를 기회로 만드는 우수성개발기술
노사화합 · 노동생산성혁신 심리우수성 기업문화 창조훈련

주요 출강처

저 서

마음다루기 - Mind Management(마음,'90)
스트레스를 즐기는 사람이 성공한다(KITi,'95)
NLP 마음다루기(마음,'96)
보완대체의학 임상응용과 실제(공저)(한국의학사,'09)

이 언 영 (李彦榮)

장안대학교 스타일리스트과 교수

Mobile	010-3131-7804
E-Mail	beaute210@gmail.com
Homepage	

학 력

이화여자대학교 일반대학원 의류직물학과 패션디자인
석사(`08) · 박사(`15)
미국 뉴욕 FIT 패션아트 디자인과정 수료

전문 분야

퍼스널 브랜딩, 패션 스타일링, 뷰티 스타일링, 컬러 마케팅
퍼스널 컬러, 이미지메이킹, 소통, 부모교육, 진로지도

경 력 / 자 격

이화여자대학교 대학원, 경희대학교 대학원, 이화여자대학교
성신여자대학교, 경희대학교, 카톨릭대학교 외래강사
서울종합예술학교 교수(`09~`11)
장안대학교 현장실습지원센터 센터장(`18)
장안대학교 교수학습개발센터 센터장(`18~`20)
장안대학교 교무처 부처장(`20~`21)

강의 내역

퍼스널 브랜딩, MBTI별 이미지메이킹, 퍼스널 아이덴티티
휴먼 스타일링, 매력지수 높이는 스타일링법
가치향상 메이킹, 패션 스타일링, 컬러 마케팅, 문제해결능력

주요 출강처

리더스포럼, 예술/디자인재단, 예림디자인고등학교
고려대학교평생교육원, 일반국제컨벤션고등학교, 백석대학교 등

저 서

토탈 패션 코디네이션(예림출판사,`04)
컬러 앤 디자인 이미지(교문사,`07), 컬러스토리(교문사,`10)
뉴 컬러 앤 디자인 이미지(교문사,`19)
패션 스타일리스트(교문사,`21)
스타일은 권력이다(라온출판사,`23)

이 영 숙 (李英淑)

LCN KOREA 대표

Mobile	010-7525-4999
E-Mail	lcnkorea@naver.com
Homepage	

학 력

이화여자대학교 법정대학 졸업('73)

전문 분야

사무전문가(AP과정), 전문비서, 경영비서, 비즈니스 매너
커리어관리(직업 및 생애), 무역, 해외사업 전략
컨설팅(비즈니스, 교육 및 기타), 경영전략, 마케팅 전략 등

경 력 / 자 격

숙대평생교육원 책임교수(SAP)
중앙대학교 · 성신여대 초빙교수
경희대학교 경영학부 겸임교수, 한국전문비서협회 회장
아역비서협회장(호주, 싱가포르, 홍콩, 일본, 대만 등)
인사노무위원회 위원, 외자기업연구회 위원
무역전문가(환경기술원 공식위촉위원)

강의 내역

사무전문가(AP), 비서 · 사무전문가(SAP) 과정
비즈니스 모델링 사무실무 기본 및 실습
무역실무 및 비즈니스매너 실습
평생직업시대 이직, 전직에 유연성 키우기
은퇴 후 50년 일과 삶-전략적 준비
100세 시대 행복한 삶-아름다운 마감

주요 출강처

신성테크, 에이펙셀

저 서

최 민 령 (崔民姈)

서경대학교 미용예술대학
메이크업디자인학과 교수

Mobile	010-9577-1624
E-Mail	cmlstyle@gmail.com
Homepage	

학 력

국민대학교 국사학과 졸업('93)
건국대학교 디자인대학원 석사('08)
원광대학교 생활과학대학원 박사('14)

전문 분야

메이크업, 이미지메이킹, 퍼스널컬러, 코디네이션

경 력 / 자 격

(주)즐라트니 수석 컨설턴트, (사)한국모델협회 자문위원
홍익대학교 산업대학원 색채학 전공 외래교수
원광대학교 생활과학대학 미용 전공 겸임교수
(사)한국메이크업전문가직업교류협회 부회장
(사)한국뷰티스타일리스트직업기능협회 부회장
한국산업인력관리공단 미용사 메이크업 출제·전문위원

강의 내역

K-Beauty Makeup
이미지메이킹
퍼스널컬러
토탈 코디네이션
K-Beauty 화장품의 트렌드 및 발전 방향

주요 출강처

LG전자, CJ 홈쇼핑, 롯데백화점, 신세계백화점, 코오롱
외교부, KT, 메이크업 협회 등

저 서

MAKE UP MAKE OVER(예림,'08)
컬러코디네이터(파워북,'15)
THE MAKEUP(예림,'18), BASIC MAKEUP(예림,'18)
BEAUTY ILLUSTRATION(예림,'19)

최 중 석 (崔重石)

(주)서울지속가능경영연구원 원장

Mobile	010-4298-7995
E-Mail	komcg@daum.net
Homepage	seoulsustainability.com

학 력

동국대학교 이과대학 통계학과 졸업('93)
동국대학교 경영대학원 경영학 석사('08)
동국대학교 일반대학원 경영학 박사('17)

전문 분야

지속가능경영 전략 수립 및 실행
ESG 전략 전문가 양성
지속가능 신사업 개발 및 사업계획 수립

경 력 / 자 격

강남대학교 산학협력단 교수
숭의여자대학교 경영과 교수
한국경영능력개발원 원장
최선컨설팅그룹 소장
한국창업교육협회 회장
한국경제신문사 한경아카데미 경영전략 교육과정 주임교수

강의 내역

ESG 공시표준 IFRS S1/S2 이해와 대응 방안
KSSB 지속가능 공개 초안 이해 및 공시 준비
글로벌 환경규제, EU CBAM & USA CCA(청정경쟁법)
지속가능보고서 작성법
지속가능 신사업 타당성 분석 및 사업계획 수립
지속가능경영 ESG 전문가 양성 자격 과정

주요 출강처

동국대, 숙명여대, 한신대, 강원대, 삼성, 현대, SK, 국민은행
신한은행, 대한민국 ESG포럼, 한국사회적기업진흥원 등

저 서

사업계획 수립과 경영전략(가람사,'09)
비즈니스 경영전략(두남,'15)
사회적경제학(Social Economics)(좋은땅,'23)
지속가능경영전략(두남,'24)

허 영 호 (許永浩)

Dream & Adventure 대표
산악인

Mobile

E-Mail pole3heo@naver.com

Homepage

학 력

청주대학교 체육과 졸업('89)
고려대학교 자연자원대학원 체육학과 수료('94)

전문 분야

산악, 탐험, 도전, 한계 극복

경 력 / 자 격

세계최초 제3극 지점(북극, 남극, 에베레스트) 등정
에베레스트 6회 등정, 7대륙 최고봉 등정
히말라야 마카루 · 동계 에베레스트 · 로체 · 마나슬루 등정
북미 최고봉 멕킨리 · 티벳 초오유
아프리카 킬리만자로 등정

강의 내역

도전정신, 인간한계의 극복
등반/탐험에 관한 경험담
6번째 에베레스트 등정

주요 출강처

저 서

걸어서 땅끝까지(도서출판청산,'93)

연수원 및 교육시설

(300개소)

연수원	Tel	Address
경남은행 연수원	055-221-2091	경남 창원시 마산 회원구 무학로 541
경동 인재개발원	031-646-9700	경기 평택시 추담로 110(이충동)
교보생명 계성원	041-559-9604~7	충남 천안시 동남구 태조산길 267-113
교원 드림센터 경주	054-778-5001~2	경북 경주시 보문로 280-34
교원 비전센터 가평	031-585-6114	경기 가평군 설악면 유명로 2182
교원 연수원 도고	041-541-5813	충남 아산시 선장면 신성길 27-6
국민은행 연수원	031-910-4300	경기 고양시 일산동구 탄중로 393-66
금호아시아나 인재개발원	031-330-9600	경기 용인시 처인구 양지면 양대리 387
기술보증기금 인력개발원	031-8020-9800	경기 용인시 처인구 원삼면 수정로 6번길 43
기아 비전스퀘어	031-899-3100	경기도 용인시 처인구 양지면 남평로 326번길 11
농식품공무원 교육원	061-338-1000	전남 나주시 그린로 60
농심리더십센터 아산연수원		충남 아산시 음봉면 덕지리 135
농협 안성교육원	031-659-3500	경기 안성시 공도읍 정봉길 192
농협 중앙교육원	031-960-4463	경기 고양시 덕양구 서삼릉길 281
대교 HRD센터	031-312-1211	경기 시흥시 소래산길 28

국내기업 연수원

연수원	Tel	Address
대구은행 연수원	054-970-1007	경북 칠곡군 동명면 기성10길 49
대림 교육연수원	031-329-1222	경기 용인시 처인구 양지면 남평로 266
대신 연수원		서울 영등포구 시흥대로 641
대우건설 기술연구원	031-250-1111	경기 수원시 장안구 수일로 123번길 20
대웅 경영개발원	031-334-2400	경기 용인시 처인구 포곡읍 두계로 72
대한항공 신갈연수원	031-283-2565	경기 용인시 기흥구 하갈동 71-12
DK후인원(DK HRD Center)	042-829-2000	대전 유성구 온천로 20
동부제철 스틸아카데미인재관	041-351-9882	충청남도 당진시 송악읍 북부산업로 1228 동부제철 당진공장
동아쏘시오홀딩스 인재개발원	054-541-9700	경북 상주시 은척면 무릉1길 89
동양 인재개발원	031-910-4500	경기 고양시 일산동구 성현로 268번지 68-7
동원엔터프라이즈 동원리더스아카데미	031-643-3600	경기 이천시 장호원읍 어석로48번길 199
동화컬쳐빌리지	031-8034-4608~9	경기 남양주시 화도읍 북한강로 1708-38
두산 연강원	02-2041-3000	서울 강동구 명일로26길 25
DB생명 인재개발원	02-3011-4500	경기 화성시 정남면 괘랑보통길 150
DB 인재개발원	031-760-8500	경기 광주시 도척면 고녹길66번길 11-73

연수원	Tel	Address
롯데 리테일아카데미		서울 영등포구 영등포동 8가 62-1 빅마켓 영등포점 6층
롯데 인재개발원 서울캠퍼스	02-772-7408	서울 중구 남대문로 81 롯데빌딩 25층
롯데 인재개발원 오산캠퍼스	031-370-1000	경기 오산시 경기동로 168
롯데리아 인재개발센터	031-260-5900	서울 강동구 천중로 206
르노삼성자동차 부산공장 연수원	051-979-7207~8	부산 강서구 르노삼성대로 61
메리츠화재 연수원	02-998-6783	서울 강북구 삼양로149가길 6
미래에셋대우 연수원	1588-3322	경기 과천시 관문로 90
삼성물산 서비스아카데미	031-320-8445	경기 용인시 처인구 포곡읍 에버랜드로 199
삼성 산청연수소	055-970-5000	경남 산청군 시천면 지리산대로1478번길 68
삼성생명 전주연수소	063-540-7154	전북 김제시 금구면 봉두로 132
삼성생명 해운대연수소	051-740-1413	부산 해운대구 좌동순환로 468번 가길 5-11
삼성생명 휴먼센터	031-260-7106	경기 용인시 기흥구 보정로 5
삼성화재 유성캠퍼스	042-820-7400	대전 유성구 동서대로 98-39
삼천리 연수원	031-594-2434	경기 남양주시 수동면 남가로 1663
삼표 연수원		경북 경주시 강동면 천강로 638-6

국내기업 연수원

연수원	Tel	Address
새마을금고 제주연수원	064-799-5000	제주도 제주시 애월읍 평화로 2175
서울메트로 인재개발원	02-6110-8002~4	서울 성동구 천호대로 78번길 15-48
서울보증보험 속초연수원	033-637-1121	강원 속초시 이목로 21-6
서울특별시 인재개발원	02-3488-2114	서울 서초구 남부순환로340길 49 서울특별시데이터센터
세정 인력개발원	055-381-1230	경남 양산시 외산1길 7
신도리코 아산공장 연수원	041-530-4350	충남 아산시 배방읍 순천향로 1138
신세계 인재개발원	031-339-1234	경기 용인시 처인구 남사면 화곡로 77
신한생명 천안연수원	041-521-1605	충남 천안시 동남구 북면 명덕1길 204
신한은행 연수원	031-286-3800	경기 용인시 기흥구 고매동 376-2
신협중앙 연수원	042-820-5114	세종 조치원읍 안터길 89 홍익대국제연수원 E동 2층
쌍용자동차인재개발원	031-8056-2502	경기 안성시 서운면 오촌길 97-40
씨제이 인재원	02-2280-3114	서울 중구 필동로 26
아모레퍼시픽 컨소시엄 러닝센터(용인)	031-280-5600	경기 용인시 기흥구 용구대로 1920
아모레퍼시픽 컨소시엄 러닝센터(수원)	031-8047-1490~3	경기 수원시 영통구 매영로 345번길 111
아모레퍼시픽 대전 인재개발원	042-670-5755	대전 서구 대덕대로 247

연수원	Tel	Address
아시아나항공 교육훈련원	02-2669-5730	서울 강서구 오정로 443-100
아워홈 용인 지수원	031-525-5500	경기 용인시 처인구 어진로 794번길 7
IBK기업은행 충주연수원	043-840-6100	충북 충주시 동량면 화암양목길 12
앰코코리아 연수원	02-460-6464	경기 용인시 처인구 원삼면 모래실로 157
S&S 한우리연수원	055-972-8484	경남 산청군 시전면 반전로 277-8
에스원 인재개발원	041-529-1114	충남 천안시 동남구 북면 양곡1길 262
SK브로드밴드 인재개발원	031-616-7900	경기 안성시 원곡면 관산길 144
SK아카데미	031-329-9114	경기 용인시 처인구 원삼면 모래실로 17
SK텔레콤 인재개발원	031-630-8900	경기 이천시 서이천로 481-28
SK하이닉스 인재개발원	031-8094-7962	경기 이천시 부발읍 경충대로 2091
STX그룹 연수원	054-460-5000	경북 문경시 농암면 청화로 509
SPC 미래창조원	02-6331-3218	서울 동작구 신대방 16다길 14
ABL생명 연수원	031-333-2276~9	경기 용인시 처인구 남사면 봉무로 232번길 79
NH(NH투자증권)인재원	031-910-4800	경기 고양시 일산동구 문원길 71
NH농협보험 대명 여수	061-660-5800	전남 여수시 오동도로 111

국내기업 연수원

연수원	Tel	Address
NH농협보험 대명 홍천	1588-4888	강원 홍천군 서면 한치골길 262
NH농협보험 변산수련원	063-580-5700	전북 부안군 변산면 궁항로 72
NH농협보험 설악수련원	033-636-3466	강원 속초시 이목로 137
NH농협보험 수안보수련원	043-848-4950	충북 충주시 수안보면 온천중앙길 43
NH농협보험 제주수련원	064-786-1600	제주 서귀포시 표선면 일주동로 6337
LS미래원	031-8046-3000	경기 안성시 서운면 바우덕이로 248
LS산전 연수원	043-268-2630	충북 청주시 흥덕구 월명로201번길 68
LG디스플레이 파주러닝센터	043-268-2630	경기 파주시 월롱면 엘지로 245
LG생활 연수원	054-787-3801	경북 울진군 온정면 온천로 105
LG인화원	031-630-6114	경기 이천시 마장면 지산로 167-72
LG화학 리더십센터	031-371-2000	경기 오산시 밀머리로 97
MBC 문화동산	031-849-5000	경기 양주시 만송로 394-104
MG손해보험 연수원	031-632-0571	경기 이천시 모가면 진상미로 1055번길 142
예금보험공사 글로벌교육센터	043-857-9813	충북 충주시 신니면 모남1길 180
오리온금속연수원		인천광역시 강화군 길상면 초지로 518-11

연수원	Tel	Address
OCI연수원	031-534-8011~2	경기도 포천시 창수면 전영로1023번길 88-1
우리은행 서울연수원	02-318-1078	서울특별시 중구 퇴계로4길 10
우리은행 연수원	031-618-4500	경기 안성시 공도읍 마정리 112-1
유안타증권 인재개발원		경기 가평군 가평읍 호반로 1334-82
유진 인재개발원	02-767-0500	서울 종로구 자하문로 33다길 36-4
유한양행 연구소	031-899-4000	경기 용인시 기흥구 탑실로35번길 25
인천국제공항공사 인재개발원	032-741-4501	인천 중구 용유로 557
재능교육 연수원	041-522-0303	충남 천안시 동남구 수신면 우각곡길 40
제너시스연수원 치킨대학	031-635-8461	경기 이천시 마장면 서이천로 528번길 191
(중소기업진흥공단) 중소기업연수원	031-490-1472	경기 안산시 단원구 연수원로 87
지에스칼텍스 인재개발원	031-589-3500	경기 가평군 설악면 용문천길 251-56
청호 인재개발원	031-354-1270	경기 화성시 팔탄면 마당바위로 135-21
KB손해보험 인재니움 사천	055-830-4300	경남 사천시 곤양면 광포길 22
KB손해보험 인재니움 수원	031-300-8000	경기 수원시 장안구 팔달로303번길 2
KCC 인재개발원	031-288-3285	경기 용인시 기흥구 마북로240번길 17-3

국내기업 연수원

연수원	Tel	Address
KEB하나은행 열린교육원연수원 리더십센터	031-202-2145	경기 용인시 기흥구 덕영대로 1771
KT 대전 인재개발원	1899-9001	대전 서구 갈마로 160
KT&G 강화수련관	032-937-9560	인천 강화군 길상면 해안남로 798-18
KT&G 경주수련관	054-744-2304	경북 경주시 진현로1길 5
KT&G 대전인재개발원	042-939-5559	대전 대덕구 벚꽃길 71
KT&G 수안보수련관	043-841-7002	충북 충주시 수안보면 주정산로 62
KGC안성인재개발원	031-8046-8513	경기 안성시 삼죽면 보삼로 618-10
(한국철도공사) 코레일 인재개발원	031-460-4364	경기 의왕시 철도박물관로 157
코오롱 인재개발센터	031-289-2500	경기 용인시 기흥구 마북로 154번길 49
크라운해태 연수원	031-894-4600	경기 양주시 백석읍 권율로 721
TS 인재개발원	070-7775-0394	경기 안성시 바우덕이로 438
파라다이스 연수원	031-772-4115	경기 양평군 개군면 신내길7번길 37
포스코인재창조원	032-200-0045	인천 연수구 송도과학로 100
한국가스공사 연수원	033-563-4070	강원 정선군 북평면 송석길 287-14
(한국가스안전공사) 가스안전교육원	041-629-0500	충남 천안시 동남구 목천읍 교천지산길 331-39

연수원	Tel	Address
(한국감정원) KAB 부동산연구원	053-663-8000	대구 동구 이노밸리로291
한국도로공사 인재개발원	031-8098-6880	경기 화성시 동탄면 동부대로 922번길 208-96
(한국방송공사) Kobaco 연수원	031-772-2311~3	경기 양평군 강상면 강남로 1361-38
한국수력원자력 인재개발원	051-745-6800	울산 울주군 서생면 해맞이로 658-91
한국수자원공사 K-water연구원	042-870-7005	대전 유성구 유성대로 1689번길 125
한국야쿠르트 인재개발원	031-771-3500	경기 양평군 단월면 한서로 1468
한국은행 인재개발원	032-560-0201~4	인천 서구 심곡로 100번길 10
(한국자산관리공사) 캠코 인재개발원	041-530-9035	충남 아산시 도고면 온천대로 605-15
한국전력공사 속초연구원	033-639-5005	강원 속초시 온천로 87
한국콜마 여주아카데미	031-880-1123	경기 여주시 영릉로 312
한국타이어 아카데미하우스	041-750-5800	충남 금산군 부리면 적벽강로 378
(만도) 한라인재개발원	031-899-4733	경기 용인시 기흥구 기흥단지로 46
한진그룹종합연수원		경기도 용인시 기흥구 하갈동 71-13
한화인재경영원	031-589-2700	경기도 가평군 조종면 운악청계로 490번길 70-2
한화건설연수원		경기 가평군 청평면 고재길 86-443

국내기업 연수원

연수원	Tel	Address
한화생명 연수원	031-260-6400	경기 용인시 기흥구 이현로 30번길 45-45
현대건설 기술교육원	02-2163-0998	서울 영등포구 도림천로19길 12-2
(현대해상화재보험) 하이비전센터	031-760-9500	경기 광주시 도척면 마도로 112-51
(현대해상화재보험) 하이인재원 금산	041-750-7000	충남 금산군 남일면 무금로 2117
(현대해상화재보험) 하이인재원(타워730)	02-3709-5800	서울시 송파구 송파대로 570 타워730 27층 (교육장: 7층)
현대인재개발원 글로벌HRD센터	02-2072-6314	서울 종로구 창경궁로 120
현대자동차그룹 인재개발원 마북캠퍼스	031-8014-6300	경기 용인시 기흥구 마북로 240번길 17-4
현대제철 연수원	041-350-0700	충남 당진시 석문면 석문방조제로 1928-14
현대중공업 기술교육원	063-447-9450~3	전라북도 군산시 소룡동 1044-7
현대중공업 기술교육원	052-202-2353~4	울산 동구 방어진순환도로 1000
홈플러스 아카데미	032-745-8300~1	인천 중구 대무의로 159
효성 안양연수원	031-452-8171	경기 안양시 동안구 시민대로 74
효성 창녕연수원	055-533-789	경남 창녕군 창녕읍 환곡어도로 38
휴롬 인재개발원	055-720-9000	경남 산청군 금서면 동의보감로 645-40
흥국생명 연수원	031-283-6157	경기 용인시 기흥구 중부대로819번길 57-9

교육시설	지역	Tel	Address
교원챌린지홀	서울		서
국제교육센터	서울	02-2299-2637	서울 강남구 테헤란로 508 해성2빌딩 8층
그레이프라운지	서울	1551-0716	서울 중구 청계천로 100 동관 B1
네오아이즈 서울교육장	서울	02-1644-9655	서울 구로구 디지털로26길 43 L동 210호
농업기술신흥관	서울	02-749-4303	서울 용산구 이촌로 223-13 농업기술진흥관
다래헌	서울		서 180 1
더인에듀	서울	02-3474-8415	서울 강남구 봉은사로 121 5층
더케이 서울호텔	서울	02-571-8100	서울 서초구 바우뫼로 12길 70
도산프라이빗	서울	0507-1384-3247	서울 강남구 압구정로 334 한양상가 3층
드림플러스 강남	서울	02-520-1500	서울 서초구 강남대로 311
드림플러스 관악	서울	0507-1477-1737	서울 관악구 관악로12길 29
드림플러스 연남	서울	0507-1470-1504	서울 마포구 연희로1길 18
디큐브아카데미	서울	02-2211-6603	서울 구로구 디지털로34길 55 B201-G 11호
라이트닝명동	서울	0507-1386-8403	서울 중구 남대문로 84 3층
러닝뱅크 송파교육센터	서울	070-4820-1749	서울 송파구 법원로 114 엠스테이트 A동 202호

교육시설

교육시설	지역	Tel	Address
링크업센터	서울	02-2178-8029	서울 중구 동호로14길 7 3층
매경아카데미	서울	02-2235-4941	서울 동대문구 망우로12길 29 2층
메가HRD교육센터	서울	0507-1399-2844	서울 강남구 삼성로91길 36 4층 메가넥스트
바비엥2교육센터	서울	02-6399-1160	서울 중구 통일로 114 바비엥2 지하1층, 지상3층
비앤디파트너스 회의실서울역점	서울	02-6388-7740	서울 용산구 한강대로 372 KDB생명타워 B2 비앤디파트너스
삼경교육센터	서울	02-714-5531	서울 용산구 한강대로 391 센트럴플라자 3층~8층
삼일아카데미	서울	02-3781-3030	서울 중구 세종대로 73 태평로빌딩 3층
상승기류	서울	010-9394-5028	서울 영등포구 당산로28길 12-1 B1
서울국제금융오피스	서울	070-4218-4333	서울 영등포구 국제금융로 10 OneIFC 16~17층
서울시50플러스재단	서울	02-460-5050	서울 마포구 백범로31길 21 1층
서울올림픽파크텔	서울	02-410-2114	서울 송파구 올림픽로 448
서울직업교육원	서울	02-2675-3900	서울 영등포구 경인로 706 한양빌딩
서울청년센터 강서	서울	0507-1329-4311	서울 강서구 강서로 231 101동 2층 서울청년센터
서울청년센터 마포	서울	02-336-3690	서울 마포구 월드컵로1길 14 1층 합정실뿌리복지센터
성수고우넷트레이닝센터	서울	0507-1498-8702	서울 성동구 아차산로5길 10 2층

교육시설	지역	Tel	Address
스파크플러스 강남점	서울	02-555-3477	서울 서초구 강남대로 327 대륭서초타워 12~16층, 18층, 19층
스파크플러스 광화문점	서울	02-555-3477	서울 종로구 종로3길 17 D타워 B2, B1
스파크플러스 동대문점	서울	02-555-3477	서울 중구 을지로 264 11, 12층
스파크플러스 방배점	서울	02-555-3477	서울 서초구 방배로 180 유중문화재단 B1, 1-4층
스파크플러스 서울로점	서울	02-555-3477	서울 중구 퇴계로 15 에너지플러스 서울로, 5-12층
스파크플러스 선릉점	서울	02-555-3477	서울 강남구 테헤란로 415 L7 호텔 강남타워 2-4층
스파크플러스 성수점	서울	02-555-3477	서울 성동구 연무장15길 11 에스팩토리 B동 2층
스파크플러스 시청점	서울	02-555-3477	서울 중구 남대문로9길 40 센터플레이스 20-21층, 23층
스파크플러스 코엑스점	서울	02-555-3477	서울 강남구 봉은사로 524 인터컨티넨탈 코엑스 B2, B1, 2-3층
스파크플러스 홍대점	서울	02-555-3477	서울 마포구 양화로 186 LC 타워 4~6층
스페이스쉐어 강남센터	서울	0507-1389-6138	서울 서초구 강남대로 499 3 4층
스페이스쉐어 삼성역	서울	0507-1368-4564	서울 강남구 영동대로96길 20 B1
스페이스쉐어 선릉센터	서울	0507-1386-6138	서울 강남구 선릉로90길 10 샹제리제센터 B동 B3 121
앰배서더 아카데미	서울	02-2270-3333	서울 중구 동호로 297
에이치제이(HJ) 비즈니스센터 강남	서울	0507-1459-0186	서울 강남구 테헤란로 425 신일빌딩

교육시설

교육시설	지역	Tel	Address
에이치제이(HJ)비즈니스센터 광화문	서울	0507-1431-5702	서울 종로구 세종대로 149 광화문빌딩 20층
엑스퍼트아카데미 강남러닝센터	서울	0507-1350-3960	서울 강남구 테헤란로84길 14 지어로빌딩 2층
와이비엠(YBM) the biz	서울	02-564-4172	서울 강남구 테헤란로1길 48 3~5층
워크앤올 마포T타운점	서울	0507-1420-8001	서울 마포구 마포대로 144
워크토크 광화문	서울	0507-1368-2834	서울 종로구 삼봉로 95 대성스카이렉스 상가 101동 3층
웨스턴코업 컨퍼런스센터	서울	02-2271-1837	서울 중구 을지로 228 웨스턴코업호텔&레지던스 B1
위조인스 WeJOINs	서울	02-6050-1600	서울 중구 세종대로 39 5층(WeJOINs)
위플레이스 강남2호점	서울	0507-1373-5368	서울 서초구 서초대로73길 9 타임빌딩 B1
커넥트밸류 강남	서울	02-6207-3370	서울 강남구 논현로 509 송암2빌딩 10층
커넥트밸류 종로	서울	0507-1491-3449	서울 종로구 우정국로2길 21 4층
케이티앤지(KT&G) 상상마당 아카데미	서울	02-330-6227	서울 마포구 어울마당로 65 상상마당빌딩
코리아에듀	서울	02-558-4608	서울 강남구 테헤란로25길 7 창성재단빌딩 8층
코사이어티 서울숲	서울	0507-1337-4536	서울 성동구 왕십리로 82-20 코사이어티
코지모임공간 강남역 2호점	서울	0507-1446-2560	서울 서초구 서운로 142-4 재전빌딩 2, 6, 7층
코지모임공간 강남역 5호점	서울	0507-1336-2564	서울 서초구 서초대로78길 38 호정빌딩 7층

교육시설	지역	Tel	Address
클래스클라우드	서울	0507-1364-6470	서울 중구 남대문로 78 타임워크명동빌딩 3층
타임스페이스	서울	0507-1312-5724	서울 서초구 남부순환로350길 11 지하2층
토즈모임센터 강남역 회의실타워점	서울	0507-1374-0116	서울 강남구 강남대로84길 24-4 1~6층
토즈모임센터 광화문점	서울	02-735-0022	서울 종로구 새문안로 89 정우빌딩 6층
토즈모임센터 선릉삼성 회의실공간점	서울	0507-1477-0860	서울 강남구 테헤란로70길 14-8 세왕개발빌딩 A동 9층
토즈모임센터 홍대점	서울	02-336-0112	서울 마포구 연남로 13 영상빌딩 3층
한겨레 교육아카데미	서울	02-3279-0900	서울 마포구 백범로 18 미화빌딩 5~8층
한국HRD협회 서울숲HRD아카데미	서울	02-525-9933	서울 성동구 광나루로 130 서울숲IT캐슬 2층
한국공공기관연구원	서울	02-537-4114	서울 중구 퇴계로 36 삼선빌딩 14층 1407호
한국금융투자협회 금융투자교육원	서울	02-2003-9872	서울 영등포구 여의나루로 67-8
한국섬유산업연합회 섬유센터빌딩	서울		서 518 2
한국컨퍼런스센터	서울	02-523-0303	서울 서초구 강남대로53길 8 지하 1~2층
한국표준협회 퓨처밸류캠퍼스	서울	02-6240-5600	서울 강남구 역삼로17길 60
한빛대관서비스	서울	02-2128-8443	서울 서대문구 연희로 2길 62
호텔리베라서울	서울	02-541-3111	서울 강남구 영동대로 737

교육시설

교육시설	지역	Tel	Address
경기북부상공회의소	경기/인천	031-853-6681	경기 의정부시 추동로 140 경기북부상공회의소
곤지암리조트	경기/인천	02-1661-8787	경기 광주시 도척면 도척윗로 278
광림세미나하우스	경기/인천	031-544-0515~8	경기 포천시 소흘읍 광릉수목원로 603-40
남동산단케이원	경기/인천	0507-1377-8715	인천 남동구 비류대로 622
라비돌 호텔&리조트	경기/인천	031-352-7150	경기 화성시 정남면 세자로 286
멘탈갑클래스 인천점	경기/인천	0507-1449-7116	인천 미추홀구 매소홀로 262 시티필드 13층 3호
베어스타운	경기/인천	1670-7465	경기 포천시 내촌면 금강로2536번길 27
셀크평생교육원	경기/인천	0507-1400-7736	경기 용인시 기흥구 중부대로 579 6층 603-1호
소노벨 양평	경기/인천	1588-4888	경기 양평군 개군면 신내길7번길 55
엘리트코리아	경기/인천	0507-1404-3245	인천 부평구 주부토로 261 신협빌딩 405호
예교상담교육연구소	경기/인천	0507-1319-6354	경기 용인시 기흥구 동백중앙로 225-6 쥬네 브스타월드빌딩 가동 235호
타운홀 판교점	경기/인천	0507-1382-7584	경기 성남시 분당구 분당내곡로 131 3층
한화리조트 산정호수 안시	경기/인천	031-534-5500	경기 포천시 영북면 산정호수로 402
힐스대관스튜디오	경기/인천	0507-1422-6010	인천 부평구 대정로 66 6층 630호
모나 용평	강원	033-335-5757	강원 평창군 대관령면 올림픽로 715

교육시설	지역	Tel	Address
세이지우드 홍천	강원	033-439-1000	강원 홍천군 두촌면 광석로 898-87
소노펠리체 비발디파크	강원	1588-4888	강원 홍천군 서면 한치골길 262
오크밸리리조트 밸리빌리지	강원	1588-7676	강원 원주시 지정면 오크밸리 1길 66
원주시 사회적경제지원센터	강원	033-735-1966	강원 원주시 원일로 137 지하상가 내
웰리힐리파크	강원	1544-8833	강원 횡성군 둔내면 고원로 451
켄싱턴리조트 설악비치	강원	033-631-7601	강원 고성군 토성면 동해대로 4800
켄싱턴호텔 평창	강원	1670-7462	강원 평창군 진부면 진고개로 231
홀리데이인리조트 알펜시아 평창호텔	강원	033-339-0000	강원 평창군 대관령면 솔봉로 325
휘닉스파크	강원	1577-0069	강원 평창군 봉평면 태기로 174
네오아이즈 대전교육장	대전/충청	042-710-8934	대전 서구 둔산서로 59 고운손빌딩 1002호
도고토비스콘도	대전/충청	0507-1481-6201	충남 아산시 도고면 기곡로77번길 41
르호봇 대전 비즈니스센터	대전/충청	0507-1311-3079	대전 서구 청사로 136 대전무역회관 12층, 18층
비전스퀘어 회의실	대전/충청	0507-1365-1255	대전 서구 둔산중로 54 센티온빌딩
소노벨 단양	대전/충청	1588-4888	충북 단양군 단양읍 삼봉로187-17
신불당아트센터	대전/충청	0507-1365-3611	충남 천안시 서북구 불당34길 3-16

교육시설

교육시설	지역	Tel	Address
예람인재교육센터	대전/충청	042-719-2029	대전 중구 계룡로 814 예람빌딩 3층
청풍리조트	대전/충청	043-640-7000	충북 제천시 청풍면 청풍호로 1798
충북대학교 충북Pro메이커센터	대전/충청	043-249-1158	충북 청주시 서원구 충대로 1 S1-7동
충북미래여성플라자	대전/충청	043-220-6455	충북 청주시 상당구 목련로 27
케이더블유 KW컨벤션	대전/충청	042-488-2388	대전 서구 둔산중로134번길 13 토요코인호텔
플랜비 스페이스	대전/충청	0507-1353-6084	세종 아름서1길 13-6 지하층 B01~B07호, 206호
한국에니어그램인성연구원	대전/충청	041-569-3165	충남 천안시 서북구 검은들3길 60 리치프라자 4층
한화리조트 대천파로스	대전/충청	041-931-5500	충남 보령시 해수욕장3길 11-10 한화리조트 대천파로스
글로리콘도 해운대	부산/경상	051-746-8181	부산 해운대구 해운대해변로 243
네오아이즈 부산교육장	부산/경상	051-715-8775	부산 부산진구 중앙대로 900 타임스퀘어 901호
더케이호텔경주	부산/경상	054-745-8100	경북 경주시 엑스포로45
라한셀렉트 경주	부산/경상	054-748-2233	경북 경주시 보문로 338 라한셀렉트 경주
렉처히어 서면본점	부산/경상	0507-1487-6004	부산 부산진구 중앙대로680번길 22 203호
리베로 호텔	부산/경상	051-740-2111	부산 해운대구 구남로29번길21
소노캄 경주	부산/경상	1588-4888	경북 경주시 보문로 402-12 소노캄 경주

교육시설	지역	Tel	Address
수스페이스센터	부산/경상	0507-1439-2422	부산 동구 중앙대로214번길 7-5
심블에듀학원	부산/경상	0507-1466-2112	부산 부산진구 신천대로62번길 68 2, 3층
웨스틴 조선 부산	부산/경상	051-749-7000	부산 해운대구 동백로 67 웨스틴 조선 부산
지오파트너스	부산/경상	051-818-8889	부산 부산진구 중앙대로775번길 5 삼정기업빌딩 2층
켄싱턴리조트경주	부산/경상	054-748-8400	경북 경주시 보문로182-29
코오롱호텔	부산/경상	054-746-9001	경북 경주시 불국로289-17
파라다이스호텔 부산	부산/경상	051-742-2121	부산 해운대구 해운대해변로 296
한화리조트 경주	부산/경상	054-777-8900	경북 경주시 보문로 182-27 한화콘도미니엄
한화리조트 해운대	부산/경상	051-749-5500	부산 해운대구 마린시티3로 52
해운대리버크루즈	부산/경상	051-711-1789	부산 해운대구 수영강변대로 85
경농 미래농업센터 김제	광주/전라	063-548-3000	전북 김제시 금구면 애통길 40
경농 미래농업센터 나주	광주/전라	061-332-9610	전남 나주시 금천면 촌곡신가길 1 1층
그린컴퓨터아카데미 광주캠퍼스	광주/전라	080-111-2111	광주 서구 상무중앙로 44 오션3빌딩 5층
대한산업안전교육원 광주	광주/전라	0507-1347-7694	광주 광산구 평동로913번길 58 가동 202호
명코칭교육실	광주/전라	0507-1444-0609	광주 서구 월드컵4강로 135 일신아파트상가 201호

교육시설

교육시설	지역	Tel	Address
무주 덕유산리조트	광주/전라	063-322-9000	전북 무주군 설천면 만선로 185
무주 드림연수원	광주/전라	0507-1460-3017	전북 무주군 무주읍 무금로 292-7
비전트리	광주/전라	1577-7091	전북 전주시 완산구 거마평로 165 아인시티 401호
수토피아HR컨설팅 호남지사	광주/전라	063-902-2422	전북 전주시 완산구 홍산3길 9 5층
스페이스코워 전남혁신점	광주/전라	0507-1419-0304	전남 나주시 배멧2길 25 스페이스코워 빌딩 1~3층
이드로경영파트너스	광주/전라	1522-6966	광주 북구 경열로 265 이드로비즈니스센터 3층
카네기광주비즈니스센터	광주/전라	062-385-4007	광주 서구 상무대로 773 세정아울렛 3층
케이비즈강의장	광주/전라	0507-1366-7300	광주 서구 상무화원로3번길 16 컨벤션빌딩 2층
켄싱턴리조트 지리산남원	광주/전라	063-636-7101	전북 남원시 소리길66
한국종합안전교육	광주/전라	1588-2907	광주 북구 태봉로 58 2층
위(WE)호텔	제주	064-730-1200	제주 서귀포시 1100로 453-95
제주스마트교육센터	제주	0507-1331-7377	제주 제주시 중앙로 603 2층
켄싱턴리조트 서귀포	제주	064-739-9001	제주 서귀포시 이어도로 684
켄싱턴리조트 제주한림	제주	064-796-9600	제주 한림읍 한림해안로 530
한화리조트 제주	제주	064-725-9000	제주 제주시 명림로 575-107

강의료 지급수준 조사

강의료 지급수준 조사

[설문조사 개요]

1. 설문 기간 : 2025년 11월 12일(수) ~ 19일(수) 8일간 진행

2. 설문 응답 수 : 103 건

3. 설문 방법 : 구글 서베이를 통한 온라인 이메일 조사

4. 설문 목적 : 국내기업의 사내/사외 강사료 수준과 운영현황을 파악하여,
합리적이고 표준화된 강사료 책정기준을 마련하기 위한 기초자료 정보를 제공하고
더 나아가 교육예산 수립 및 HRD 운영효율화에 도움을 드리기 위함.

〈업종 및 규모〉

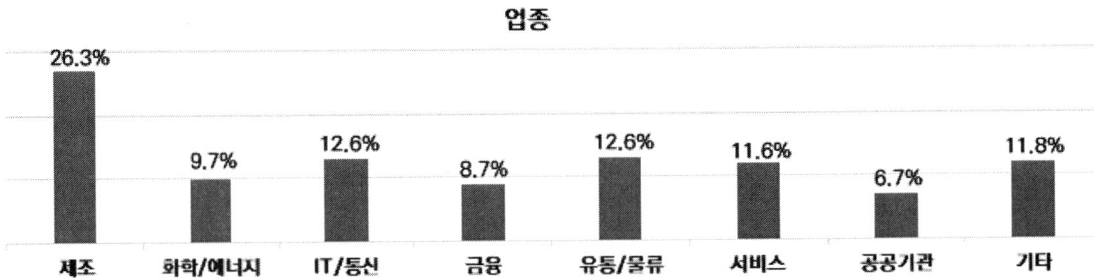

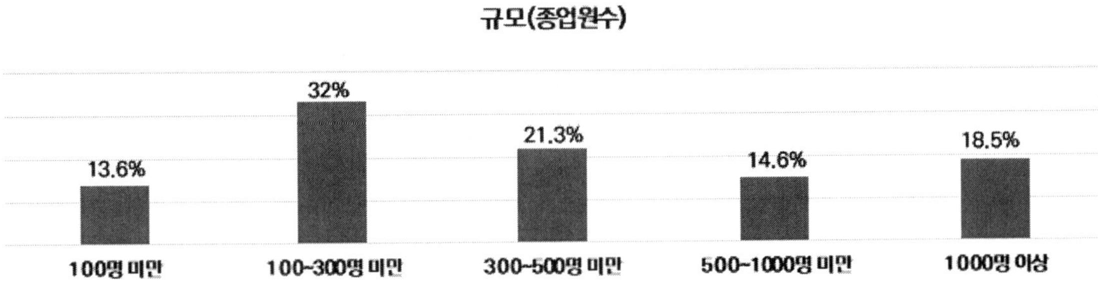

· 응답기업 중 [제조업]이 26.3%로 가장 많았으며, 그 다음으로 [IT/통신], [유통/물류], [기타] 순이었음.

· 규모별로 [100~300인 미만]의 기업이 32%, [300~500인 미만]의 기업이 21.3%로 조사되었음.

〈교육담당자 인원 및 연간 예산규모〉

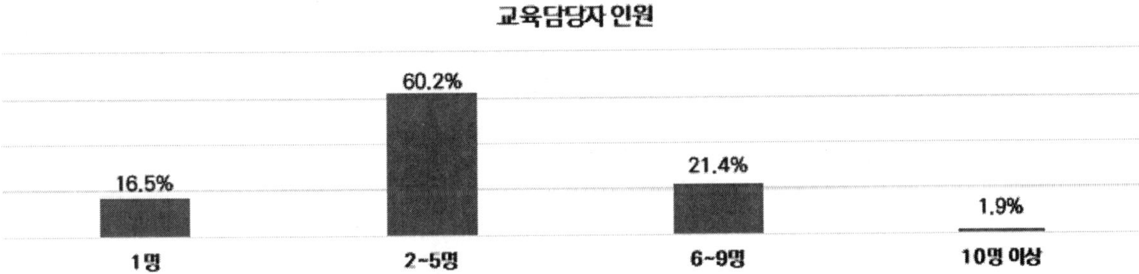

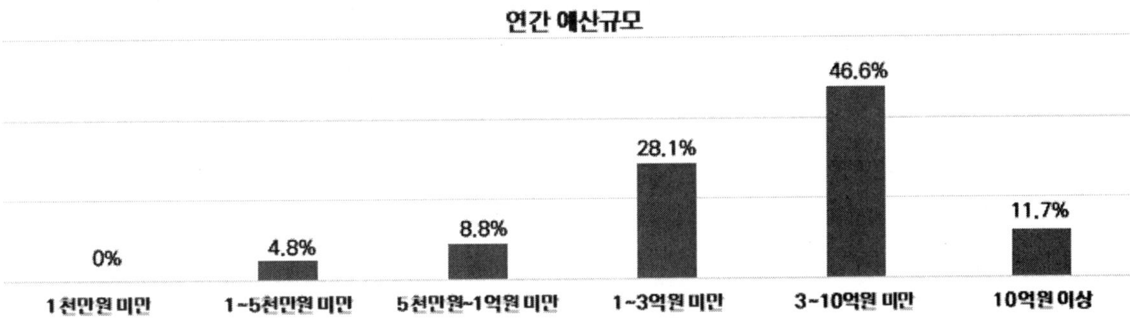

· 교육담당자 인원은 [2~5명]이 60.2%로 가장 많은 것으로 조사되었음.

· 연간 예산규모는 [3~10억 미만]이 46.6%로 높은 비중을 차지했고, 그 다음으로 [1~3억 미만]이 28.1%로 나타남.

〈사내강사의 시간당 강의료 수준〉

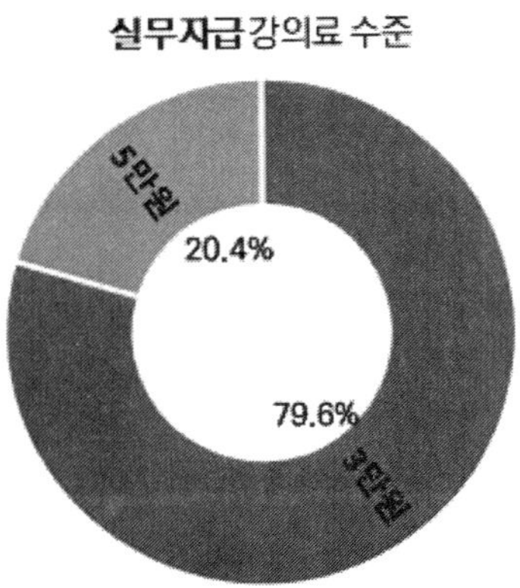

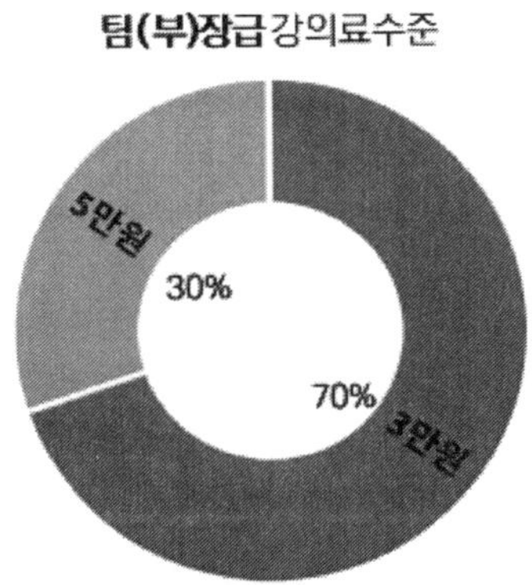

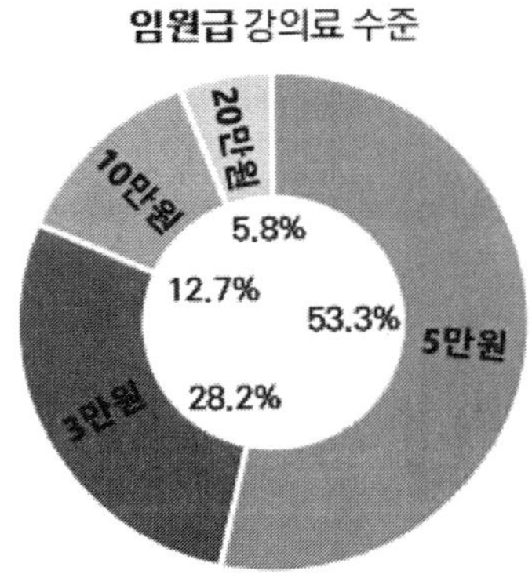

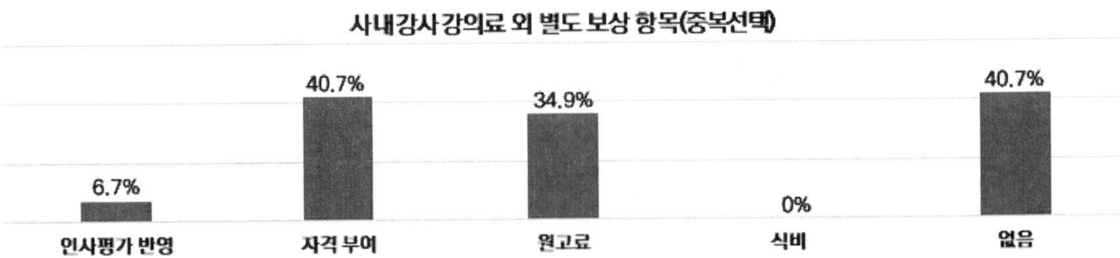

· 응답자 전원은 사내강사에게 강의료를 지급하고 있는 것으로 조사되었음.
· [실무자, 팀장급]은 [3만원]의 비중이 높았으며, 그 외 [5만원]을 지급하는 것으로 나타남.
· [임원급]은 [5만원]의 비중이 높으며, 많게는 [20만원]까지 지급하는 것으로 응답되었음.
· 강의료 외의 보상항목으로는 [자격부여]와 [별도 없음]이 가장 많은 것으로 조사되었음.

〈사외강사(교수)의 시간당 강의료 수준-최소값, 최대값〉

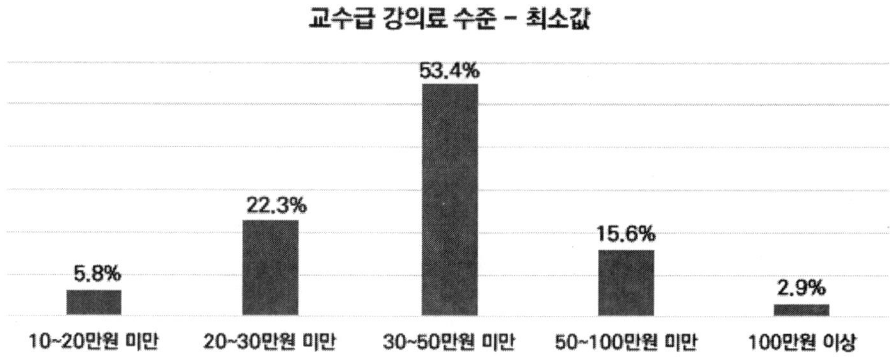

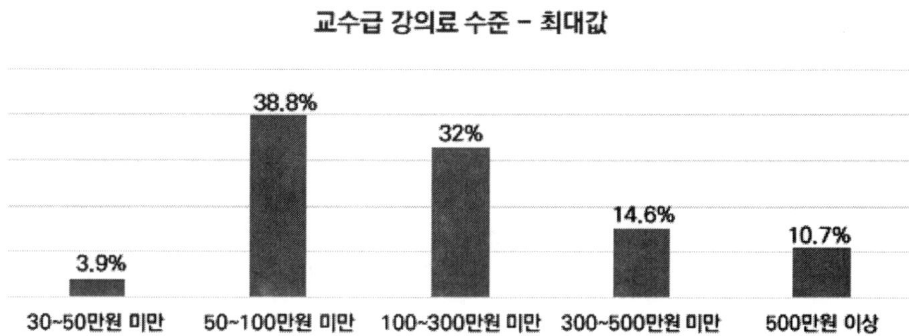

〈사외강사(컨설턴트)의 시간당 강의료 수준-최소값, 최대값〉

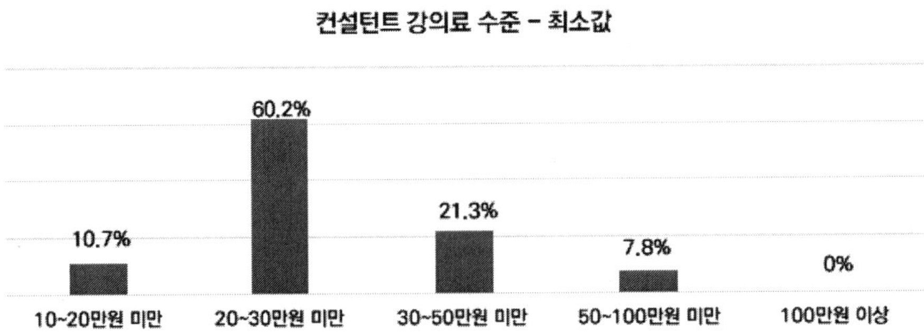

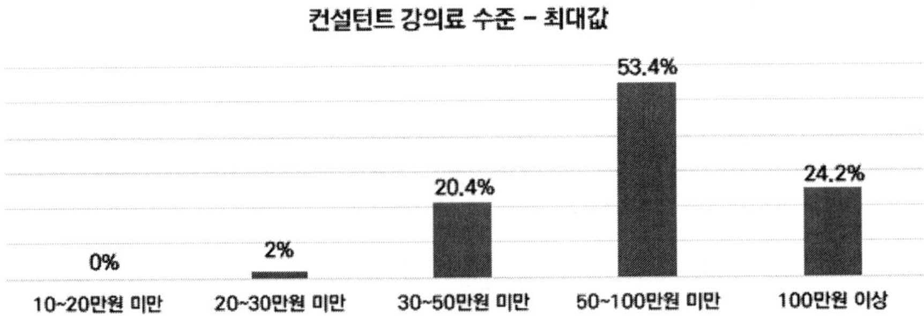

〈사외강사(전문강사)의 시간당 강의료 수준-최소값, 최대값〉

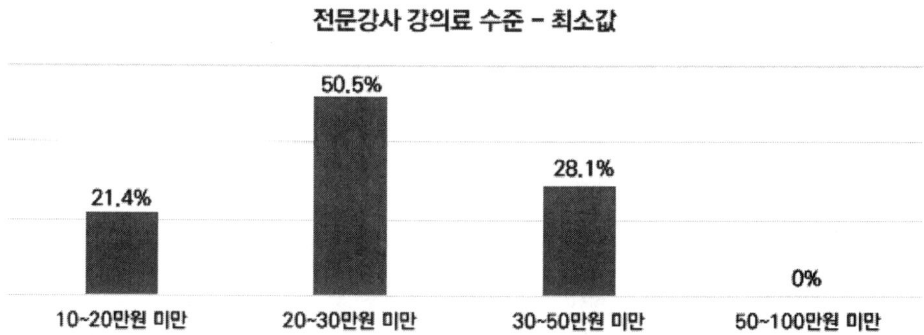

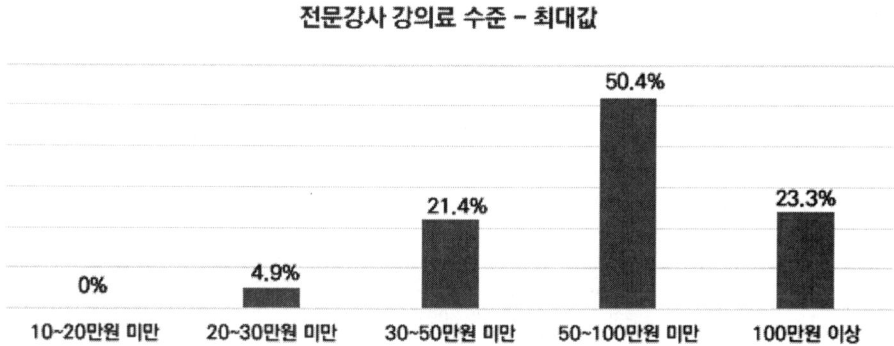

〈사외강사(현직실무자)의 시간당 강의료 수준–최소값, 최대값〉

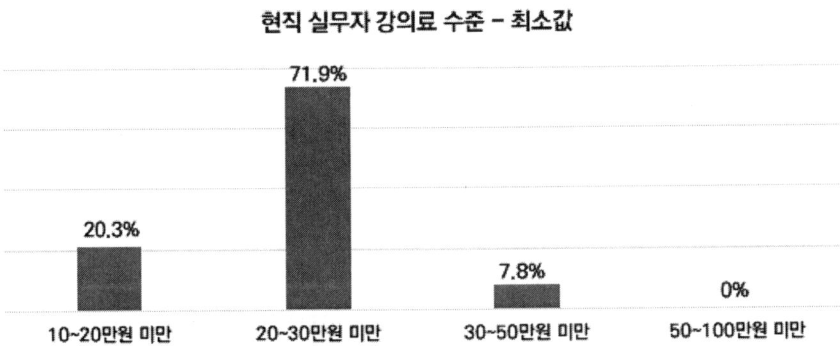

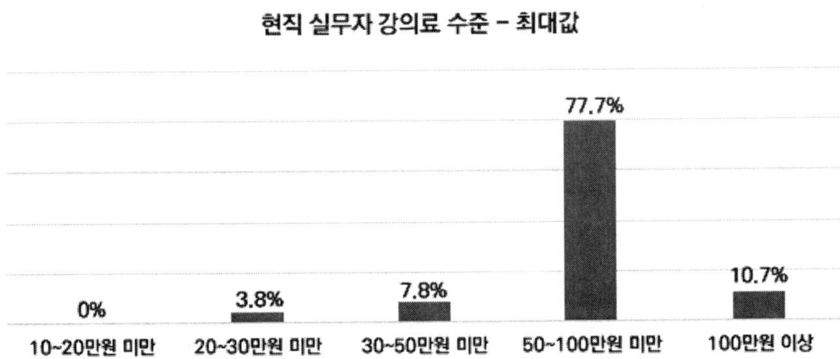

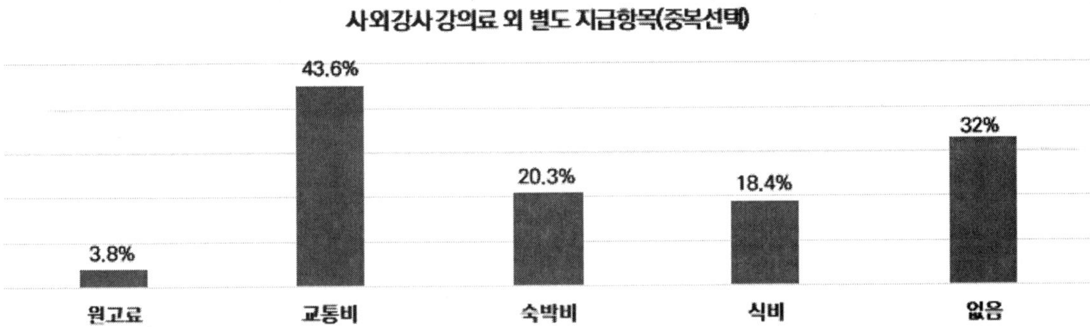

· [교수급]의 강의료 최소값은 [30~50만원 미만]이 53.4%, 최대값은 [50~100만원 미만]이 38.8%로 조사되었음.

· [컨설컨트]의 강의료 최소값은 [20~30만원 미만]이 60.2%, 최대값은 [50~100만원 미만]이 53.4%로 조사되었음.

· [전문강사]의 강의료 최소값은 [20~30만원 미만]이 50.5%, 최대값은 [50~100만원 미만]이 50.4%로 조사되었음.

· [현직 실무자]의 강의료 최소값은 [20~30만원 미만]이 71.9%, 최대값은 [50~100만원 미만]이 77.7%로 조사되었음.

· 사외강사의 강의료 외의 보상항목으로는[교통비]가 43.6%, 다음으로는 [별도없음]이 32% 순이었음.

초판 발행 1977년 6월 20일
47판 발행 2026년 1월 21일
발행처 한국인사관리협회
주소 서울 성동구 성수일로 77 서울숲IT밸리 1402호
전화 02)2268-2501~4
홈페이지 www.insabank.com
인쇄 삼우인쇄공사

출판등록일 1997년 3월 11일
출판등록번호 제2015-000078호
ISBN 978-89-87475-88-2
값 50,000원